OS X Lion
für Ein- und Umsteiger

Giesbert Damaschke

Bibliografische Information der Deutschen Nationalbibliothek
Die Deutsche Nationalbibliothek verzeichnet diese Publikation in der
Deutschen Nationalbibliografie; detaillierte bibliografische Daten
sind im Internet über http://dnb.d-nb.de abrufbar.

Die Informationen in diesem Produkt werden ohne Rücksicht auf einen
eventuellen Patentschutz veröffentlicht.
Warennamen werden ohne Gewährleistung der freien Verwendbarkeit benutzt.
Bei der Zusammenstellung von Texten und Abbildungen wurde mit größter
Sorgfalt vorgegangen.
Trotzdem können Fehler nicht vollständig ausgeschlossen werden.
Verlag, Herausgeber und Autoren können für fehlerhafte Angaben
und deren Folgen weder eine juristische Verantwortung noch
irgendeine Haftung übernehmen.
Für Verbesserungsvorschläge und Hinweise auf Fehler sind Verlag und
Herausgeber dankbar.

Alle Rechte vorbehalten, auch die der fotomechanischen Wiedergabe und der
Speicherung in elektronischen Medien.
Die gewerbliche Nutzung der in diesem Produkt gezeigten Modelle und Arbeiten
ist nicht zulässig.

Fast alle Hardware- und Softwarebezeichnungen und weitere Stichworte und sonstige
Angaben, die in diesem Buch verwendet werden, sind als eingetragene Marken geschützt.
Da es nicht möglich ist, in allen Fällen zeitnah zu ermitteln, ob ein Markenschutz besteht,
wird das ® Symbol in diesem Buch nicht verwendet.

10 9 8 7 6 5 4 3 2 1

13 12 11

ISBN 978-3-8272-4707-0

© 2011 by Markt+Technik Verlag,
ein Imprint der Pearson Deutschland GmbH,
Martin-Kollar-Straße 10–12, D-81829 München/Germany
Alle Rechte vorbehalten
Einbandgestaltung: Marco Lindenbeck, mlindenbeck@webwo.de
Lektorat: Boris Karnikowski, bkarnikowski@pearson.de
Herstellung: Philipp Burkart, pburkart@pearson.de
Satz: Nadine Krumm, Cordula Winkler, mediaService Siegen (www.mediaservice.tv)
Sprachliches Korrektorat: Gaby Meyer, München
Druck und Verarbeitung: Firmengruppe APPL, aprinta-druck, Wemding
Printed in Germany

Inhaltsverzeichnis

Kapitel 1: Grundlagen

Das erste Mal 10
Ausschalten und wieder einschalten 11
Ihr neuer Arbeitsplatz: Menü, Schreibtisch und Dock 12
Die Standardprogramme im Dock 15
Die Tastatur 17
Die Maus, das Trackpad und die rechte Maustaste 20
Die Fenster von OS X 21
Programme starten und beenden 25
Automatisch sichern, Versionen und Resume 26
Ersetzungen, Rechtschreibung und Dienste 27
Eine Apple-ID einrichten 28
Die wichtigsten Tastenkürzel 28
Der Beachball 29

Kapitel 2: Finder

Das ist der Finder 32
Orientierung im Finder 35
Geräte, Laufwerke, Ordner und Dateien 39
Die tägliche Dateiarbeit 42
Aliasdateien 44
Neue Ordner anlegen 45
Der Papierkorb 46
PDF, ZIP und Pakete 48
Die Datei-Infos 50

Kapitel 3: Apps und Widgets

Programme finden und starten 54
Programme im Dock 54
Programme im Launchpad 56
Programme-Ordner und Spotlight 58
Zwischen Programmen wechseln 59

Programme beenden 60
Der App Store 63
Programme ohne App Store installieren 65
So werden Sie Programme wieder los.. 67
Das Dashboard und die Widgets 68

Kapitel 4: Überblick behalten

Mission Control 74
Spaces: Schafft zwei, drei, viele Schreibtische 77
Mehr Übersicht im Dock.. 80
Ein rascher Blick auf den Inhalt einer Datei.................................... 82
Etiketten im Finder 84
Suchen und finden mit Spotlight.. 86
Suchen im Spotlightmenü 88
Suchen mit dem Spotlightfenster... 89
Eine Suche als intelligenten Ordner speichern 92
Spotlight anpassen.. 94

Kapitel 5: Netzwerk und Internet

WLAN, Wi-Fi und der Airport... 98
WLANs verwalten 100
Dateifreigaben.. 101
Ad-Hoc-Netzwerke 105
AirDrop: schneller Dateiaustausch zwischen Macs........................ 106

Kapitel 6: Safari

Eine kleine Tour durch Safari 110
Die Lesezeichen.. 114
Die Leseliste 116
Der Verlauf... 118
Top Sites... 119
Webseiten als Widget 121
Erweiterungen 123
Sicherheit und Datenschutz.. 125

Kapitel 7: Mail

Mail 130
Account einrichten 130
Accounts konfigurieren... 132
Aufbau von Mail 132
E-Mails schreiben, empfangen, löschen................................. 134
Signaturen 135
Antworten, Weiterleiten, Konversationen 136
Notizen in Mail 138
Mailformat 139
Dateianhänge 141
Mails markieren 143
Postfächer 144
Regeln 144
Suchen 146
Die intelligente Postablage 146
Die automatische Müllabfuhr 147
Mails exportieren und importieren 150

Kapitel 8: Adressbuch

Das Adressbuch.. 152
Kontakte 154
Gruppen 158
Adressen im Einsatz... 160
Suchen 161
Export/Import von Adressen 161
Adressbücher im Netz 163

Kapitel 9: iCal

Das Kalenderprogramm iCal 166
Ereignisse 167
Aufgaben/Erinnerungen... 172
Suchen 173
Kalender 173
Kalender-Accounts 177
Kalender exportieren/importieren.. 178

Kapitel 10: Apps für den Alltag

Die Textverarbeitung TextEdit 180
Versionen („Versions") 183
Systemweite Schreibhilfen 187
Notizzettel 190
Die Vorschau 192
Lexikon 196
Rechner 198
Schriften 199

Kapitel 11: FaceTime, iChat, RSS

FaceTime 204
iChat 207
RSS mit Safari und Mail 211

Kapitel 12: Musik, Foto, Video

Die Medienzentrale von OS X: iTunes 216
Wiedergabelisten in iTunes 220
DVD-Player 223
Photo Booth 225
Der QuickTime Player 228

Kapitel 13: Kamera, Drucker & Co

Fotos importieren 232
Drucken & Scannen 234
USB-Sticks und Festplatten 238
Image-Dateien 243
CDs/DVDs brennen 245
Bluetooth-Geräte 247

Kapitel 14: Sicherheit

Time Machine 250
Daten sichern mit Time Machine 251
Daten zurückholen mit Time Machine 253

Systemwiederherstellung mit (und ohne) Time Machine 256
OS X und seine Kennwörter 258
Die Schlüsselbundverwaltung 260
Automatische Anmeldung ein- und ausschalten 262
Den Zugriff mit Bildschirmschoner sichern 263
Daten verschlüsseln 264
Die Firewall 267
Schadsoftware auf dem Mac 268
Die Softwareaktualisierung 270
Ortung 271

Kapitel 15: Systemeinstellungen und Dienstprogramme

Die Systemeinstellungen 274
Benutzerverwaltung 284
Systeminfos, Aktivitäten und Netzwerk 287
Dienste 289
Das Terminal 291

Kapitel 16: Tipps, Tricks & Tools

Tilde, Mengenklammer & Co 294
Bildschirmfotos 296
Clippings 297
Tastenkürzel definieren 298
So machen Sie Ihre Library sichtbar 299
Welche App öffnet was? 299
DigitalColor Meter 300
Spotlight als Taschenrechner 301
Finder anpassen 302
Ihr Mac spricht mit Ihnen 303
Safari: Quelltext, Aktivitäten, Entwickler 305
Apple-ID ohne Kreditkarte 307
Wenn das Dashboard streikt 307
OS X in Zeitlupe 308
Schach 309

Stichwortverzeichnis   311

Liebe Leser,

vielleicht geht es Ihnen gerade jetzt genau so, wie es mir vor ein paar Jahren ging. Damals stand ich vor der Entscheidung, von Windows zum Mac zu wechseln und hatte allerlei Befürchtungen und Bedenken im Hinterkopf. Würde ich mit dem neuen System zurechtkommen? Würde es die Programme geben, die ich für meine tägliche Arbeit brauche? Würde meine Peripherie vom Drucker über den USB-Stick bis zur Digicam mit dem neuen System zusammenarbeiten? Könnte ich mit dem Mac im Büronetzwerk arbeiten, würde meine Internetverbindung noch funktionieren?

Schon nach wenigen Wochen hatten sich diese Sorgen nicht nur als völlig unbegründet erwiesen, sondern der Umgang mit OS X schien mir die natürlichste Sache der Welt zu sein. Die einzige Frage, die sich mir dann noch stellte, war, warum ich eigentlich so lange gezögert hatte.

OS X schlug mich von Anfang an durch seine schiere Schönheit, Stimmigkeit und Eleganz in seinen Bann. Noch nie war meine Arbeit am Computer so störungsfrei, so angenehm und so erfreulich.

Natürlich treten auch beim Mac mitunter Fehler auf, und auch mit OS X funktionieren die Dinge nicht immer so, wie man sich das gedacht hat. Doch die typischen Computerpannen treten bei einem Mac so selten auf, dass sie eigentlich schon wieder als untypisch gelten können. Auf Wunder darf man auch bei Apple nicht hoffen – aber auf Sorgfalt, Liebe zum Detail, hohes Qualitätsniveau und durchdachtes Design. Und das kommt schon fast einem Wunder gleich.

Freuen Sie sich also auf Ihren neuen Computer.
Ihr

Giesbert Damaschke

Kapitel 1
Grundlagen

Bildnachweis: Apple

Kapitel 1: Grundlagen

Das erste Mal

Wie jedes elektronische Gerät wird auch ein Mac über einen Schalter eingeschaltet. Das ist ein kleiner Knopf, der bei den MacBooks rechts oben, bei den iMacs links hinten ist. Ein Druck auf den Knopf, und kurz darauf begrüßt Sie der Mac mit seinem „Startup-Sound", einem Gongschlag.

Wenn Sie Ihren neuen Mac zum ersten Mal einschalten, werden Sie von einem „Willkommen"-Bildschirm begrüßt und aufgefordert, einige grundlegende Einstellungen zu treffen.

- **Spracheinstellungen:** Zuerst legen Sie das Land fest, in dem Sie sich befinden. OS X benutzt diese Angabe etwa für die Formatierung von Datum und Uhrzeit. Anschließend geben Sie an, mit welcher Tastaturbelegung Sie arbeiten. Normalerweise werden Sie hier wohl *Deutschland* bzw. *Deutsch* wählen.

- **Backup/Migration:** Nun fragt OS X nach, ob Sie Daten von einem anderen Mac oder aus einem Backup übertragen möchten. Falls Sie früher schon mit einem Mac gearbeitet haben, können Sie hier mit Ihren Daten einfach auf das neue System umziehen. Frischgebackene Mac-Anwender werden hier natürlich den Punkt *Jetzt nicht übertragen* wählen. Es ist später jederzeit möglich, mit dem „Migrationsassistenten" Daten von anderen Macs oder aus einem Backup auf das neue System zu portieren.

- **Netzwerk:** Nun sucht OS X nach einem drahtlosen Netzwerk, also einem WLAN, und zeigt Ihnen alle gefundenen Netzwerke an. Wählen Sie hier Ihr WLAN aus und geben Sie Ihr Kennwort ein. Falls Sie aktuell über keinen Internetzugang verfügen oder vorerst offline bleiben möchten, können Sie diesen Punkt auch einfach überspringen.

- **Apple-ID:** Anschließend möchte OS X Ihre „Apple-ID" samt Kennwort wissen. Falls Sie noch keine ID haben (und aktuell auch keine anlegen möchten), lassen Sie diesen Punkt leer und klicken auf *Fortfahren*.

> **Was ist die Apple-ID?** Die Apple-ID ist eine E-Mail-Adresse, mit der Sie sich bei Apple anmelden können. Diese ID wird etwa benötigt, wenn Sie im App Store oder im iTunes Store einkaufen möchten. Wie Sie eine Apple-ID anlegen und wie Sie Ihr Apple-Konto verwalten, erfahren Sie weiter unten in diesem Kapitel.

- **Registrierung:** Jetzt werden Sie aufgefordert, sich mit einigen persönlichen Daten wie Name, Mailadressen oder Anschrift zu registrieren. Wenn Sie das nicht möchten, lassen Sie diese Felder einfach leer und klicken auf *Fortfahren*.

- **Benutzer anlegen:** Damit Sie mit dem System arbeiten können, benötigen Sie einen Benutzeraccount. Diesen Account legen Sie im nächsten Schritt fest. Hier geben Sie Ihren vollständigen Namen (z.B. „Giesbert Damaschke"), den gewünschten Kurznamen Ihres Accounts (etwa: „giesbert") und ein Kennwort ein.

> **Obacht!** Den Kurznamen können Sie nachträglich nicht mehr ändern. Aktivieren Sie in diesem Dialog die Option *Kennwort bei Anmeldung erforderlich*, fragt OS X bei jedem Start nach Ihrem (vollständigen) Namen samt Kennwort und verhindert so, dass sich Unbefugte einfach an Ihrem Mac zu schaffen machen können.

- **Foto:** Zu einem Account gehört schließlich noch ein Bild des Benutzers. Sie können sich mit der iSight-Kamera (die in jedem Mac eingebaut ist) aufnehmen oder ein Symbol aus der Bildersammlung von OS X wählen. Wenn Ihnen das zu Beginn gewählte Bild einmal nicht mehr gefällt, können Sie es später jederzeit ändern.

- **FileVault:** OS X kann die komplette Festplatte verschlüsseln und so Ihre Daten vor fremden Zugriff schützen. Falls Sie das möchten, legen Sie hier ein Kennwort fest. Aber Vorsicht! Wenn Sie dieses Kennwort vergessen, dann war's das – Sie kommen nicht mehr an Ihre Daten. Sie müssen sich auch nicht sofort entscheiden, FileVault kann jederzeit eingerichtet werden.

So, das war's. Mit einem Klick auf *Lion – los geht's* schließen Sie die Einrichtung ab und sehen nun zum ersten Mal den Schreibtisch von OS X.

Ausschalten und wieder einschalten

Bevor wir uns in OS X ein wenig umsehen und mit dem System vertraut machen, probieren wir kurz eine elementare Funktion aus: das Ein- und Ausschalten des Macs.

Eingeschaltet wird der Mac, wie erwähnt, mit dem kleinen Schalter, über den Sie ihn auch ausschalten können, indem Sie den Schalter ein paar Sekunden festhalten. Doch halt! Probieren Sie das nur im Notfall aus. Wenn Sie den Mac auf diese Weise ausschalten, ziehen Sie dem System gewissermaßen den Boden unter den Füßen weg, was unter Umständen zu Datenverlust oder Schlimmerem führen kann.

Stattdessen fahren Sie das System über ein Menükommando herunter. So geben Sie OS X die Möglichkeit, alle geöffneten Dateien zu schließen und das System in einem geordneten Zustand zu beenden.

Was bei Windows die „Start"-Taste in der Taskleiste, das ist bei OS X (mehr oder weniger) das Apple-Logo links oben, über das Sie das Systemmenü öffnen. Klicken Sie auf dieses Logo und wählen Sie den Eintrag *Ausschalten*. Der Mac fragt sicherheitshalber noch einmal nach, danach beendet er alle laufenden Programme und schaltet sich aus. Falls ein Programm noch auf eine Eingabe wartet, wird dieser Vorgang abgebrochen.

Kapitel 1: Grundlagen

*Sie sollten Ihren Mac immer über das Menü beenden. So vermeiden Sie Datenverlust und schlimmeres. Der Menüeintrag **Sofort beenden** bezieht sich übrigens auf laufende Programme, nicht auf den Rechner selbst.*

Nachdem Sie Ihren Mac auf die beschriebene Weise ausgeschaltet haben, starten Sie ihn über den Schalter erneut. Haben Sie bei der Einrichtung die Kennwortabfrage aktiviert, werden Sie nach kurzer Zeit zur Eingabe Ihres Kennworts aufgefordert, andernfalls sehen Sie sofort den Schreibtisch von OS X.

Ihr neuer Arbeitsplatz: Menü, Schreibtisch und Dock

Nach dem Einschalten Ihres Macs sehen Sie den Schreibtisch, der (wie bei Windows und anderen Betriebssystemen) als virtuelle Fläche dient, auf der alle Fenster, Ordner, Dokumente und Dateien abgelegt werden.

So – oder so ähnlich – präsentiert sich OS X Lion beim ersten Start. Am oberen Bildschirmrand sehen Sie die halbtransparente Menüleiste, am unteren das spiegelnde Dock.

Ihr neuer Arbeitsplatz: Menü, Schreibtisch und Dock

Am oberen Rand des Bildschirms sehen Sie die Menüleiste, die unverrückbar an ihrem Platz und (bis auf wenige Ausnahmen) immer sichtbar bleibt. Diese Leiste wird von allen Programmen unter OS X benutzt. Anders als unter Windows haben Programmfenster unter OS X in der Regel keine eigene Menüleiste, sondern nutzen die zentrale Leiste oben am Bildschirmrand, deren Inhalt sich je nach aktivem Programm ändert.

Die Menüleiste

Die (hier etwas zusammengestauchte) Menüleiste ist üblicherweise immer sichtbar, ändert nie ihren Platz und kann in der Regel nicht ausgeblendet werden.

Wir werden uns im Verlauf dieses Buches immer wieder mit den verschiedenen Menüeinträgen beschäftigen, doch werfen wir an dieser Stelle am Beispiel des Finders rasch einen Blick auf die typischen Menüpunkte, die in praktisch allen Programmen in dieser Reihenfolge auftauchen:

- : Der erste Eintrag in jedem Menü ist das Apple-Logo, über das Sie das Systemmenü öffnen. Hier finden Sie verschiedene systemnahe Einträge, können die Softwareaktualisierung starten, sich über die Konfiguration Ihres Macs informieren, störrische Programme gezielt beenden oder auch den Mac ausschalten.

- **Finder:** Es folgt, durch Fettung hervorgehoben, der Name des aktuellen Programms. Wenn Sie kein Programm gestartet oder auf eine leere Stelle des Schreibtischs geklickt haben, ist dies immer der Finder (das Apple-Pendant zum Windows-Explorer). Wechseln Sie das Programm, ändert sich auch dieser Eintrag. Hier finden Sie in der Regel Informationen zum aktuellen Programm und können auf seine Einstellungen zugreifen.

- **Ablage:** Der Menüpunkt *Ablage* entspricht ungefähr dem Eintrag *Datei* unter Windows. Über diesen Punkt greifen Sie auf zentrale Dateifunktionen zu wie Öffnen, Speichern, Schließen oder Drucken. Über *Ablage* öffnen Sie auch neue Fenster oder legen neue Dokumente an.

- **Bearbeiten:** Dieser Menüpunkt ist im Grunde selbsterklärend. Hier finden Sie alle Einträge, um ein Dokument oder eine Datei zu bearbeiten, also Kopieren, Einfügen, Ausschneiden und ähnliches.

- **Darstellung:** Hier legen Sie fest, wie ein Programm sich selbst und seine Fensterinhalte darstellen soll.

Nach diesen fünf Menüpunkten folgen die programmspezifischen Einträge. Beim Finder ist dies etwa der Punkt *Gehe zu*, beim Webbrowser Safari stehen an dieser Stelle die Punkte *Verlauf* und *Lesezeichen*, das Programm Mail hat hier *Postfach*, *E-Mail* und *Format* zu bieten, bei anderen Programmen steht hier anderes.

Den Schlusspunkt in einem typischen Menü unter OS X bilden die folgenden beiden Einträge:

- **Fenster:** Viele Programme arbeiten mit mehreren Fenstern oder verschiedenen Tabs innerhalb eines Fensters. Über diesen Menüpunkt können Sie die Fenster wechseln, vergrößern oder verkleinern.
- **Hilfe:** Dieser Punkt ist standardmäßig immer der letzte Punkt des Menüs und bietet genau das, was sein Name verspricht, nämlich Hilfe zu einzelnen Funktionen eines Programms.

Die „Menu Extras" Der rechte Bereich der Menüleiste wird Sie vielleicht ein wenig an die „Tray Notification Area" von Windows erinnern, also an den rechten Bereich der Taskleiste, in dem Windows verschiedene Systeminformationen anzeigt. Unter OS X hat der rechte Bereich der Menüleiste eine sehr ähnliche Funktion.

> **Extras/Items:** Unter OS X gibt es für den Bereich rechts oben und die dort abgelegten Symbole keinen offiziellen Namen. Auf Systemebene heißen die entsprechenden Objekte allerdings „Menu Extras", was sich als Bezeichnung eingebürgert hat. Alternativ spricht man auch von „Menu Items", „Status Items" oder „Menulet".

Hier werden verschiedene aktive Dienste und Informationen angezeigt. Dazu gehört etwa die Suchfunktion mit Spotlight (das ist das Lupensymbol rechts), die aktuelle Uhrzeit, ein Lautstärkeregler und der Verbindungsstatus des Airports (also der WLAN-Lösung in Ihrem Mac), Bluetooth oder einer Ethernet-Verbindung.

Die Menu Extras bieten verschiedene Informationen und den raschen Zugriff auf Programme und Funktionen.

Das Dock Am unteren Bildschirmrand befindet sich das Dock, das eine ähnliche Funktion hat wie die Taskleiste von Windows: Es bietet den Schnellzugriff auf oft benötigte Programme und erleichtert den Wechsel zwischen verschiedenen Anwendungen.

Bewegen Sie den Mauszeiger auf eines der Programmsymbole im Dock, wird der Name des Programms eingeblendet. Mit einem Klick auf ein Symbol starten Sie das entsprechende Programm bzw. wechseln dorthin.

Das Dock ist Schnellstartleiste und Ablagefläche zugleich. Der linke Bereich bietet Zugriff auf Programme, der rechte Bereich wird durch den (hier durch den roten Pfeil markierten) Streifen abgetrennt und beherbergt Ordner, verkleinerte Fenster und den Papierkorb.

Welche Einträge in welcher Reihenfolge im Dock vorhanden sind, bleibt Ihnen überlassen. Zwei Einträge im Dock sind jedoch unverrückbar: das Logo des Finders links – der Finder ist das, was unter Windows der Explorer ist – und der Papierkorb rechts außen.

Das Dock ist prinzipiell zweigeteilt. Auf der linken Seite werden die Programmsymbole abgelegt, auf der rechten bekommen Sie Zugriff auf Ordner und Stapel (mehr dazu im zweiten Kapitel). Außerdem werden hier die Fenster abgelegt, die Sie verkleinert haben. Die beiden Bereiche werden durch eine gepunktete Linie getrennt, die ein wenig an einen Zebrastreifen erinnert. Über diese Linie können Sie die Größe des Docks anpassen. Klicken Sie dazu auf diese Linie und ziehen Sie sie bei gedrückter Taste nach oben bzw. unten.

Die Standardprogramme im Dock

Machen wir uns erst einmal kurz mit den Programmen vertraut, die Ihnen OS X standardmäßig im Dock präsentiert.

Finder: Der Finder ist das wohl wichtigste Programm von OS X. Der Finder verwaltet sämtliche Laufwerke und angeschlossenen Geräte, über den Finder kopieren und löschen Sie Dateien und Ordner oder legen neue Ordner an. Der Finder ist ständig aktiv und kann nur beendet werden, wenn Sie Ihren Mac komplett ausschalten. Mit dem Finder und seinen Funktionen beschäftigen wir uns in Kapitel 2.

Launchpad: Das Launchpad ist eine bequeme Art, Programme zu verwalten und zu starten. Es zeigt Ihre Programme in Form großer Symbole an, mit einem Klick auf ein Symbol starten Sie das Programm. Wenn Sie sehr viele Programme installiert haben, kann das Launchpad ein wenig unübersichtlich werden, doch im normalen Einsatz eines Macs ist es recht komfortabel und übersichtlich. Falls Sie ein iPhone oder iPad besitzen, wird Ihnen das Launchpad sehr vertraut vorkommen, zeigt es doch den gleichen Aufbau wie der Startbildschirm dieser Geräte. Das Launchpad lernen Sie im dritten Kapitel kennen.

Mission Control: Mission Control hilft Ihnen, bei der Arbeit am Mac den Überblick zu behalten. Hier lassen sich alle Fenster aller aktiven Applikationen anzeigen oder virtuelle Desktops (die sogenannten Spaces) verwalten. Dem Einsatz von Mission Control widmen wir uns im vierten Kapitel.

App Store: Über den App Store laden Sie Programme für Ihren Mac. Sein Name ist eine Kurzform des englischen „Application Store", was sich mit „Kaufhaus für Applikationen" bzw. „Kaufhaus für Programme" übersetzen lässt. Der App Store ist nicht der einzige, aber der komfortabelste Weg, um neue Programme zu bekommen. Der App Store selbst wird in Kapitel 3 ausführlich vorgestellt.

Mail: Der Name des Programms sagt, worum es hier geht: Mit Mail schreiben, empfangen und bearbeiten Sie Ihre elektronische Post. Das Programm unterstützt mehrere Accounts, beherrscht alle gängigen Mail-Standards, kommt mit den diversen Dateianhängen zurecht und erweist sich bei schlichtem Äußeren als flexibel und leistungsstark. Über verschiedene Filter können Sie Ihre elektronische Post einfach und schnell organisieren. Diesem Programm ist das Kapitel 7 gewidmet.

Kapitel 1: Grundlagen

Safari: Safari ist der Standard-Webbrowser von OS X. Er ist schnell, zuverlässig und standardkonform. Wie andere Browser stellt auch Safari mehrere Webseiten auf Registerkarten („Tabs") innerhalb eines Fensters dar. Das Programm wartet mit einigen Besonderheiten auf, unterscheidet sich aber nicht grundlegend von anderen Browsern, Sie werden sich also sehr schnell damit zurecht finden. Mit Safari beschäftigen wir uns in Kapitel 6.

FaceTime: Mit FaceTime können Sie kostenlose Videotelefonate via Internet führen. Voraussetzung dafür ist allerdings, dass Ihr Gesprächspartner ebenfalls ein FaceTime-fähiges Gerät benutzt. Neben einem Mac sind dies alle neueren iOS-Geräte, also das iPhone 4, iPad 2 und der iPod touch ab der 3. Generation. FaceTime wird in Kapitel 11 ausführlich vorgestellt.

Adressbuch: Auch hier sagt der Name des Programms bereits, worum es geht. Mit dem Adressbuch verwalten Sie alle Kontaktdaten und Informationen zu Ihren Freunden und Bekannten. Die Adressen lassen sich in Gruppen zusammenfassen und blitzschnell durchsuchen. Andere Programme wie etwa Mail oder Safari können auf die hier gespeicherten Daten zugreifen, um etwa eine Mailadresse zu übernehmen oder ein Formular auf einer Webseite automatisch auszufüllen. Mit dem Adressbuch beschäftigen wir uns in Kapitel 8 ausführlicher.

iCal: Wie das Programmsymbol schon zeigt, ist iCal das Kalenderprogramm auf Ihrem Mac (das Programmsymbol zeigt übrigens immer das aktuelle Datum an). Mit iCal verwalten Sie Ihre Termine und Aufgaben. Das Programm beherrscht (natürlich) den gleichnamigen Kalenderstandard „iCal", kann also Termine und Einträge aus anderen Kalendern problemlos importieren oder Ihre Einträge im iCal-Format weitergeben. Das Kalenderprogramm wird in Kapitel 9 vorgestellt und erläutert.

Vorschau: Die Vorschau kann weit mehr, als der Name des Programms andeutet. Es ist zum einen ein Tool, mit dem Sie Bilder und PDF-Dateien am Mac öffnen und betrachten können. Es bietet Ihnen aber auch grundlegende Funktionen der Bildbearbeitung, kann Grafiken in verschiedene Formate konvertieren und erlaubt auch die Bearbeitung von PDF-Dateien. Die erstaunlichen Fähigkeiten der Vorschau lernen Sie im zehnten Kapitel kennen.

iTunes: Ursprünglich war iTunes ein Programm zur Verwaltung und Wiedergabe digitaler Musik (worauf die Noten im Programmsymbol hinweisen). Heute ist es das Mediencenter von OS X, mit dem Sie Musik, Videos und Hörbücher verwalten. Zudem ist es der Zugang zum iTunes Store und steuert alle iOS-Geräte (also iPhone, iPad und iPod touch). Mit iTunes beschäftigen wir uns in Kapitel 12.

Photo Booth: Jeder Mac besitzt eine integrierte Kamera namens iSight, von der das das Programm Photo Booth lustigen Gebrauch macht. Hierbei handelt es sich vorrangig um ein Spaßprogramm, mit dem Sie Fotos und Videos von sich selbst aufzeichnen und mit verschiedenen Filtern verfremden können. Natürlich können Sie es auch zur Aufzeichnung normaler Videos und Fotos benutzen. Wie Sie es einsetzen und was Sie damit machen können, erfahren Sie in Kapitel 12.

Systemeinstellungen: Dies ist die Steuerzentrale Ihres Macs, in der Sie sämtliche systemnahen Einstellungen vornehmen. Wegen seiner zentralen Bedeutung finden Sie das Programm standardmäßig nicht nur als Symbol im Dock (aus dem Sie es auch entfernen können), sondern ebenfalls immer fest verankert im Systemmenü, das Sie mit einem Klick auf das Apple-Logo oben links aufrufen. Die Systemeinstellungen werden uns in diesem Buch immer wieder über den Weg laufen, im 15. Kapitel werden sie im Überblick vorgestellt.

Papierkorb: Auf der rechten Seite des Docks finden Sie noch drei weitere Symbole. Die ersten beiden zeigen den aktuellen Inhalt der beiden Ordner *Dokumente* und *Downloads*. Dabei handelt es sich um Stapel bzw. Stacks, mit denen wir uns in Kapitel 4 ausführlicher beschäftigen. Das Symbol rechts außen ist der Papierkorb, der immer unverrückbar an dieser Stelle zu finden ist. Der Papierkorb ist gewissermaßen das Zwischenlager für Dateien und Dokumente, die Sie gelöscht, aber noch nicht endgültig von der Festplatte entfernt haben. Den Papierkorb lernen Sie im zweiten Kapitel kennen.

Die Tastatur

Die Tastatur des Macs sieht auf den ersten Blick so aus wie jede andere Tastatur auch. Falls Sie von Windows zum Mac wechseln, werden Sie allerdings doch einige Unterschiede zu einer normalen Windows-Tastatur erkennen, die bei Umsteigern erfahrungsgemäß für einige Verwirrung sorgt. Denn hier finden sich nicht die von einer Standard-PC-Tastatur her gewohnten Aufdrucke, und es ist zum Beispiel nicht auf Anhieb zu erkennen, wie man einen Klammeraffen @, eckige Klammern [ ], eine Tilde ~ oder einen Backslash \ eingibt (anders als unter Windows, wo der Backslash als Trennzeichen in Pfadangaben benötigt wird, brauchen Sie dieses Zeichen auf dem Mac übrigens so gut wie nie).

Die Sondertasten

Wie genau Ihre Tastatur beschriftet ist, hängt ein wenig davon ab, mit welchem Mac Sie arbeiten, hat Apple die Beschriftung der Sondertasten doch im Laufe der Zeit immer wieder ein wenig geändert. Ein etwas älteres MacBook hat ein geringfügig anderes Tastaturlayout als ein moderner iMac, und die (kleine) Bluetooth-Tastatur, die standardmäßig zum iMac gehört, sieht ein wenig anders als die große Tastatur mit Ziffernblock, die man auf Wunsch geliefert bekommt. Doch die Unterschiede im Detail sollen uns hier nicht weiter irritieren, denn die Sondertasten – `fn`, `ctrl`, `alt` und `cmd` – der Apple-Tastatur haben im Laufe der Zeit zwar ihre Beschriftung geändert, nicht aber ihre Funktion. Hierbei handelt es sich um „Modifier Keys". Das sind Tasten, die allein keine Funktion haben und erst in Kombination mit anderen Tasten Wirkung zeigen.

Die vier Sondertasten der Mac-Tastatur haben im Laufe der Zeit ihre Beschriftung geändert, nicht aber ihre Funktion.

Kapitel 1: Grundlagen

Die Apfeltaste ohne Apfel: Die wohl wichtigste Taste ist hier die Command- oder Befehlstaste, die Sie links und rechts neben der Leertaste finden. Traditionell zeigte diese Taste das Apple-Logo und ein Kleeblatt ⌘. Mit der Einführung der neuen, flachen Aluminium-Tastatur hat sich das allerdings ein wenig geändert – die unter Mac-Fans so beliebte „Apfeltaste" hat keinen Apfel mehr, sondern zeigt stattdessen, je nach Ausführung, die Abkürzung „cmd" oder das Wort „command". Diese Taste wird in Apples Dokumentation, in den Menüs von OS X und auch in diesem Buch durch das Kleeblatt ⌘ wiedergegeben. Sie erfüllt unter OS X häufig – aber nicht immer – die Funktion, die unter Windows die `Strg`-Taste besitzt. Während Sie zum Beispiel unter Windows mit den Tastenkombinationen `Strg` `C`, `Strg` `X` und `Strg` `V` ein Objekt kopieren, ausschneiden und einfügen, so benutzen Sie dafür unter OS X die Kombinationen ⌘ `C`, ⌘ `X` und ⌘ `V`. Sie werden schnell feststellen, dass die Befehlstaste ihren Namen zurecht trägt. Denn sie dient dazu, bestimmte Aktionen auszuführen, also Kommandos an das Betriebssystem zu übermitteln. Sie wird bei praktisch allen Tastenkürzeln benötigt, mit denen man Programme oder OS X steuert.

Die Wahltaste: Links neben der Befehlstaste liegt die „alt"- oder „option"-Taste, die in der deutschen Dokumentation „Wahltaste" genannt wird. Auf Mac-Tastaturen finden Sie hier (neben dem Text „alt" oder „option") das Zeichen ⌥, mit dem diese Taste in Dokumentationen, den Menüs von OS X (und also auch in diesem Buch) üblicherweise abgekürzt wird. Sie dient am häufigsten dazu, bestimmte Zeichen einzugeben, also auf eine alternative Tastenbelegung umzuschalten. So erzeugen Sie etwa einen Klammeraffen @ mit der Kombination ⌥ `L`, und die eckigen Klammern [ ] geben Sie mit ⌥ `5` und ⌥ `6` ein. Außerdem wird sie in Tastenkürzeln in Kombinationen mit der ⌘-Taste benutzt. Bei vielen Programmen können Sie mit einem Druck auf diese Taste in Menüs zu alternativen Kommandos wechseln.

Control-Taste: Neben der ⌥-Taste liegt die „ctrl"- oder „control"-Taste, deren Darstellung traditionell das ^-Zeichen ist. In diesem Buch wird die Taste allerdings mit ihrer Beschriftung, also mit `ctrl` bezeichnet. Anders als ihr scheinbares Windows-Pendant, die `Strg`-Taste, spielt sie beim Mac eine eher untergeordnete Rolle. Sie wird mitunter bei Tastenkürzeln benutzt, ansonsten werden Sie sie wohl erst dann wirklich benötigen, wenn Sie in den Unix-Keller von OS X hinabsteigen.

Die Fn-Taste: Mit der Taste `fn` schalten Sie die Belegung der Funktionstasten um. Standardmäßig werden dieses Tasten zur Systemsteuerung benutzt. So können Sie etwa mit `F1` und `F2` die Helligkeit regulieren, mit den Tasten `F7` bis `F12` steuern Sie die Musikwiedergabe und die Lautstärke. Drückt man diese Tasten allerdings zusammen mit `fn`, registriert OS X den Tastendruck als Funktionstaste, also etwa als `F1`/`F2` und nicht als „Helligkeit vermindern/erhöhen".

Neben diesen vier Sondertasten gibt es noch drei weitere Tasten, die Sie vielleicht schon von einer normalen PC-Tastatur kennen:

Die Esc-Taste: Die `esc`-Taste finden Sie links oben. „Esc" ist die Abkürzung für „escape", was mit „Flucht, Rettung, Ausbruch" übersetzt werden kann. Mit dieser Taste können Sie manchmal (nicht immer) einen Prozess zwangsweise abbrechen und sich so etwa aus einer Endlosschleife „retten". Wenn ein Programm einmal nicht reagiert, ist ein Druck auf die `esc`-Taste keine schlechte Idee. In Apples Dokumentation wird diese Taste mit einem etwas ungewohnten Symbol bezeichnet: ⎋.

Die Tastatur

Die Löschtaste ist mit einem Pfeil nach links markiert. Wie unter Windows löscht sie in Texten einen markierten Bereich. Objekte – also etwa Dateien – lassen sich damit jedoch nicht so ohne weiteres löschen. Dazu müssen Sie diese Taste zusammen mit der ⌘-Taste drücken. Die Löschtaste wird in den Menüs und der Apple-Dokumentation mit ⌫ wiedergegeben (wohl um eine Verwechslung mit den Pfeil- bzw. Cursortasten zu vermeiden). Die erwähnte Tastenkombination zum Löschen eines Objekts sieht in der Symbolschrift also so aus: ⌘⌫.

Die Return- oder **Eingabetaste** befindet sich, wie von allen anderen Tastaturen gewohnt, auch beim Mac rechts außen in Form einer langgestreckten, doppelt hohen Taste. Hierzulande begnügt sich Apple mit einem geschwungenen Pfeil nach links: ↵, sie wird auf den US-Tastaturen mit „Return" und „Enter" beschriftet.

> **Return vs. Enter:** Die Begriffe „Return" und „Enter" werden oft synonym benutzt, was allerdings nicht korrekt ist. Bei einem Return wird die Schreibmarke (der Cursor) an den Anfang der nächsten Zeile gesetzt, sie entspricht also einem Wagenrücklauf bei mechanischen Schreibmaschinen (womit sich auch der geschwungene Pfeil als Symbol dieser Taste erklärt). Mit Enter wird dagegen eine Texteingabe oder ein Kommando abgeschlossen. Dieser Unterschied spielt in der Praxis nur in sehr wenigen Programmen eine Rolle (etwa in Photoshop), fast immer werden Return und Enter identisch als Wagenrücklauf interpretiert. Auf der Mac-Tastatur erzielen Sie ein Enter (Symbol: ⌤) mit der Kombination von Fn- und Eingabetaste, also: fn ↵.

Rauf und runter

Die Standardtastatur von Apple ist genauso groß wie die MacBook-Tastatur und bietet wie diese keinen eigenen Ziffernblock. Das fällt in der Regel nicht weiter ins Gewicht, aber man muss hier auch auf die Tasten zum seitenweisen Blättern (Page Up, Page Down) in Dokumenten ebenso verzichten wie auf die Tasten, um an den Anfang (Home) oder das Ende (End) eines Dokumentes zu springen.

Doch keine Sorge, diese Funktionen können Sie mit Tastenkombinationen realisieren. Seitenweise blättern Sie mit fn ↑ und fn ↓, mit fn ← und fn → springen Sie zum Anfang bzw. Ende eines Dokuments.

Akzente und Umlaute

Wo wir gerade bei der Tastatur sind, soll auch gleich eine Besonderheit von OS X Lion erwähnt werden. Das System hilft Ihnen nämlich auf pfiffige Weise bei der Eingabe von länderspezifischen Sonderzeichen wie etwa „ã", „é" oder „œ": Halten Sie einen Buchstaben wie etwa das O etwas länger gedrückt, wird eine Auswahlleiste mit möglichen Sonderzeichen eingeblendet. Hier wählen Sie den gewünschten Buchstaben aus. Das erweist sich in der täglichen Arbeit als ausgesprochen praktisch. Wie Sie darüber hinaus so ziemlich jedes nur denkbare Zeichen auf dem Mac eingeben – vom Sonderzeichen bis zu kleinen Grafiken – erfahren Sie in Kapitel 16.

Halten Sie beim Tippen einen Buchstaben etwas länger gedrückt, werden seine verschiedenen Varianten eingeblendet.

Kapitel 1: Grundlagen

Die Maus, das Trackpad und die rechte Maustaste

Die MacBooks bieten als Eingabegerät unterhalb der Tastatur ein großes Touch- bzw. Trackpad, beim iMac haben Sie die Wahl zwischen der „Magic Mouse" und einem externen „Magic Trackpad". Gemeinsam ist Trackpad und Maus, dass sie nicht die von normalen Notebooks bzw. PCs her gewohnten Tasten, sondern nur eine glatte, berührungsempfindliche Fläche bieten. Der Trick: das gesamte Eingabegerät ist eine Taste.

Bild: Apple

Gestensteuerung OS X Lion ist wie kein anderes System zuvor von Apple auf Gestensteuerung (also Wischbewegungen mit den Fingern) ausgelegt. Beim Trackpad erzeugen Sie diese Gesten, indem Sie mit einem, zwei, drei oder vier Finger(n) über das Trackpad wischen, bei der Magic Mouse können Sie mit einem oder zwei Finger(n) über die Oberfläche streichen, um bestimmte Aktionen auszulösen. Allerdings sind hier die Möglichkeiten durch die begrenzte Oberfläche eingeschränkt.

- **Mauszeiger:** Mit der Magic Mouse steuern Sie den Mauszeiger wie gewohnt durch eine Bewegung der Maus selbst. Beim Trackpad wischen Sie dazu mit dem Finger über die Oberfläche.
- **Mausklick:** Ein Druck auf das Trackpad bzw. die Magic Mouse entspricht einem Klick mit der linken Maustaste. Sie können beim Trackpad einen Klick auch durch einen Tipp ersetzen, wie das geht erfahren Sie in Kapitel 15.
- **Rechte Maustaste:** Einen Klick mit der rechten Maustaste erhalten Sie, wenn Sie beim Druck auf das Trackpad bzw. die Magic Mouse gleichzeitig die `ctrl`-Taste gedrückt halten. In den Systemeinstellungen können Sie auch eine „richtige" rechte Maustaste aktivieren, die ohne zusätzlichen Tastendruck arbeitet, dazu mehr in Kapitel 15.
- **Scrollrad:** Zur schnellen Bewegung in einem Dokument bietet eine normale PC-Maus ein Scrollrad. Bei der Magic Mouse tritt an die Stelle des Scrollrades eine Wischbewegung mit einem Finger, beim Trackpad benutzen Sie dazu zwei Finger.

Trackpad-Tricks Ein Trackpad ist mehr als nur ein Mausersatz, es bietet auch neue Steuerungsmöglichkeiten, die ein wenig Gewöhnung brauchen, sich aber in der Praxis als sehr hilfreich erweisen können.

So können Sie etwa den Inhalt eines Fensters (also zum Beispiel ein Foto, eine Webseite oder ein Dokument) mit zwei Fingern vergrößern bzw. verkleinern. Setzen Sie dazu zwei Finger auf das Trackpad und ziehen Sie diese auseinander bzw. zusammen. Mit einer Wischbewegung mit zwei Fingern navigieren Sie in einem Programm, blättern also zum Beispiel im Webbrowser durch die bislang aufgerufenen Webseiten oder in einem Fotoprogramm durch die verschiedenen Bilder.

Wischen Sie mit drei Fingern nach oben, rufen Sie unter Lion „Mission Control" auf, ein Wischen mit drei Fingern nach links oder rechts wechselt den „Space" (was das genau ist, erfahren Sie in Kapitel 4). Bei einem frisch installierten OS X landen Sie dabei im

„Dashboard" (das Sie in Kapitel 3 kennenlernen). Ziehen Sie den Daumen gemeinsam mit drei Fingern auf dem Trackpad zusammen, starten Sie das oben bereits erwähnte Launchpad. Schieben Sie Daumen und drei Finger auseinander, verschwinden alle geöffneten Fenster, und Sie haben freien Blick auf den Schreibtisch.

Diese (und andere) Gesten können Sie in der Systemsteuerung anpassen (wie das geht, erfahren Sie in Kapitel 15).

> **Das Scrollverhalten von Lion:** Wenn Sie Erfahrung mit anderen Computern und ein wenig mit Lion herumgespielt haben, wird es Ihnen schon aufgefallen sein: Beim Scrollen durch ein Dokument hat Apple die Richtung geändert. Bei jedem Betriebssystem (ganz gleich ob Linux, Mac oder Windows) gibt die Scrollrichtung das Ziel im Dokument an. Bewegen Sie das Scrollrad einer Maus nach unten, wird der Inhalt des aktuellen Fensters nach oben geschoben, es rutscht also der untere Bereich des Dokuments ins Fenster. Bei Lion ist das genau umgekehrt, hier folgt der Fensterinhalt der Scrollrichtung, ganz so, als würden Sie ihn direkt mit dem Finger verschieben. Ziehen Sie etwa auf dem Trackpad zwei Finger nach unten, dann ziehen Sie auch den Fensterinhalt nach unten, Sie bewegen sich in dem Dokument also nach oben. Das kann anfangs etwas verwirrend sein, nach kurzer Zeit ist es eine völlig natürliche Art, sich in Dokumenten zu bewegen. Wenn Sie sich partout nicht daran gewöhnen können lässt sich die Scrollrichtung in den Systemeinstellungen ändern. Wie das geht, erfahren Sie in Kapitel 15.

Die Fenster von OS X

Wie bei jedem gängigen Betriebssystem sind auch bei OS X Fenster ein zentrales Element, um Inhalte aller Art anzuzeigen. Diese Fenster verhalten sich fast so, wie Sie es vielleicht von Windows kennen, zeigen aber einige Besonderheiten.

Für den Anfang öffnen Sie einfach ein Fenster des Finders, indem Sie im Dock auf den Eintrag *Finder* klicken.

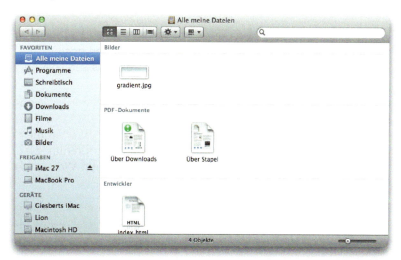

Ein typisches Fenster in Lion: Oben gibt es die kombinierte Titel- und Symbolleiste, eine Statuszeile kann auf Wunsch unten eingeblendet werden. Viele Programme bieten zusätzlich eine Seitenleiste mit verschiedenen Kategorien.

Kapitel 1: Grundlagen

Die Titelleiste Ein Fenster bietet mindestens eine Titelzeile, in deren Mitte der Name des aktuellen Programms bzw. der Titel des aktuellen Fensterinhalts steht. Links sehen Sie (fast) immer drei bunte Kugeln, über die Sie ein Fenster schließen, verkleinern und zoomen:

- **Rote Kugel:** Mit einem Klick auf diese Kugel schließen Sie ein Fenster. Alternativ dazu können Sie auch ⌘ W drücken. Anders als Sie es vielleicht von Windows her kennen, wird das dazugehörige Programm (bis auf wenige Ausnahmen) dabei nicht beendet, sondern steht im Hintergrund weiterhin bereit und wartet auf seinen nächsten Einsatz.
- **Gelb:** Die mittlere Kugel hat die gleiche Funktion wie das linke Symbol bei Windows: Das aktive Fenster wird (mit einer netten Animation) verkleinert und im Dock abgelegt. Wenn Sie das lieber über die Tastatur erledigen, bitte sehr, das geht auch: ⌘ M legt das Fenster im Dock ab.
- **Grün:** Die rechte Kugel ist die Zoomtaste. Was bei einem Klick auf diese Kugel passiert, hängt vom jeweiligen Programm ab. In den meisten Fällen führt dies zu einer annähernd bildschirmfüllenden Darstellung eines Fensters. Das Dock markiert dabei die untere Grenze eines Fensters, oben setzt die Menüleiste allen Ausdehnungen ein Ende. Mit einem erneuten Klick auf diese Kugel wechseln Sie in den vorhergehenden Zustand zurück. Viele Programme unterstützen auch den Vollbildmodus, der allerdings nicht über die grüne Kugel, sondern über einen Pfeil in der Titelleiste aktiviert wird. Dazu gleich mehr.

Die Symbolleiste Viele Programmfenster bieten (wie hier im Beispiel der Finder) unterhalb der Titelzeile eine Symbolleiste, über die verschiedene Funktionen per Mausklick erreichbar sind oder die Darstellung geändert werden kann.

Die Symbolleiste eines Programmfensters lässt sich jederzeit Ihren Wünschen anpassen.

Um eine Symbolleiste anzupassen, klicken Sie einmal rechts in die Leiste. Es öffnet sich das Kontextmenü zur Symbolleiste, in dem Sie ihr Erscheinungsbild bestimmen können. Alternativ dazu können Sie auch *Darstellung > Symbolleiste anpassen* wählen. Sie sehen nun die verschiedenen Symbole und ihre Funktion, die Sie in die Symbolleiste ziehen und dort ablegen können. Um ein Symbol zu entfernen, ziehen Sie es aus der Leiste heraus.

Skalieren/ Verschieben Anders als unter Windows besitzen die Fenster unter OS X keinen Rahmen. Doch genau wie bei Windows können Sie ein Fenster mit dem Mauszeiger am Rand oder an den Ecken anfassen, um es mit gedrückter Maustaste zu skalieren. Möchten Sie es bewegen, klicken Sie in die Titelzeile oder (falls vorhanden) die Symbolleiste und verschieben es mit ebenfalls gedrückter Maustaste.

Die Fenster von OS X

Die Symbolleiste eines Programms ist nicht in Stein gemeißelt, sondern kann von Ihnen geändert werden.

Die Statusleiste Manche Programmfenster können um eine untere Statuszeile ergänzt werden, in der sich weitere Informationen finden. Diese Leiste ist beim Finder standardmäßig ausgeblendet. Um sie anzuzeigen, wählen Sie *Darstellung > Statusleiste einblenden*. Sie können ein Fenster mit der Maus auch in der Statusleiste anfassen und verschieben.

Die Rollbalken Auf den ersten Blick scheint ein Fenster unter Lion keine Rollbalken bzw. Scrollbars zu besitzen. Doch das täuscht. Die Balken werden in Abhängigkeit des angeschlossenen Eingabegerätes ein- bzw. ausgeblendet.

Ein Rollbalken besteht unter Lion aus einer relativ dünnen grauen Linie, die in Abhängigkeit vom angeschlossenen Eingabegerät eingeblendet wird.

Kapitel 1: Grundlagen

- Bei einem Touch-Interface wie Trackpad oder Magic Mouse erscheint ein Rollbalken dann, wenn Sie im Dokument scrollen (also mit dem Finger bzw. den Fingern nach links, rechts, oben oder unten wischen).

- Bei anderen Eingabegeräten, wie etwa Apples Mighty Mouse, Mäusen anderer Hersteller oder einem Trackball, sind die Rollbalken immer sichtbar.

Vollbild Viele Programme lassen sich auch im Vollbildmodus betreiben. Dabei wird das Programmfenster auf die volle Bildschirmgröße gebracht und die ansonsten unverrückbare Menüleiste und das Dock ausgeblendet.

Wenn ein Programm den Vollbildmodus unterstützt, können Sie das Programmfenster auf die volle Bildschirmgröße erweitern.

Wenn ein Programm diesen Modus unterstützt, sehen Sie rechts oben in der Titelleiste einen Doppelpfeil. Mit einem Klick auf diesen Pfeil wechseln Sie in den Vollbildmodus.

Die Menüleiste wird eingeblendet, sobald Sie mit dem Mauszeiger an den oberen Bildschirmrand fahren. Dort sehen Sie auch rechts oben einen blau markierten Doppelpfeil, über den Sie den Vollbildmodus wieder verlassen.

Paletten Eine Sonderform der Fenster sind die Paletten. Hier werden oft bestimmte Systemfunktionen zugänglich gemacht. Im Unterschied zu normalen Fenstern sind Paletten immer im Vordergrund und können allenfalls von anderen Paletten überdeckt werden. Sie lassen sich üblicherweise nicht über die Tastatur schließen, sondern nur über einen Klick auf die rote Murmel. Sie tauchen in der Programm- bzw. Fensterübersicht nicht auf, und sie lassen sich auch nicht in einen anderen Space verschieben (was es damit auf sich hat, erfahren Sie in Kapitel 4). Paletten erkennen Sie an den kleineren Farbmurmeln und an den rechtwinkligen, nicht abgerundeten Ecken.

Im Vergleich zu einem Standardfenster (links) haben Paletten etwas kleinere Farbmurmeln und keine abgerundeten Ecken.

Programme starten und beenden

Eine Besonderheit bietet auch der Dialog zum Speichern von Dokumenten. Der wird standardmäßig in verkürzter Form gezeigt und scheint keine Möglichkeit zu bieten, ein Dokument an eine bestimmte Stelle auf der Festplatte abzulegen oder einen neuen Ordner für das Dokument zu erzeugen. Doch das täuscht. Klicken Sie auf den Pfeil neben dem Dateinamen, wird der Dialog vergrößert und bietet nun alle gewünschten Optionen.

Speichern-Dialog

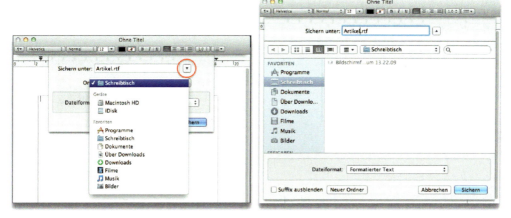

Beim Speichern-Dialog (links) wählt OS X standardmäßig die platzsparende Darstellung. Wenn das nicht genügt, erhalten Sie nach einem Klick auf den Pfeil neben dem Dateinamen vollen Zugriff auf Ihr System (rechts).

Programme starten und beenden

Unser erster Erkundungsgang durch OS X wäre nicht vollständig, wenn wir nicht wenigstens ein, zwei Programme geöffnet und wieder beendet hätten. Es gibt unter OS X verschiedene Wege, ein Programm zu starten (Sie werden sie alle in Kapitel 3 kennenlernen), aber am einfachsten geht es wohl über das Dock: Klicken Sie dort ein Symbol an, wird das entsprechende Programm geöffnet.

Während des Ladevorgangs hüpft das Symbol auf und ab und signalisiert so, dass das Programm aktiv wird. Sobald das Programm gestartet ist, gibt das Symbol natürlich Ruhe und hüpft erst dann wieder kurz hoch, wenn das Programm eine Eingabe von Ihnen erwartet.

Klicken Sie einfach mal auf ein paar Symbole im Dock (eventuell auftauchende Abfragen oder Fehlermeldungen können Sie dabei getrost ignorieren). Achten Sie dabei darauf, wie sich der Inhalt der Menüleiste je nach gestartetem Programm verändert. Um zu einem bestimmten Programm zu wechseln, klicken Sie auf das entsprechende Symbol im Dock.

Nach einem Klick auf das Launchpad-Symbol werden Sie feststellen, dass sich der komplette Bildschirm ändert – was das soll und wie Ihnen das Launchpad bei der Arbeit an Ihrem Mac hilft, erfahren Sie in Kapitel 3. Fürs erste genügt es, einfach auf eine leere Stelle zu klicken oder die esc-Taste zu drücken, um das Launchpad wieder verschwinden zu lassen.

Fenster schließen Wie bei der Vorstellung der Fenster von OS X bereits erwähnt, lässt sich ein Programmfenster durch einen Klick auf die rote Kugel links oben oder durch die Tastenkombination ⌘ W schließen. Dabei wird aber (anders als unter Windows) das entsprechende Programm nicht immer beendet. Stattdessen läuft es im Hintergrund weiter und kann jederzeit wieder hervorgerufen werden.

Programme schließen Um ein Programm vollständig zu beenden, wählen Sie im Menü des Programms entweder *Beenden* oder drücken die Tastenkombination ⌘ Q (Q steht für „quit", also: Beenden).

Automatisch sichern, Versionen und Resume

OS X Lion wartet mit systemweiten Funktionen auf, auf die alle Programme zugreifen können, um Ihnen als Anwender das Leben zu erleichtern. Dabei handelt sich um eine Art Lebensversicherung für Ihre Dokumente, die dafür sorgt, dass Sie in Zukunft nicht mehr darauf achten müssen, ob Ihre Arbeit regelmäßig gespeichert wird oder Kopien verschiedener Bearbeitungsstufen vorhanden sind – darum kümmert sich ab sofort Lion.

> **Nur Lion-Programme:** Damit ein Programm die neuen Features nutzen kann, muss es für Lion programmiert worden sein. Die neuen Features von Lion werden am Beispiel von TextEdit in Kapitel 10 vorgestellt.

Automatisch sichern Mit Lion müssen Sie nicht mehr daran denken, ein Dokument zu speichern, bevor Sie ein Programm verlassen oder den Mac ausschalten – darum kümmert sich das System. Sobald Sie eine kurze Pause einlegen (spätestens aber nach fünf Minuten) speichert OS X das geöffnete Dokument. Nehmen Sie große Veränderungen vor, werden diese sofort gespeichert, beenden Sie ein Programm, sichert es ebenfalls den Stand der Dinge. Dabei sichert Lion nur die Unterschiede zwischen den verschiedenen Dokumenten und vermeidet so, dass Sie Ihre Festplatte mit eigentlich unnötigen Daten verstopfen.

Versionen Die automatische Sicherung von Lion bietet mehr als nur die Sicherheit, keine aktuellen Daten zu verlieren. Denn die gespeicherten Versionen eines Dokuments stehen jederzeit zur Verfügung. Normalerweise überschreiben Sie beim Speichern eines Dokuments die vorherige Fassung. Haben Sie es sich später einmal anders überlegt und möchten zu einer früheren Version zurückkehren, dann ist guter Rat teuer. Nicht so bei Lion. Hier können Programme alle bisher gespeicherten Versionen eines Dokuments weiter vorrätig halten und Ihnen auf Wunsch zur Verfügung stellen. Die Unterschiede zwischen den Versionen werden dabei nicht als Bestandteil des aktuellen Dokuments gespeichert, sondern separat auf der Festplatte verwaltet. So ist sichergestellt, dass Sie bei der Weitergabe von Dokumenten auch wirklich nur die aktuelle Fassung aus der Hand geben.

Ein Dokument, mit dem Sie zufrieden sind und das nicht mehr geändert werden soll, kann gesperrt werden. Soll ein gesperrtes Dokument doch noch geändert werden, gibt OS X es nur auf Nachfrage wieder zur Bearbeitung frei. **Schützen**

Oft möchte man ein Dokument auf Basis eines anderen Dokuments erstellen. Bislang muss man dafür das Originaldokument kopieren, an einem anderen Ort speichern und diese Kopie öffnen. Mit Lion ist das nicht mehr notwendig, hier gehört das Duplizieren zu den Grundfunktionen des Systems. Hier können Sie ein Dokument öffnen, es direkt als Duplikat speichern und dann nach Herzenslust bearbeiten, ohne fürchten zu müssen, das Original zu verhunzen. **Duplizieren**

Eine weitere Besonderheit ist „Resume". Beenden Sie ein Programm, merkt es sich den aktuellen Zustand, also etwa welche Dokumente geöffnet sind, und stellt diesen Zustand beim erneuten Start wieder her. Sie können also exakt an der Stelle weiterarbeiten, an der Sie das Programm verlassen haben. **Resume**

Ersetzungen, Rechtschreibung und Dienste

Drei weitere systemweite Besonderheiten, die uns im Verlauf des Buches immer mal wieder begegnen werden, sind die Ersetzungen, die Rechtschreibkorrektur und die Dienste.

- **Ersetzungen:** Jedes Programm kann unter Lion auf eine zentrale Sammlung von Textkürzeln und Ersetzungstabellen zugreifen, um zum Beispiel die Eingabe von „(c)" automatisch in © umzuwandeln. Sie können auch eigene Kürzel definieren, so dass etwa ein „mfg" automatisch zu „Mit freundlichen Grüßen" wird. Die Ersetzungen werden im Kontext der jeweiligen Programme erwähnt, eine ausführliche Erläuterung finden Sie in Kapitel 10.

- **Rechtschreibung:** Ebenfalls systemweit steht eine zentrale Rechtschreibkorrektur zur Verfügung. Ganz gleich ob Sie mit TextEdit einen Brief oder mit Mail eine E-Mail schreiben – beide Programme greifen auf die gleichen Korrekturfunktionen zu. Ein Wort, das Sie in TextEdit dem internen Lexikon hinzufügen, wird also auch in Mail erkannt. Mit dieser Funktion beschäftigen wir uns ebenfalls in Kapitel 10.

- **Dienste:** Die Dienste sind ein schönes Beispiel für die nahtlose Zusammenarbeit der verschiedenen Mac-Programme. Hierbei können Sie jederzeit auf bestimmte Funktionen eines Programms zugreifen, ohne das Programm explizit starten zu müssen, also etwa eine markierte Passage auf einer Webseite direkt aus dem Browser heraus als Notizzettel speichern (ohne das Programm Notizzettel aufrufen zu müssen). Den Diensten werden wir uns in Kapitel 15 etwas ausführlicher widmen.

Kapitel 1: Grundlagen

Eine Apple-ID einrichten

Wie eingangs erwähnt ist die Apple-ID eine E-Mail-Adresse, die zusammen mit Ihrem Namen und Ihrer Anschrift bei Apple registriert wird. Diese ID wird für die verschiedensten Dienste und Angebote von Apple benötigt. Zum Beispiel für die Videotelefonie mit FaceTime, für Einkäufe oder Downloads im App- bzw. im iTunes Store, für die Genius-Funktion in iTunes (dazu mehr in Kapitel 12) und manches mehr.

Um eine Apple-ID anzulegen, müssen Sie online sein, es muss also eine Internetverbindung bestehen (das ist normalerweise Ihr heimisches WLAN).

Klicken Sie auf das App-Store-Symbol im Dock und dort auf den Eintrag *Account* in der rechten Spalte. Anschließend klicken Sie auf *Apple-ID erstellen* und füllen das folgende Formular aus.

> **Der Klammeraffe:** Bei der Eingabe Ihrer E-Mail-Adresse benötigen Sie den „Klammeraffen", also das At-Zeichen @. Das erzeugen Sie auf der Mac-Tastatur mit ⌥ L.

Bei dieser Anmeldung fragt Apple auch nach Ihrer Bankverbindung bzw. nach den Daten Ihrer Kreditkarte. Wie Sie einen Account ohne Zahlungsinformationen anlegen, erfahren Sie in Kapitel 16.

Die wichtigsten Tastenkürzel

Praktisch alle Operationen am Mac werden mit der Maus bzw. dem Trackpad ausgeführt. Doch das heißt nicht, dass Sie Ihren Mac nicht auch über die Tastatur steuern könnten, schließlich gibt es Situationen, in denen der Griff zur Maus oder zum Trackpad den Arbeitsfluss hemmt. Die Tastenkürzel lassen sich anpassen und auch um neue Aktionen erweitern, doch mit dieser fortgeschrittenen Arbeitstechnik beschäftigen wir uns erst in Kapitel 16.

⌘ A Alles markieren

⌘ C Das markierte Objekt in die Zwischenablage kopieren

⌘ X Das markierte Objekt ausschneiden und in die Zwischenablage kopieren

⌘ V Den Inhalt der Zwischenablage einfügen

⌘ F Suchen

- ⌘ G Mit dem eingegebenen Suchbegriff weitersuchen
- ⌘ H Ein Programm samt allen Fenstern ausblenden
- ⌘ I Informationen zum markierten Objekt einblenden
- ⌘ M Ein Fenster verkleinern und im Dock ablegen
- ⌘ N In einem Programm ein neues Fenster/Dokument öffnen
- ⌘ O Datei öffnen
- ⌘ P Das aktuelle Dokument drucken
- ⌘ S Das aktuelle Dokument speichern
- ⌘ < Zwischen den Fenstern eines Programms wechseln
- ⌘ W Das aktive Fenster schließen (ohne das Programm zu beenden)
- ⌘ Q Das aktive Programm beenden
- ⌘ Z Die letzte Aktion rückgängig machen
- ⌘ → Zwischen geöffneten Programmen wechseln
- ⌘ ⌫ Markierten Eintrag im Finder löschen

Der Beachball

Apple baut sehr schnelle Computer und legt Wert darauf, moderne Prozessoren zu benutzen. Entsprechend zügig und schnell reagiert OS X auf Benutzereingaben, Mausklicks und ähnliches. Aber natürlich gibt es auch beim Mac immer wieder Situationen, in denen das System oder eine bestimmte Applikation beim besten Willen nicht in der Lage ist, auf den Menschen vor dem Monitor zu reagieren und eine Zeitlang mit sich selbst beschäftigt bleibt.

In diesem Fall verwandelt sich der Mauszeiger in einen sich drehenden bunten Ball. Dieser Ball heißt offiziell „Spinnig Wait Cursor", was sich mit „drehender Wartezeiger" übersetzen lässt, unter den Anwendern hat sich allerdings der Name „Beachball" eingebürgert.

Wenn Sie diesen Ball sehen, bittet Sie das System um etwas Geduld. Sobald es sich wieder um Sie kümmern kann, wird aus dem Beachball ein normaler Mauszeiger.

Kapitel 2

Finder

Bildnachweis: Apple

Kapitel 2: Finder

Das ist der Finder

Was bei Windows der Explorer, ist bei OS X der Finder: das Tor zu allen Dateien, Programmen, Ordnern und Laufwerken Ihres Computers.

Der Finder ist ein ständig aktives Programm, das untrennbar zu OS X gehört und nicht beendet werden kann – es sei denn, Sie schalten Ihren Mac aus. Der Finder verwaltet sämtliche Laufwerke, über den Finder greifen Sie auf Dateien und Ordner zu, legen neue Ordner an, kopieren, verschieben und löschen Dateien, benennen Dateien um und vieles mehr. Kurz: Sämtliche Dateioperationen werden im Finder ausgeführt.

Fensterln mit dem Finder Um zum Finder zu wechseln, klicken Sie auf das freundlich lächelnde Logo im Dock. Falls bereits ein Fenster geöffnet ist, wird es nach vorn geholt, falls nicht, wird eines geöffnet. Um ein neues oder weiteres Fenster zu öffnen, drücken Sie ⌘N. Sie können beliebig viele Fenster öffnen.

Ein Fenster im Finder: Links sehen Sie die Seitenleiste, über die Sie schnellen Zugriff auf wichtige Komponenten erhalten, rechts sehen Sie den Inhalt des gewählten Eintrags (hier den Inhalt des „Programme"-Ordners).

Fensterwahl: Standardmäßig öffnet der Finder in einem neuen Fenster automatisch *Alle meine Dateien*. Möchten Sie das ändern, rufen Sie *Finder > Einstellungen* auf und wählen auf der Registerkarte *Allgemein* unter *Neue Finderfenster zeigen* den gewünschten Ordner.

Das ist der Finder

Die Seitenleiste

Ein typisches Finderfenster ist zweigeteilt. Links sehen Sie die farblich abgesetzte Seitenleiste. Im rechten Teil wird der Inhalt des in der Seitenleiste gewählten Eintrags gezeigt. Die Seitenleiste bildet eine Ordnungsebene aus Verweisen auf Objekte, die sich nicht an den Strukturen der Festplatte orientiert, sondern an den Ansprüchen des Anwenders.

Die Seitenleiste im Finder ist standardmäßig in zwei Rubriken unterteilt:

- **Favoriten:** Damit sind Ordner und Dateien gemeint, auf die Sie häufig zugreifen und die Sie von hier aus mit einem Klick ansteuern können. Hier finden Sie von Haus aus etwa Verweise zu Programmen und Dokumenten, Bildern, Musik und so weiter.
- **Geräte:** Hier werden die angeschlossenen physikalischen und virtuellen Laufwerke aufgeführt, also interne und externe Festplatten, USB-Sticks, CDs und DVDs.

Falls Sie in einem Netzwerk mit freigegebenen Ressourcen arbeiten, taucht hier noch ein dritter Punkt auf:

- **Freigaben:** Hier werden alle im Netzwerk zur gemeinsamen Nutzung freigegebenen Laufwerke angezeigt.

Alle Rubriken lassen sich zu- und wieder aufklappen. Zeigen Sie mit der Maus auf einen Rubrikennamen – etwa *Favoriten* –, erscheint rechts neben dem Rubrikennamen der Eintrag *Ausblenden*. Nach einem Klick auf diesen Eintrag bleibt nur noch der Rubrikname in der Seitenleiste stehen. Kommen Sie diesem Eintrag mit dem Mauszeiger zu nahe, wird entsprechend *Einblenden* angezeigt.

Die Rubriken in der Seitenleiste lassen sich aus- und natürlich auch wieder einblenden.

Wie unter Windows gibt es auch bei OS X eine Reihe von Standardordnern, in denen die verschiedenen Inhalte verwaltet werden. Diese Ordner werden in der Rubrik *Favoriten* angezeigt, wobei die Namen selbsterklärend sind, etwa *Programme*, *Dokumente*, *Downloads*, *Filme* oder *Musik*.

> **AirDrop:** AirDrop taucht nur bei neueren Macs auf und dient dem direkten Austausch von Dateien zwischen zwei Macs. Mehr zu AirDrop finden Sie in Kapitel 5.

Kapitel 2: Finder

„Alle meine Dateien" Ein Sonderfall ist der Eintrag *Alle meine Dateien*. Dabei handelt es sich nicht um den Verweis auf einen entsprechenden Ordner, sondern um eine fest gespeicherte Suchabfrage im Finder. Dieser Eintrag zeigt alle Dateien (Bilder, Dokumente, Musik, Filme …) in Ihrem Benutzerordner (mit dem wir uns weiter unten beschäftigen). Haben Sie etwa eine Word-Datei im Ordner *Dokumente* gespeichert, ein PDF-Dokument aus dem Internet heruntergeladen (wobei es automatisch im Ordner *Downloads* landet), Fotos von Ihrer Kamera im Ordner *Bilder* und Musikstücke im *Musik* abgelegt, dann tauchen diese unterschiedlichen Dateien unter *Alle meine Dateien* auf. Ein Klick auf *Dokumente* zeigt Ihnen dagegen nur das Word-Dokument, ein Klick auf *Downloads* die PDF-Datei und so weiter.

Seitenleiste konfigurieren Standardmäßig zeigt der Finder nicht alle verfügbaren Objekte in der Seitenleiste. So fehlt etwa ein Verweis auf Ihren Benutzerordner (dessen Unterordner werden allerdings einzeln in der Rubrik *Favoriten* aufgeführt), auch fehlt ein direkter Verweis auf die interne Festplatte. Doch das können Sie ändern: Wählen Sie dazu *Finder > Einstellungen* und klicken Sie auf *Seitenleiste*. Hier finden Sie alle Objekte, die der Finder in seiner Seitenleiste anzeigt.

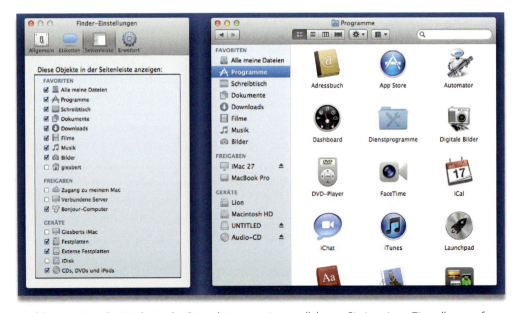

Welche Einträge der Finder in der Seitenleiste anzeigen soll, legen Sie in seinen Einstellungen fest.

Um einen Eintrag aus der Seitenleiste zu entfernen, müssen Sie jedoch nicht unbedingt die Einstellungen aufrufen und das entsprechende Häkchen entfernen. Das geht aus anders, nämlich so:

- Ziehen Sie das Symbol mit gedrückter ⌘-Taste aus der Leiste.
- Klicken Sie es mit der rechten Maustaste an und an und wählen Sie *Aus der Seitenleiste entfernen*.

Orientierung im Finder

> **Rechte Maustaste:** Wie in Kapitel 1 erwähnt, erhalten Sie einen „rechten Mausklick" bzw. einen „Sekundärklick", wenn Sie beim Klick mit Maus oder Trackpad die ctrl-Taste drücken. Wie Sie einen echten Sekundärklick aktivieren, erfahren Sie in Kapitel 15.

Die Breite der Seitenleiste legen Sie mit der Maus fest. Zeigen Sie auf die Trennlinie zwischen Seitenleiste und dem eigentlichen Fenster, wird der Mauszeiger zu einem Doppelpfeil. Halten Sie nun die rechte Maustaste gedrückt und ziehen Sie die Seitenleiste auf bzw. zu.

Möchten Sie die Seitenleiste komplett ausblenden, ziehen Sie den Mauszeiger entweder bis zum linken Rand oder wählen *Darstellung > Seitenleiste ausblenden*. Mit *Darstellung > Symbolleiste ausblenden* verschwinden sowohl Seiten- als auch Symbolleiste.

Symbol- und Seitenleiste des Finders lassen sich auf Wunsch ausblenden, so dass vom Fenster nicht mehr übrigbleibt als die Titelleiste.

Orientierung im Finder

Der Umgang mit dem Finder unterscheidet sich nicht wesentlich vom Einsatz des Windows-Explorers. Sie wählen in der Seitenleiste ein Objekt (also einen Ordner oder ein Laufwerk) und bekommen dessen Inhalt im rechten Fensterbereich angezeigt, wo Sie, falls erforderlich, weiter stöbern können. Dabei merkt sich der Finder Ihren Weg durch Ihre Laufwerke und Ordner und bietet Ihnen über die Pfeiltasten oben links die Möglichkeit, sich im Verlauf vor- und zurückzubewegen.

Normalerweise öffnet der Finder jeden Ordner im gleichen Fenster. Möchten Sie einmal einen Ordner explizit in einem eigenen Fenster öffnen, klicken Sie das Ordnersymbol bei gehaltener ⌘-Taste doppelt an.

Darstellung Bei der Orientierung im Finder helfen Ihnen die verschiedenen Darstellungsmethoden, die Sie über das Menü *Darstellung*, über die entsprechenden Symbole in der Symbolleiste oder über die Tastenkürzel ⌘ 1 , ⌘ 2 , ⌘ 3 oder ⌘ 4 wählen.

Symbole: Die Einträge werden in Form von Dateisymbolen dargestellt. Bei einem Programm ist dies das jeweilige Programmsymbol, bei einer Datei wird, wann immer möglich, eine Minivorschau auf den Inhalt der Datei gegeben. So können Sie etwa Fotos, Präsentationen, aber auch Textdateien bereits im Finder überfliegen, ohne die Datei öffnen zu müssen. Aktivieren Sie Darstellung > Statusleiste einblenden, lässt sich über einen Schieberegler in der Statusleiste die Größe der Symbole festlegen.

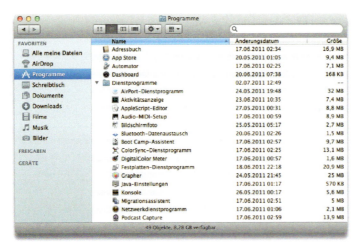

Liste: Die Einträge werden in Listenform untereinander dargestellt. Ordner innerhalb der Liste werden mit einem Klick auf den kleinen Pfeil links daneben geöffnet bzw. geschlossen. Dabei merkt sich der Finder den Zustand eines Ordners (geschlossen/offen). Schließen Sie etwa einen Ordner, dessen Unter- und Unterordner geöffnet sind, dann werden diese Unterordner beim erneuten Öffnen des übergeordneten Ordners ebenfalls wieder geöffnet.

Orientierung im Finder

Alle Ordner schließen/öffnen: Bei weitverzweigten Ordnerstrukturen wäre es sehr lästig, wenn Sie zum Aufräumen alle Ordner einzeln schließen müssten. Müssen Sie aber nicht: Halten Sie beim Schließen eines Ordners die ⌥-Taste gedrückt, so werden automatisch auch sämtliche geöffneten Unterordner geschlossen. Entsprechend öffnen Sie sämtliche Unterordner, wenn Sie einen Ordner mit gedrückter ⌥-Taste öffnen.

Spalten: Bei der Spaltendarstellung werden Inhalte von Ordnern in einer neuen Spalte rechts aufgeführt. Die Spaltenbreite lässt sich mit der Maus festlegen, wobei Ihnen OS X helfen kann: Doppelklicken Sie auf eine Trennlinie zwischen zwei Spalten, wird die Breite der linken Spalte optimiert, halten Sie dabei die ⌥-Taste gedrückt, werden alle Spaltenbreiten so angepasst, dass jeder Eintrag vollständig zu lesen ist.

Cover Flow: Hier werden gewissermaßen Symbol- und Listendarstellung kombiniert. Im oberen Teil des Fensters sehen Sie das Symbol oder bei Dokumenten die Vorschau des aktuell ausgewählten Eintrags, im unteren Teil die Listendarstellung, in der Sie mit den Pfeiltasten nach oben und unten steuern können.

Kapitel 2: Finder

Ausrichten Zusätzlich bietet der Finder die Möglichkeit, die angezeigten Objekte nach verschiedenen Kriterien zu gruppieren bzw. zu sortieren, etwa nach dem Dateinamen, der Kategorie, dem Dateityp, der Größe und ähnlichem mehr. Die gewünschte Option wählen Sie entweder über die entsprechende Schaltfläche in der Symbolleiste oder unter *Darstellung > Ausrichten nach*.

Jede Darstellung (hier: Liste) kann nach verschiedenen Kriterien geordnet werden.

Darstellung konfigurieren Jede Darstellung im Finder hat eigene Konfigurationsmöglichkeiten. Wechseln Sie zur gewünschten Darstellung, und wählen Sie anschließend *Darstellung > Darstellungsoptionen einblenden*. Alternativ können Sie auch ⌘J drücken.

Die Darstellungsoptionen werden als Palette eingeblendet, die immer zu sehen ist und deren Inhalt sich der jeweils aktuellen Auswahl im Finder anpasst. Sobald Sie hier Änderungen vornehmen, also zum Beispiel die Schrift- oder Symbolgröße ändern, die Sortierung anpassen oder festlegen, welche Informationen angezeigt werden sollen, werden Ihre Änderungen sofort übernommen.

Standardmäßig speichert der Finder die gewählte Darstellung als neuen Standard eines Objekts und öffnet es in Zukunft immer in der zuletzt gewählten Darstellung. Möchten Sie das verhindern, deaktivieren Sie in den Darstellungsoptionen den Punkt *Immer in …darstellung öffnen*.

Möchten Sie, dass Ihre Einstellungen für eine bestimmte Darstellung als dessen Standardeinstellung benutzt werden sollen, klicken Sie auf *Als Standard verwenden*.

Geräte, Laufwerke, Ordner und Dateien

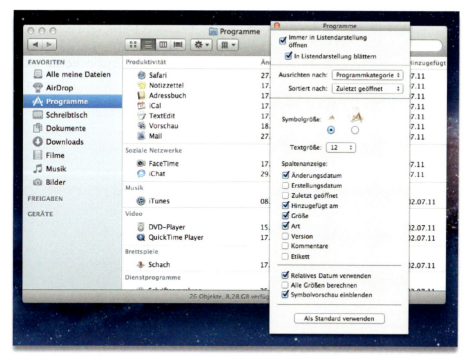

Über die Darstellungsoptionen lässt sich das Erscheinungsbild eines Verzeichnisses im Finder detailliert den eigenen Wünschen anpassen.

Geräte, Laufwerke, Ordner und Dateien

Bevor wir uns mit den täglichen Dateioperationen beschäftigen, werfen wir rasch einen Blick auf die Ordner- bzw. Dateistruktur von OS X, damit Sie wissen, in welchem Ordner Ihr Mac normalerweise bestimmte Informationen speichert.

Auf der obersten Verwaltungsebene steht für das System natürlich der Computer selbst, zu dessen Betrieb es schließlich installiert ist. Angezeigt wird der Gerätename, den Sie unter > *Systemeinstellungen* > *Freigaben* ändern können.

Von oben nach unten

> **Computer einblenden:** Standardmäßig zeigt der Finder den Eintrag zum Computer nicht an. Über *Finder* > *Einstellungen* kann er auf der Registerkarte *Seitenleiste* im Abschnitt *Geräte* eingeblendet werden.

In der Hierarchie folgen alle an den Computer angeschlossenen Laufwerke (die unter OS X „Volumes" heißen). Darunter werden alle internen und externe Festplatten, CD-/DVD-Laufwerke (falls eine CD/DVD eingelegt ist), USB-Sticks, MP3-Player, Netzlaufwerke und ähnliches verstanden.

Um sich diese oberste Ebene anzeigen zu lassen, drücken Sie im Finder entweder ⇧ ⌘ C (C für „Computer"), klicken (falls eingeblendet) auf den Computer-Eintrag in der Seitenleiste oder wählen *Gehe zu > Computer*.

Externe Laufwerke Um ein externes Laufwerk wie etwa einen USB-Stick in Betrieb zu nehmen, genügt es, ihn am Mac einzustecken. Nach einem kurzen Moment erkennt OS X das neue Laufwerk und zeigt es im Finder an. Soll ein Laufwerk auch auf dem Schreibtisch erscheinen, aktivieren Sie unter *Finder > Einstellungen* im Register *Allgemein* den entsprechenden Eintrag.

Ein externes Laufwerk sollten Sie auf keinen Fall einfach wieder abziehen, da hier Datenverlust droht. Stattdessen wird es beim System abgemeldet. Dafür gibt es verschiedene Möglichkeiten. Der Standardweg ist ein Mausklick auf das Auswurfsymbol ⏏ neben dem Laufwerkseintrag im Finder.

> Die ⏏-Taste auf der Tastatur bezieht sich ausschließlich auf den Auswurf von CDs und DVDs, nicht auf andere Laufwerke.

Falls Sie gerade kein Finderfenster geöffnet haben, markieren Sie das Laufwerkssymbol auf dem Schreibtisch und drücken ⌘ E (E für „eject", auswerfen).

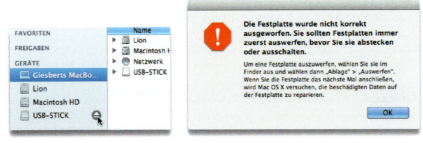

Externe Laufwerke sollten Sie immer über einen Klick auf das Auswurfsymbol vom System abmelden, bevor Sie es vom Mac trennen.

> **Disk Image:** Ein Sonderfall bilden DMG-Dateien (DMG = Disk Image). Dabei handelt es sich zwar de facto um Dateien, doch diese werden von OS X wie ein physikalisches Laufwerk behandelt. DMG-Dateien werden mit einem Doppelklick geöffnet und verhalten sich dann wie ein externes Laufwerk. Um die Datei zu schließen, werfen Sie im Finder das virtuelle Laufwerk aus.

Das Startvolume Das wichtigste Laufwerk ist natürlich das Startvolume, also das Laufwerk, auf dem das System installiert ist und von dem der Mac gebootet wird. In der Regel wird das die lokale Festplatte im Computer sein (die standardmäßig „Macintosh HD" heißt), es ist allerdings auch möglich, von einer externen Festplatte, einer anderen Partition, einer System-DVD, via Netzwerk oder einem USB-Stick zu booten (dazu mehr in Kapitel 15).

Geräte, Laufwerke, Ordner und Dateien

Standardmäßig zeigt Ihnen der Finder diese Festplatte nicht an (es gibt im Alltag üblicherweise nur wenige Situationen, in denen Sie auf dieser obersten Ebene zugreifen müssen), es lässt sich aber über *Finder > Einstellungen > Seitenleiste* einblenden.

Die oberste Verzeichnisebene auf dem Startvolume ist dar „Rootverzeichnis" oder auch kurz „Root" genannt. (root = Wurzel) Hier sind vor allem vier Ordner für das System lebenswichtig:

Die Ordner im Root

- **Benutzer:** Der Mac ist ein Mehrbenutzersystem. In diesem Ordner finden sich die Daten aller eingerichteten Benutzer. Natürlich erhält man immer nur Zugriff auf seinen eigenen Benutzerordner. Falls Sie noch keinen weiteren Benutzer angelegt haben, finden Sie hier zwei Ordner. Zum einen ist dies Ihr Benutzerordner, der durch ein kleines Haus symbolisiert wird und den Namen trägt, den Sie beim ersten Start des Macs als Ihren Accountnamen gewählt haben. Hier werden Ihre sämtlichen Dokumente und Dateien verwaltet. Zum anderen finden Sie hier den den Ordner *Für alle Benutzer*, in dem Dateien abgelegt werden, auf die alle Benutzer des Macs Zugriff haben können sollen. Wie Sie Ihren Mac mit anderen Personen gemeinsam nutzen, erfahren Sie in Kapitel 15.

- **Library:** Hier legt das System die verschiedensten Zusatzinformationen und Daten zu installierten Programmen und Funktionen ab. Library-Ordner finden Sie an unterschiedlichen Stellen im System, auch in jedem Benutzerordner (dort werden sie allerdings standardmäßig ausgeblendet). In der Library auf der obersten Ebene werden systemweite Informationen verwaltet; die Library in den Benutzerordnern enthält entsprechend individuelle Einstellungen der Benutzer. Normalerweise müssen Sie sich um diesen Ordner nicht kümmern – und sollten es auch erst dann tun, wenn Sie genau wissen, was Sie tun.

> **Vorsicht!** Eine unbedachte Änderung in der Library kann zu Systemfehlern führen!

- **Programme:** Der Name sagt alles – in diesem Ordner landen alle Programme, die auf Ihrem Mac von Haus aus installiert sind und die Sie in Zukunft noch installieren werden. Wie Sie Programme installieren (und auch wieder los werden), erfahren Sie in Kapitel 3.

- **System:** Der Systemordner enthält die eigentlichen Betriebssystemdaten. Auch hier sollten Sie sich nur tummeln, wenn Sie wissen, was Sie tun. Im Zweifelsfall lassen Sie einfach die Finger davon. Und die Maus natürlich auch.

> **Weitere Ordner:** Neben diesen vier Ordnern, die Sie auf jeden Fall im Root finden, können hier auch noch weitere Ordner auftauchen. Installieren Sie etwa zu einem späteren Zeitpunkt einmal die Entwicklerwerkzeuge von OS X, dann kommt hier zum Beispiel noch der Ordner *Developer* hinzu.

Kapitel 2: Finder

Proxy-Icon und Pfade Praktisch jeder Ordner enthält weitere Unterordner und kann beliebig verzweigte Ordnerstrukturen besitzen. Da kann es beim Stöbern im Finder schon einmal passieren, dass man sich ein wenig verheddert und nicht mehr so genau weiß, an welcher Stelle in den Systemstrukturen man sich eigentlich befindet. Hier bietet der Finder verschiedene Orientierungshilfen.

- **Proxy-Icon:** Dabei handelt es sich um das kleine Symbol in der Titelzeile eines Finderfensters. Das Wort „Proxy" lässt sich mit „Stellvertreter" übersetzen, und dieses Symbol ist ein Stellvertreter für den aktuellen Inhalt eines Fensters, über das sich verschiedene Dateioperationen erledigen lassen. Klicken Sie das Proxy-Icon mit gehaltener ⌘-Taste an, öffnet sich ein kleines Fenster, in dem der vollständige Pfad zum aktuellen Ordner angezeigt wird. Und nicht nur das: Sie können in diesem kleinen Menü mit einem Klick auf eine übergeordnete Ebene wechseln.

- **Pfadleiste:** Über *Darstellung > Pfadleiste einblenden* blenden Sie am unteren Rand eines Finderfensters die aktuelle Position ein. Hier genügt ein Doppelklick auf eine der übergeordneten Stufen, um auf diese zu wechseln.

- **Symbolleiste:** Rufen Sie *Darstellung > Symbolleiste anpassen* auf und ziehen Sie das *Pfad*-Symbol an die gewünschte Stelle. Fortan genügt zur Orientierung ein Mausklick (und natürlich können Sie auch hier auf die übergeordneten Ebenen wechseln).

Die tägliche Dateiarbeit

Im Prinzip arbeiten Sie im Finder in OS X so wie im Explorer unter Windows. Es gibt allerdings kleinere Unterschiede.

Umbenennen statt öffnen Markieren Sie unter Windows im Explorer einen Eintrag und drücken anschließend die Eingabetaste, dann starten Sie ein Programm, öffnen einen Ordner oder ein Dokument. Probieren Sie das beim Mac im Finder, werden Sie vermutlich irritiert sein: Hier verändert sich der Dateiname in ein Textfeld und Sie können den markierten Eintrag umbenennen. Um unter OS X eine Datei zu öffnen oder ein Programm zu starten, klicken Sie den Eintrag im Finder doppelt an.

Das Dateinamensuffix Auch unter OS X haben Dateien eine Dateiendung, an der man den Typ der Datei erkennt (etwa „dokument.pdf" oder „musik.mp3"). In OS X heißt diese Endung „Dateinamensuffix" und wird standardmäßig fast immer ausgeblendet. Doch das können Sie unter *Finder > Einstellungen*, Registerkarte *Erweitert* ändern. Hier legen Sie auch fest, ob der Finder bei der Umbenennung der Dateiendung nachfragen soll. Wenn Sie die Suffixe standardmäßig ausblenden, die Endung aber für eine bestimmte Datei einblenden möchten, aktivieren Sie die entsprechende Option in den Infos der Datei (dazu weiter unten mehr). Bei Dateien, die Sie von einem Programm aus speichern, können Sie im erweiterten *Sichern*-Dialog festlegen, ob das Suffix angezeigt werden soll oder nicht.

Die tägliche Dateiarbeit

Normalerweise blendet der Finder alle Dateinamensuffixe aus – das können Sie aber ändern.

Einträge im Finder lassen sich wie von Windows gewohnt mit der Tastatur oder Maus markieren. **Markierungen**

- Eine Markierung lässt sich bei gehaltener ⇧- und den Pfeiltasten ↑ ↓ nach oben/unten erweitern bzw. einschränken.

- Um einen zusammenhängenden Bereich zu markieren, klicken Sie den ersten Eintrag an und dann mit gehaltener ⇧-Taste auf den letzten Eintrag.

- Mehrere, nicht zusammenhängende Einträge markieren Sie mit Mausklick und bei gehaltener ⌘-Taste.

- Um markierte Einträge eines Bereichs gezielt abzuwählen, klicken Sie den gewünschten Eintrag mit gedrückter ⌘-Taste an.

So kopieren, verschieben, duplizieren oder löschen Sie einen markierten Eintrag: **Kopieren & Co**

- **Kopieren und einfügen (Tastatur):** Mit ⌘ C schieben Sie eine Kopie der markierten Datei(en) in die Zwischenablage von OS X. Wechseln Sie in den Zielordner und fügen Sie sie dort mit ⌘ V ein.

- **Kopieren und einfügen (Maus):** Markierte Dateien lassen sich mit der Maus kopieren und an anderer Stelle einfügen. Halten Sie dazu die ⌥-Taste gedrückt und ziehen Sie die Datei(en) an die gewünschte Stelle. Als Zeichen dafür, dass kopiert (und nicht verschoben) wird, wird der Mauszeiger um ein grünes Pluszeichen ergänzt.

- **Verschieben (Tastatur):** Kopieren Sie ⌘ C die gewünschten Dateien in die Zwischenablage. Wechseln Sie in den Zielordner und drücken Sie dort ⌥ ⌘ V. Die Datei wird nun nicht kopiert, sondern vom Quell- in den Zielordner verschoben.

- **Verschieben (Maus):** Eine Datei verschieben Sie wie gewohnt mit der Maus. Halten Sie eine Datei über einen Ordner, ohne sie loszulassen, öffnet sich nach kurzer Zeit der Ordner. Eine Datei, die Sie von einem Laufwerk auf ein anderes ziehen – also zum Beispiel vom USB-Stick auf den Schreibtisch (und damit von einem externen Laufwerk auf Ihre Festplatte) –, wird mit dieser Aktion kopiert, nicht verschoben.

Kapitel 2: Finder

- **Duplizieren:** Mit der Tastenkombination ⌘ D erzeugen Sie im gleichen Ordner eine Kopie der markierten Datei(en). Dabei wird der ursprüngliche Dateiname um das Wörtchen „Kopie" ergänzt, dem bei Bedarf ein Zähler hinzugefügt wird.

- **Löschen (Maus):** Klicken Sie die markierte Datei(en) mit der rechten Maustaste an und wählen Sie *In den Papierkorb legen*. Oder wählen Sie *Ablage > In den Papierkorb legen*.

- **Löschen (Tastatur):** Markieren Sie die Einträge, die Sie löschen möchten, und drücken Sie anschließend die Tastenkombination ⌘ ⌫.

Ordner zusammenführen Bei der täglichen Arbeit kann es mitunter passieren, dass man beim Kopiervorgang einen Ordner versehentlich mit einem gleichnamigen Ordner überschreibt. Bei Lion kann Ihnen das so schnell nicht passieren. Kopieren Sie etwa einen Ordner „Backup" von einer externen Festplatte auf Ihren Schreibtisch, wo sich ebenfalls ein Ordner „Backup" befindet, dann schlägt OS X Alarm und bietet Ihnen drei Möglichkeiten:

- **Stopp:** Der Kopiervorgang wird abgebrochen.

- **Beide behalten:** Der Inhalt des zu kopierenden Ordners wird in den gleichnamigen Ordner übernommen, die beiden Ordner werden also zusammengeführt.

- **Alle ersetzen:** Der Ordner im Zielverzeichnis wird überschrieben.

Zwei gleichnamige, aber unterschiedliche Ordner können auf Wunsch zusammengeführt werden.

Aliasdateien

Ein Eintrag im Finder oder ein Symbol auf dem Schreibtisch steht immer für die konkrete Datei. Löschen oder verschieben Sie dieses Symbol, löschen oder verschieben Sie auch die Datei.

Daneben kennt OS X allerdings auch die Verweise auf Dateien, also symbolische Links auf eine Datei oder einen Ordner. Mit einem Doppelklick auf diesen Link starten oder öffnen Sie die damit verknüpfte Datei. Löschen oder verschieben Sie einen solchen Verweis, ändert das an der Originaldatei, auf die verwiesen wird, überhaupt nichts.

Neue Ordner anlegen

Unter Windows heißt dergleichen „Verknüpfung", OS X nennt diese Verweise „Alias". Gekennzeichnet werden Aliasdateien wie unter Windows mit einem kleinen Pfeil links unten am Dateisymbol.

Um eine Aliasdatei zu erzeugen, klicken Sie den gewünschten Dateieintrag im Finder mit der rechten Maustaste an und wählen im Kontextmenü *Alias erzeugen*. Dabei wird die Aliasdatei im gleichen Ordner wie das Original angelegt. Meist aber möchte man einen symbolischen Verweis an anderer Stelle haben, etwa auf dem Schreibtisch. Sie können nun natürlich die erzeugte Aliasdatei auf den Schreibtisch ziehen, Sie können es aber auch einfacher haben: Klicken Sie den Eintrag an, zu dem Sie eine Aliasdatei anlegen möchten, und ziehen Sie ihn mit gehaltenen ⌥⌘-Tasten an die gewünschte Stelle.

Alias erzeugen

Wenn Sie von einer Aliasdatei auf dem Schreibtisch zur Speicherposition der Originaldatei im Finder wechseln möchten, klicken Sie die Aliasdatei mit der rechten Maustaste an und wählen *Original zeigen*. Es öffnet sich ein Finderfenster, in dem der entsprechende Eintrag markiert ist.

Neue Ordner anlegen

Natürlich liegen auch unter OS X die einzelnen Dateien nicht kreuz und quer auf der Festplatte verstreut herum, sondern werden in Ordnern verwaltet. Und natürlich können (und sollten) Sie auch für Ihre eigenen Dateien Ordner verwenden, die Sie ganz nach Gutdünken strukturieren und benennen können.

Probieren wir die verschiedenen Arten, einen Ordner anzulegen, an einer Standardsituation durch: die Anlage eines neuen Ordners auf dem Schreibtisch. Denn auch wenn es nicht so aussieht, aber der komplette Schreibtisch ist im Grunde nichts anderes als ein Finderfenster.

Wechseln Sie gegebenenfalls zuerst zum Schreibtisch, indem Sie ihn kurz anklicken. Nun haben Sie folgende Möglichkeiten, einen neuen Ordner anzulegen:

Schreibtisch

- **Menü:** Über den Menüpunkt *Ablage > Neuer Ordner*.
- **Tastatur:** Drücken Sie ⇧⌘N.
- **Kontextmenü:** Klicken Sie mit der rechten Maustaste auf eine leere Fläche des Schreibtischs und wählen Sie *Neuer Ordner*.

So weit, so einfach. Genau so funktioniert die Anlage neuer Ordner auch im Finderfenster. Allerdings kann hier eine Eigenschaft anfangs für Verwirrung sorgen: Der Befehl *Neuer Ordner* bezieht sich immer auf den aktuell geöffneten Ordner – und das ist in der Listenansicht nicht unbedingt der Ordner, den Sie gerade markiert haben.

Listenansicht

Das klingt vielleicht etwas verwirrend, ist aber recht einleuchtend und soll am folgenden Bildschirmfoto erläutert werden:

Kapitel 2: Finder

Auf den ersten Blick scheint man sich hier im markierten Ordner Artikel zu befinden, doch das täuscht. Tatsächlich ist der aktive Ordner der Benutzerordner (wie man auch am Eintrag in der Titelzeile sieht). Der Befehl zum Anlegen eines neuen Ordners fügt also im Benutzerordner einen neuen Ordner ein – nicht im Ordner Artikel.

Bevor man also in einem Ordner einen Unterordner anlegen kann, muss man zuerst in diesen Ordner wechseln. Das geht am schnellsten, indem man den Ordner doppelt anklickt.

Aus Auswahl Schließlich gibt es noch die Möglichkeit, Dateien im Finder zu markieren und automatisch in einen neuen Ordner zu verschieben.

Dazu markieren Sie die Dateien, die Sie zusammen in einen neuen Ordner stecken möchten. Anschließend wählen Sie *Ablage > Neuer Ordner mit Auswahl* bzw. klicken die markierten Einträge mit der rechten Maustaste an und wählen den entsprechenden Eintrag im Kontextmenü.

Alternativ dazu können Sie nach der Markierung auch die Tastenkombination [esc] [⌘] [N] drücken.

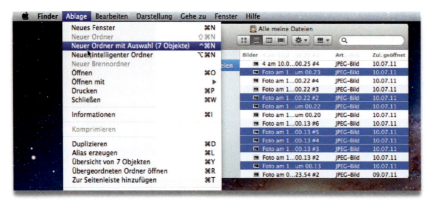

Der Finder kann einen neuen Ordner auch automatisch mit markierten Dateien füllen.

Der Papierkorb

Ein Eintrag, den Sie im Finder löschen, wird nicht sofort von der Platte geputzt, sondern landet, wie bei jedem modernen Betriebssystem, zuerst im Papierkorb. Dabei notiert sich OS X, woher eine Datei im Papierkorb ursprünglich stammt, und kann sie auf Wunsch wieder dorthin zurücklegen, wo sie herkam.

Der Papierkorb

Zurücklegen

Um eine Datei aus dem Papierkorb zu fischen, öffnen Sie den Papierkorb mit einem Klick auf das Symbol im Dock und ziehen die Datei an die gewünschte Stelle, etwa den Schreibtisch. Soll die Datei wieder an ihren ursprünglichen Platz zurückgelegt werden, klicken Sie sie mit der rechten Maustaste an und wählen im Kontextmenü den Eintrag *Zurücklegen*.

Papierkorb leeren

Der Papierkorb ist im Prinzip ein Ordner wie jeder andere auch. Er hat keine maximale Größe, sondern belegt auf der Festplatte so viel Platz, wie er zur Speicherung der gelöschten Dateien benötigt.

Das erlaubt zwar einerseits, dass Sie versehentlich gelöschte Dateien jederzeit zurückholen können, kann aber auch dazu führen, dass Ihre Festplatte mit eigentlich schon längst gelöschten Dateien verstopft wird.

Das gilt ganz besonders dann, wenn Sie Dateien von temporär angeschlossenen Laufwerken wie einem USB-Stick löschen möchten. Denn solange die gelöschten Daten im Papierkorb liegen, gelten sie zwar als gelöscht, bleiben aber auf dem Stick (bzw. der Festplatte) und belegen dort Speicherplatz. Wenn Sie zum Beispiel einen fast vollen Speicherstick löschen, den Papierkorb anschließend aber nicht leeren, werden Ihnen die gelöschten Dateien auf dem Stick zwar nicht mehr angezeigt – aber der von den (vermeintlich) gelöschten Dateien belegte Speicherplatz steht Ihnen trotzdem nicht zur Verfügung.

Wenn Sie den Papierkorb nicht entleeren, nimmt er auf der Festplatte immer mehr Speicherplatz in Anspruch.

Soll der Inhalt des Papierkorbs endgültig von Ihrer Festplatte gelöscht werden, wählen Sie *Finder > Papierkorb entleeren*. Alternativ dazu können Sie den Papierkorb auch mit der rechten Maustaste anklicken und *Papierkorb entleeren* wählen. Möchten Sie vor dieser Löschaktion noch einmal einen Blick auf den Inhalt des Papierkorbs werfen, öffnen Sie ihn und klicken dann, wenn Sie sich überzeugt haben, dass Sie die Dateien nicht mehr benötigen, auf die Taste *Entleeren*.

> **Nachfrage:** Standardmäßig schiebt OS X beim Entleeren des Papierkorbs eine Sicherheitsabfrage ein, die auf Dauer vielleicht etwas nervig ist. Diese Abfrage können Sie unter *Finder > Einstellungen > Erweitert* ausschalten.

Sicher entleeren

Bislang war beim Leeren des Papierkorbs die Rede davon, dass die Daten damit endgültig von der Festplatte gelöscht werden. Doch strenggenommen ist das nicht so ganz richtig: OS X löscht die Dateien nicht, sondern markiert den von ihnen belegten Platz als „leer" und überschreibt ihn bei nächster Gelegenheit.

Doch solange das nicht geschehen ist, sind die scheinbar gelöschten Daten immer noch auf der Festplatte vorhanden. Das Betriebssystem selbst kann mit ihnen nichts mehr anfangen, doch mit den passenden Tools lassen sich die gelöschten Daten unter Umständen rekonstruieren.

Das ist im Notfall zwar als letzte Rettung recht praktisch, aber wenn Sie sensible Daten von der Festplatte löschen, dann wollen Sie auch sicher sein, dass diese Daten tatsächlich verschwunden sind und nicht unverhofft wieder auftauchen können.

Für diesen Fall bietet OS X die Option *Papierkorb sicher entleeren*. Dabei werden die Dateien durch Überschreiben vollständig von der Festplatte entfernt und sind auch mit den üblichen Rettungstools nicht mehr zurückzuholen.

Um diese Option zu nutzen gibt es zwei Möglichkeiten:

- **Einzelfall:** Möchten Sie nur gelegentlich sicher sein, dass die gelöschten Daten wirklich gelöscht sind, dann wählen Sie *Finder > Papierkorb sicher entleeren*. Alternativ dazu können Sie beim Rechtsklick auf den Papierkorb auch die ⌘-Taste gedrückt halten.
- **Dauerhaft:** Soll der Papierkorb bei jedem Löschen mit dieser Option arbeiten, dann wählen Sie *Finder > Einstellungen > Erweitert* und markieren hier *Papierkorb sicher entleeren*.

> **Sicherheit dauert:** Da beim sicheren Entleeren des Papierkorbs nicht nur Daten gelöscht, sondern auch geschrieben werden, dauert dieser Vorgang zum Teil erheblich länger als das einfache Löschen.

PDF, ZIP und Pakete

Die beiden Dateiformate ZIP (für Archive) und PDF (für Dokumente) sind ein weltweit verbreiteter Standard, den OS X von Haus aus unterstützt. Sie brauchen also weder ein spezielles Archivprogramm noch einen PDF-Viewer, um diese Dateien zu öffnen.

Ja, mehr noch: OS X kann sowohl ZIP-Archive als auch PDF-Dokumente direkt erzeugen. Daneben kennt OS X noch einen besonderen Dateityp: das sogenannte Bundle oder Paket.

ZIP-Archive Um mehrere Dateien zu einem ZIP-Archiv zusammenzufassen, markieren Sie die Dateien und wählen *Ablage > Objekte komprimieren*. Dieses Kommando finden Sie auch im Kontextmenü, das Sie mit einem Rechtsklick in die Markierung aufrufen.

Wenn Sie nur eine Datei komprimieren, übernimmt OS X den Dateinamen auch für das Archiv (aus „Hausarbeit.doc" wird also „Hausarbeit.zip"). Bei mehreren Dateien wird eine Datei namens „Archiv.zip" angelegt, die Sie natürlich nach Belieben umbenennen können.

PDF, ZIP und Pakete

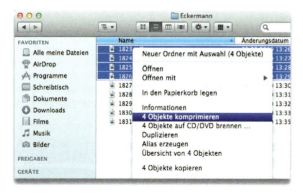

OS X kann von Haus aus ZIP-Archive anlegen (und natürlich auch öffnen).

Um eine ZIP-Datei zu öffnen, klicken Sie sie doppelt an. Der Inhalt des Archivs wird in einen eigenen Ordner entpackt, die Archivdatei selbst bleibt davon unberührt. Und damit Sie wissen, zu welcher ZIP-Datei ein Ordner gehört, legt OS X den Ordner über die ZIP-Datei.

Eine PDF-Datei können Sie, wie jede andere Datei unter OS X auch, mit einem Doppelklick öffnen. Daraufhin wird das Programm Vorschau gestartet (mit dem wir uns in Kapitel 10 noch ausführlich beschäftigen werden) und die PDF-Datei angezeigt.

PDF-Dateien

Der Clou aber ist, dass Sie mit jedem Programm, mit dem Sie drucken, auch PDF-Dateien erzeugen können. Dazu rufen Sie über *Ablage > Drucken* den Druckdialog auf und klicken dort auf die Schaltfläche *PDF*. Mit dem Thema „Drucken" beschäftigen wir uns in Kapitel 13.

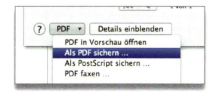

Jedes Programm, das unter OS X drucken kann, kann auch PDF-Dateien erzeugen.

Normalerweise entspricht ein Eintrag im Finder auch einer Datei auf der Festplatte. Doch nicht immer sind die Dinge so, wie sie scheinen. Denn OS X kennt auch „Bundles". Die werden zwar im Finder als eine Datei gezeigt, doch in Wahrheit handelt es sich dabei um Ordner, die beliebig viele Dateien und Unterordner enthalten können. So bestehen unter OS X zum Beispiel Programme nicht aus einer einzigen, ausführbaren Datei, sondern aus vielen unterschiedlichen Dateien und Ordnern, die aber von OS X wie eine einzige Datei angesprochen werden. Auch viele Programme anderer Hersteller speichern Dokumente nicht, wie man meinen könnte, als eine Datei, sondern als Sammelsurium verschiedenster Dateien, die zu einem Bundle zusammengefasst sind.

Pakete

Um ein solches Bundle zu öffnen, klicken Sie es mit der rechten Maustaste an und wählen *Paketinhalt zeigen*. Das Paket wird dann in einem neuen Fenster geöffnet. In der Praxis werden Sie selten in die Verlegenheit kommen, ein Bundle öffnen zu müssen, aber mitunter wird dieses Verfahren benötigt, um etwa bestimmte Inhalte aus einem Paket zu kopieren oder um bestimmte Teile (etwa Icons und Symbole) zu ändern.

In einem Paket oder Bundle werden Dateien und Ordner zu einem Dateieintrag im Finder zusammengefasst.

Die Datei-Infos

Jede Datei (oder allgemeiner: jedes Objekt) unter OS X hat eine ganze Reihe von Eigenschaften: einen Namen, einen Speicherort, eine bestimmte Größe, ein Datum, an dem es angelegt oder zuletzt benutzt wurde, und so weiter und so fort.

Alle diese Eigenschaften eines Objekts können Sie sich über die Datei-Infos anzeigen lassen. Dazu markieren Sie den entsprechenden Eintrag im Finder (oder das Symbol auf dem Schreibtisch) und drücken ⌘ I.

Die Datei-Infos geben Ihnen ausführlich Auskunft über die verschiedenen Eigenschaften einer Datei.

Welche Eigenschaften in dieser Übersicht angezeigt werden, hängt natürlich stark vom jeweiligen Objekt ab, aber die Struktur bleibt sich gleich.

- Am Anfang stehen **Dateisymbol**, **Name**, **Größe** und **Datum**, gefolgt von einem Textfeld **Spotlight-Kommentare**. Dieses Feld können Sie für Stichwörter benutzen, anhand derer die systemweite Dateisuche Spotlight die Datei schneller wiederfindet (mit Spotlight werden wir uns in Kapitel 4 ausführlicher beschäftigen).

- **Allgemein:** Hier finden Sie Angaben zur genauen Größe, zum Speicherort, zum Erstellungsdatum der Datei und ähnliches. Aktivieren Sie hier den Punkt *Geschützt*, um die Datei vor versehentlichem Löschen zu bewahren.

- **Weitere Informationen:** Objektspezifische Angaben, in diesem Beispiel einer PDF-Datei also etwa zum Umfang, zur Software, mit der die Datei erzeugt wurde, oder zur Sicherheit.

- **Name & Suffix:** Hier lässt sich der Objektname ändern und festlegen, ob für dieses Objekt die Dateiendung angezeigt werden soll oder nicht.

- **Öffnen mit:** Hier legen Sie fest, mit welchem Programm eine Datei geöffnet werden soll. Mehr dazu in Kapitel 16.

- **Vorschau:** Bietet eine interaktive Miniaturansicht der Datei. Dabei können Sie durch mehrseitige PDF-Dateien blättern oder Videos abspielen und sich so einen raschen Eindruck vom Inhalt der Datei verschaffen, ohne sie öffnen zu müssen.

- **Freigabe & Zugriffsrechte** definieren im Netzwerk, ob andere Benutzer eine Datei oder einen Ordner öffnen und verändern können.

Zusammengefasste Infos

Sie können sich auch die Infos zu mehreren Dateien anzeigen lassen. So erfahren Sie etwa, wieviel Speicherplatz mehrere markierte Objekte belegen. Auch ist es hier möglich, die Eigenschaften wie die Suffix-Anzeige für mehrere Dateien auf einmal zu ändern.

Um diese Informationen aufzurufen, markieren Sie die gewünschten Dateien und drücken anschließend die Tastenkombination ⌥⌘I. Es wird eine Palette *Zusammengefasste Infos* eingeblendet, die die Informationen des aktuell angezeigten Ordners oder der aktuell markierten Datei anzeigt. Ändern Sie die Markierung, also fügen Sie zum Beispiel Dateien hinzu oder entfernen welche, werden die Informationen automatisch angepasst. Wenn Sie unterschiedliche Dateien verschiedenen Typs markiert haben, nennen die Infos Art und Anzahl, etwa „2 Alias-Dateien, 3 Dokumente, 1 Ordner".

Die zusammengefassten Infos geben Ihnen einen raschen Überblick über die Größe ganzer Ordner und mehrerer Dateien.

Die zusammengefassten Infos sind aber auch dann praktisch, wenn Sie sich die Informationen zu nur einer Datei ansehen. Denn das Fenster ist eine Palette und wird automatisch aktualisiert. Das Fenster liegt also immer im Vordergrund, ist immer sichtbar und passt sich an, sobald Sie im Finder eine neue Datei auswählen. So können Sie rasch die Informationen verschiedener Dateien nachschlagen und vergleichen.

Kapitel 3

Apps und Widgets

Bildnachweis: Apple

Kapitel 3: Apps und Widgets

Programme finden und starten

Wie Sie Programme starten und wieder beenden, haben Sie bereits im ersten Kapitel kurz erfahren. Im Folgenden werden wir dieses Thema und alle verwandten Aspekte rund um „Programme" ausführlicher behandeln.

> **Apps:** Unter OS X werden Programme auch „Apps" genannt. Apps ist die Abkürzung für das englische Wort „Application", das mit „Anwendung" oder „Programm" übersetzt wird.

Es gibt verschiedene Arten, Programme zu verwalten, zu finden und zu starten.

Dock: Oft benutzte Programme können Sie im Dock ablegen, um sie jederzeit sofort griffbereit zu haben. Hier genügt zum Start ein Klick aufs Programmsymbol. Wie Sie das Dock nach Ihren Wünschen konfigurieren, erfahren Sie weiter unten.

Launchpad: Das Launchpad zeigt Ihnen die installierten Programme in einer übersichtlichen Darstellung, die Sie Ihren Anforderungen anpassen und die Programme zum Beispiel nach bestimmten Kriterien gruppieren können. Auch hier genügt ein Klick aufs Symbol, um das entsprechende Programm zu starten.

Programme: Ein Programm lässt sich natürlich auch aus dem Ordner *Programme* im Finder starten. Diesen Weg werden Sie wohl nur bei selten benutzten Programmen einschlagen, erweist sich das Launchpad in der Praxis doch als flexibler. Im Finder benötigen Sie einen Doppelklick, um das Programm zu starten. Anders als vielleicht von Windows gewohnt hilft ein Druck auf die ⏎-Taste nicht weiter – damit können Sie den Namen einer Datei ändern, sie aber nicht öffnen bzw. starten.

Spotlight: Wissen Sie nicht mehr so genau, wo Sie ein Programm abgelegt haben, hilft Ihnen die systemweite Suche Spotlight weiter – vorausgesetzt, Sie können sich noch an den Namen des gesuchten Programms erinnern. In Spotlight genügt ein einzelner Mausklick oder (ausnahmsweise) auch ein Druck auf die ⏎-Taste.

Am Beispiel der Textverarbeitung TextEdit, die zum Lieferumfang von OS X gehört, spielen wir die verschiedenen Verfahren einmal durch. (TextEdit wird in Kapitel 10 ausführlich vorgestellt.)

Programme im Dock

Das Dock haben Sie bereits in Grundzügen kennengelernt. Es dient als Starthilfe für Programme, die Sie oft benötigen und auf die Sie daher möglichst schnell und unkompliziert zugreifen möchten. Außerdem erscheinen hier alle Programme, die aktuell aktiv sind.

Unser Beispielprogramm TextEdit gehört standardmäßig nicht zum normalen Bestand des Docks, aber das macht nichts. Sie können es natürlich jederzeit selbst hinzufügen. Schließlich ist die Belegung des Docks nicht in Stein gemeißelt, und eine

Schnellstartleiste ist erst dann wirklich sinnvoll, wenn man sie seinen Wünschen anpassen kann. Bis auf den Finder und den Papierkorb können Sie jedes Symbol im Dock verschieben und entfernen oder beliebige Programme hinzufügen.

Das Dock organisieren

- **Symbol hinzufügen:** Möchten Sie ein bestimmtes Programm im schnellen Zugriff haben, ziehen Sie das Programmsymbol mit gedrückter Maustaste aus dem Finder ins Dock.
- **Symbole verschieben:** Um die Anordnung der Symbole im Dock zu ändern, bewegen Sie sie mit der Maus an die gewünschte Position.
- **Symbol entfernen:** Möchten Sie ein Symbol aus dem Dock entfernen, ziehen Sie es mit der Maus aus der Liste auf den Schreibtisch. Es verpufft mit einer netten Animation.

Fügen wir nun also TextEdit dem Dock hinzu und entfernen es wieder.

1. Öffnen Sie ein Finderfenster und klicken Sie in der Seitenleiste auf *Programme*.
2. Ziehen Sie den Eintrag *TextEdit* auf das Dock und lassen Sie ihn an der gewünschten Position los.
3. Es wird ein Verweis auf TextEdit im Dock eingefügt. Sie können das Programm nun mit einem einfachen Mausklick auf sein Symbol im Dock starten.

Sie können jedes Programm mit der Maus im Dock ablegen.

Denken Sie daran, dass die Programmdatei selbst ihre Position nicht verändert hat. Sie haben das Programm also nicht aus seinem angestammten Ordner ins Dock verschoben, sondern nur einen Verweis auf das Programm im Dock hinterlegt.

Um den Eintrag wieder zu entfernen, ziehen Sie ihn auf den Schreibtisch. Ein Wölkchen – und weg ist er.

Kapitel 3: Apps und Widgets

> **Ein laufendes Programm dem Dock hinzufügen:** Wenn Sie ein Programm über einen anderen Weg als dem Dock gestartet haben (etwa über das Launchpad), dann erscheint sein Programmsymbol so lang im Dock, solange das Programm aktiv ist. Möchten Sie es dauerhaft im Dock behalten, klicken Sie das Symbol mit der rechten Maustaste an und wählen *Optionen > Im Dock behalten*.

Programme im Launchpad

Genauso einfach ist der Programmstart über das Launchpad, er verlangt nur einen oder zwei Mausklicks mehr, dafür bietet das Launchpad mehr Möglichkeiten.

Alle Programme, die im *Programme*-Ordner installiert werden, tauchen automatisch im Launchpad auf. Entsprechend verschwindet ein Programmsymbol aus dem Launchpad, wenn das entsprechende Programm gelöscht wird.

Launchpad starten Das Launchpad starten Sie mit einem Klick auf das *Launchpad*-Symbol im Dock. Falls Sie mit einem Trackpad arbeiten, können Sie das Launchpad auch aufrufen, indem Sie auf dem Trackpad vier Finger zusammenziehen.

Das Launchpad blendet den aktuellen Bildschirminhalt aus und die Symbole aller verfügbaren Programme groß ein. Um ein Programm zu starten – in unserem Beispiel also die Textverarbeitung TextEdit – genügt ein Klick auf das entsprechende Programmsymbol.

Das Launchpad ist mitunter der schnellste Weg zum gesuchten Programm.

Programme im Launchpad

Vielleicht halten Sie das Launchpad nun für eine zwar nette, aber letztlich doch sinnlose Spielerei – doch das täuscht. Denn im Launchpad werden Programme nicht nur gestartet, sondern auch auf eine sehr intuitive Art organisiert. Die Anordnung der Symbole lässt sich ändern, Apps können in Ordnern sortiert werden, neue Bildschirmseiten werden problemlos eingefügt und Programme, die Sie im App Store gekauft haben, lassen sich über das Launchpad auch wieder löschen. Mit anderen Worten: Sie können klassische Dateioperationen vornehmen, ohne mit dem Dateisystem in Berührung zu kommen – und ohne, dass Sie versehentlich etwas verschieben oder verändern, was Sie besser in Ruhe gelassen hätten.

Und so geht's:

Das Launchpad organisieren

- **Symbole verschieben:** Um die Reihenfolge der Symbole zu ändern, ziehen Sie das Symbol mit der Maus an die gewünschte Position.
- **Ordner anlegen:** Ziehen Sie ein Symbol über ein anderes wird automatisch ein Ordner mit den beiden Symbolen erzeugt. Weitere Symbole fügen Sie auf gleiche Weise hinzu. Ordner lassen sich ebenso verschieben wie Programmsymbole.
- **Ordner öffnen:** Einen Ordner öffnen Sie mit einem einfachen Mausklick.
- **Ordner umbenennen:** OS X schlägt automatisch einen passenden Namen für einen Ordner vor, den Sie natürlich ändern können. Öffnen Sie dazu den entsprechenden Ordner und klicken Sie auf den aktuellen Namen. Der Name wird zu einem Eingabefeld und kann nun geändert werden.

Ordner lassen sich im Launchpad bequem mit der Maus anlegen.

Kapitel 3: Apps und Widgets

- **Ordner löschen:** Um einen Ordner zu löschen, ziehen Sie alle Apps aus dem Ordner. Sobald ein Ordner nur noch eine App enthält, wird er aufgelöst.
- **Neue Seiten einfügen:** Um weitere Seiten für Programmsymbole einzufügen, ziehen Sie ein Symbol mit der Maus nach rechts. Nach einer kurzen Pause wird eine neue Seite angelegt, auf der Sie das Symbol ablegen können. So lassen sich schnell und einfach alle zusammengehörenden Programme sortieren.
- **Zwischen Seiten wechseln:** Den Seitenwechsel erledigen Sie mit einem Fingerwisch nach rechts bzw. links. Beim Trackpad benutzen Sie dazu zwei Finger, bei der Magic Mouse reicht einer. Bei einer klassischen Maus oder einem Trackball ziehen Sie die Seiten mit gedrückter Maustaste nach links bzw. rechts.

Programme-Ordner und Spotlight

Standardmäßig landen sämtliche Programme im gleichnamigen Ordner und lassen sich aus diesem Ordner heraus auch starten. Für unser Beispielprogramm TextEdit öffnen Sie also ein Finderfenster, klicken in der Seitenleiste auf den Eintrag *Programme* und anschließend doppelt auf den Eintrag *TextEdit*.

Schließlich können Sie ein Programm auch über die systemweite Suche namens Spotlight starten. Mit den Möglichkeiten von Spotlight beschäftigen wir uns in Kapitel 4, hier geht es nur darum, die Suchfunktion als Schnellstarter einzusetzen und das Beispielprogramm TextEdit aufzurufen.

Spotlight als Schnellstart Um Spotlight zu nutzen, klicken Sie entweder oben rechts auf das Lupensymbol oder drücken die Tastenkombination ⌘ Leertaste. Geben Sie nun den Namen des gesuchten Programms ein, also „TextEdit". Sie werden bemerken, dass Spotlight bereits nach der Eingabe des ersten Buchstabens damit beginnt, eine Trefferliste aufzubauen. Spätestens nach der Eingabe „Tex" sollte das gesuchte Programm auftauchen. Sie können den entsprechenden Eintrag mit den Cursor-Tasten ansteuern und das Programm mit einem Druck auf die ↵-Taste starten; oder Sie klicken es einmal mit der Maus an. Oft sortiert Spotlight das gesuchte Programm bereits als Top-Treffer und markiert es, so dass Sie nur noch die ↵-Taste drücken müssen.

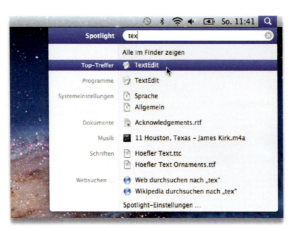

Die systemweite Suche Spotlight kann auch als Schnellstarter für Programme eingesetzt werden.

Zwischen Programmen wechseln

Um zwischen aktiven Programmen zu wechseln, gehen Sie bei OS X ähnlich vor wie unter Windows:

- Während Sie bei Windows ein Programm über die Startleiste auswählen, klicken Sie bei OS X auf das entsprechende Programmsymbol im Dock.
- Auch der von Windows her vertraute Wechsel zwischen den Programmen über die ⇥-Taste funktioniert unter OS X.

Der Programmumschalter

Mit ⌘⇥ rufen Sie den Programmumschalter auf. Das ist eine halbtransparente Leiste, in der alle Symbole der laufenden Programme angezeigt werden. Halten Sie die ⌘-Taste gedrückt und bewegen Sie sich mit einem Druck auf ⇥ von links nach rechts durch das Band mit den Symbolen aller laufenden Applikationen. Mit ⇧⇥ bewegen Sie sich bei weiterhin gedrückter ⌘-Taste von rechts nach links. Außerdem können Sie die ⇥-Taste auch loslassen und sich mit der Maus oder den Pfeiltasten im Umschalter bewegen.

Das aktuell markierte Programm wird farblich hervorgehoben, umrandet und zusätzlich mit seinem Namen versehen. Sobald Sie die Tasten loslassen, wechselt OS X zum markierten Programm.

Über den Programmumschalter wechseln Sie schnell zwischen aktiven Applikationen. Das aktuelle Programm steht links außen (hier: Bildschirmfoto), zum markierten Programm wird gewechselt, sobald die Tasten losgelassen werden.

Symbolordnung

Die Platzierung der Symbole im Programmumschalter ist nicht statisch, sondern passt sich Ihrer Programmnutzung an. Ganz links steht immer das aktuell benutzte Programm, rechts daneben wird das Programm angezeigt, mit dem Sie zuvor gearbeitet haben. So ist es möglich, blitzschnell zwischen zwei Programmen hin- und herzuwechseln. Das klingt so abstrakt vielleicht etwas seltsam, also machen wir uns das Verfahren rasch an einem praktischen Beispiel klar.

Schneller Wechsel

Nehmen wir an, Sie arbeiten an einem Text und recherchieren dazu im Internet, so dass Sie während der Arbeit immer wieder zwischen Ihrer Textverarbeitung und dem Browser wechseln müssen. Beginnen wir mit der Textverarbeitung, der erste Schritt führt also von der Textverarbeitung zum Browser:

Kapitel 3: Apps und Widgets

1. Mit ⌘→ rufen Sie den Programmumschalter auf und wechseln von der Textverarbeitung zum Browser. Dort lesen Sie nach, was Sie nachlesen wollten. Nun möchten Sie zur Textverarbeitung zurückkehren.

2. Der Browser steht nun an erster Stelle im Programmumschalter, die Textverarbeitung als zuletzt aktives Programm folgt an zweiter Stelle. Es genügt also nun ein weiterer Druck auf ⌘→, um vom Browser zur Textverarbeitung zurückzukehren.

3. Nun steht im Programmumschalter die Textverarbeitung wieder an erster, der Browser an zweiter Stelle. Der Browser ist nun seinerseits nur einen Tastendruck ⌘→ entfernt.

Und so weiter. Schneller ist ein Wechsel zwischen zwei Programmen wohl kaum zu realisieren.

Programme beenden

Beim Starten von und beim Wechsel zwischen Programmen sind sich Windows und OS X also sehr ähnlich, beim Beenden von Programmen unterscheiden sich die beiden Systeme allerdings ein wenig.

Bei Windows wird ein Programm dann beendet, wenn Sie das letzte Programmfenster schließen. Mit OS X ist das nicht unbedingt der Fall, viele Programme bleiben unter OS X auch fensterlos aktiv. Es ist in der Regel jederzeit möglich, zu einem fensterlosen Programm zu wechseln und über ⌘N ein neues Programmfenster zu öffnen.

Aktive Programme Wenn Sie im Blick behalten möchten, ob ein Programm aktiv ist oder nicht, kann Ihnen das Dock helfen. Rufen Sie *Systemeinstellungen > Dock* auf und aktivieren Sie dort den Punkt *Anzeige für geöffnete Programme einblenden*.

Nun blendet das Dock einen blauen Punkt unter einem Programmsymbol ein, wenn das entsprechende Programm aktiv ist.

Auf Wunsch zeigt Ihnen OS X mit einem blauen Punkt im Dock an, welches Programm derzeit aktiv ist.

Apps schließen Um nicht nur ein Fenster zu schließen, sondern ein Programm tatsächlich zu beenden, gibt es verschiedene Wege:

- Wechseln Sie zum Programm, wählen Sie im Menü den Programmeintrag links (also den Menüpunkt mit dem Namen des Programms) und dort den letzten Eintrag *[Programm] beenden.*

- Wechseln Sie zum Programm und drücken Sie ⌘Q (das Q für „quit").
- Klicken Sie mit der rechten Maustaste auf das Programmsymbol im Dock und wählen Sie *Beenden*.
- Rufen Sie den Programmumschalter auf und markieren Sie das gewünschte Programm. Bewegen Sie nun Ihren Finger von der ⇥-Taste nach rechts zum Q. Das System erkennt jetzt ein ⌘Q und beendet das Programm, ohne den Programmumschalter zu verlassen.

Sobald ein Programm beendet ist, wechselt OS X automatisch zum zuletzt geöffneten Programm. Ein Beispiel: Starten Sie Ihren Mac, läuft auf jeden Fall der Finder (ohne den bei OS X überhaupt nichts geht). Starten Sie nun der Reihe nach Safari, Mail und iCal. Beenden Sie iCal, befinden Sie sich automatisch in Mail. Beenden Sie Mail, landen Sie in Safari, beenden Sie auch Safari, sind Sie wieder am Ausgangspunkt, also im Finder.

Resume

Beim Schließen eines Programms bietet Lion ein besonderes Feature: Resume, was sich mit „Fortsetzen", „Weitermachen" übersetzen lässt. Wenn eine Applikation Resume unterstützt, dann sind Sie fein raus: Denn in diesem Fall speichert das Programm vor dem Beenden seinen aktuellen Zustand und den Inhalt aller aktuell geöffneten Dokumente. Starten Sie es dann später erneut, wird genau der Zustand wiederhergestellt, in dem Sie das Programm beendet haben, und Sie können genau an der Stelle weitermachen, an der Sie aufgehört haben.

Programme hart beenden

Es kommt selten vor, aber es passiert auch unter Lion: Gelegentlich stürzt ein Programm derart hoffnungslos ab, dass Sie es nur noch auf die harte Tour beenden können.

Das bedeutet, dass Sie ein Programm nicht über das Menü verlassen und dabei eventuell noch ungesicherte Daten speichern können, sondern dass Sie das Betriebssystem anweisen, einen laufenden Prozess kurzerhand und ohne Rücksicht auf Verluste für beendet zu erklären.

Manchmal ist ein Programm einfach nur zu sehr mit sich selbst beschäftigt – warten Sie einige Zeit ab, bevor Sie eingreifen. Mitunter reagiert ein Programm nach ein paar Minuten wieder wie gewohnt.

> **Nur für den Notfall:** Das Beenden eines Programms über das Betriebssystem ist eine Notmaßnahme, die Sie auch nur in Notfällen benutzen sollten. Verlassen Sie ein Programm über diesen Notausgang, besteht immer die Gefahr des Datenverlusts. Greifen Sie also nur dann zu diesem Mittel, wenn die üblichen Maßnahmen nicht fruchten. Versuchen Sie immer, ein Programm über sein Menü, ⌘Q oder über das Kontextmenü im Dock zu beenden, bevor Sie zu drastischen Maßnahmen greifen.

Kapitel 3: Apps und Widgets

Wenn ein Programm auch nach einer Wartezeit nicht mehr reagiert, gibt zwei Möglichkeiten, ein Programm sofort zu beenden. Normalerweise funktioniert das so:

1. Wählen Sie > *Sofort beenden*. Falls das störrische Programm auch die Menüleiste blockiert, drücken Sie die Dreier-Kombination ⌥⌘esc. Die Tastenkombination sieht etwas wild aus, ist aber ohne großartige Verrenkungen zu erzielen. Sie müssen lediglich den Daumen etwas abspreizen, dann können Sie die Kombination ⌥⌘ mit dem Daumen drücken, während der Zeigefinger wie von selbst esc erreicht.

2. Es öffnet sich ein kleines Fenster, in dem Sie das störrische Programm auswählen und beenden können.

Über den Dialog **Programme sofort beenden** *können Sie normalerweise jedes störrische Programm schließen. Das sollten Sie allerdings erst dann tun, wenn ein Programm wirklich nicht mehr reagiert.*

Bei besonders hartnäckigen Fällen schlägt der Weg über das Menü allerdings fehl, weil das Menü selbst nicht mehr reagiert. In diesem Fall bleibt nur noch der Weg über das Programmsymbol im Dock:

1. Rufen Sie das Kontextmenü des widerspenstigen Programms durch einen Klick mit der rechten Maustaste auf das Programmsymbol im Dock auf.

2. Bei einem aktuell nicht reagierenden Programm zeigt das Kontextmenü nun statt des Standardeintrags *Beenden* den Eintrag *Sofort beenden*. Sollte das nicht der Fall sein, können Sie das Menü auch durch einen Druck auf die ⌥-Taste ändern.

Den Finder neu starten Mitunter kann es passieren, dass nicht irgendein Programm, sondern der Finder selbst aus dem Tritt gekommen ist und neu gestartet werden sollte. Ein Neustart des Finders ist auch dann gelegentlich notwendig, wenn Sie im Terminal die Systemkonfiguration von OS X geändert haben und der Finder mit den neuen Parametern initialisiert werden muss. Um den Finder neu zu starten gibt es zwei Möglichkeiten.

Sie können unter > *Sofort beenden* den Eintrag Finder auswählen und auf *Neu starten* klicken. Oder Sie halten die ⌥-Taste gedrückt und klicken mit der rechten Maustaste auf das *Finder*-Symbol im Dock. Das Kontextmenü wird dann um den Punkt *Neu starten* ergänzt.

Mit gedrückter ⌥-Taste und einem Rechtsklick können Sie auch den Finder neu starten.

Tastatur: Wenn die Menüleiste oder die Maus nicht mehr reagieren sollte, können Sie auch versuchen, über die Tastenkombination ⌥ ⌘ esc den Dialog *Programme sofort beenden* aufzurufen.

Der App Store

Der bequemste (aber nicht der einzige) Weg, ein Programm zu installieren, führt über den App Store. Hier haben Sie Zugriff auf eine sehr umfangreiche Auswahl an Programmen aus allen möglichen Kategorien und für die unterschiedlichsten Einsatzgebiete. Im App Store finden Sie nur Programme, die von Apple geprüft und zugelassen wurden. Um Programme aus dem App Store laden bzw. kaufen zu können, benötigen Sie eine Apple-ID (s. dazu Kapitel 1). Probieren wir den Download und die Installation eines Programms via App Store einfach mal mit einem kostenlosen Angebot aus.

Online: Damit Sie Programme aus dem App Store laden können, muss Ihr Mac natürlich über eine Internetverbindung verfügen (mehr dazu in Kapitel 5).

Starten Sie also den App Store mit einem Klick auf das entsprechende Symbol. In der rechten Spalte sehen Sie verschiedene Kästen, darunter auch die zehn beliebtesten Gratis-Angebote im App Store. Mit einem Klick auf *Alle* lassen Sie sich eine Übersicht über alle kostenlosen Apps anzeigen. Suchen Sie sich ein Programm aus, das Sie interessiert (über einen Klick auf den Namen bzw. das Symbol des Programms können Sie sich weitere Informationen zeigen lassen) und klicken Sie auf *Gratis*.

Ein Programm aus dem App Store laden

Geben Sie nun Ihre Apple-ID und Ihr Kennwort ein. OS X beginnt sofort mit dem Download und der anschließenden Installation – Sie müssen sich um nichts mehr kümmern.

Kapitel 3: Apps und Widgets

Der App Store ist der wohl bequemste Weg, um neue Programme zu installieren.

Während der Installation wechselt OS X zum Launchpad und zeigt Ihnen den Ladefortschritt an. Bei sehr umfangreichen Programmen kann das schon mal eine Weile dauern, doch keine Sorge: Sie können das Launchpad jederzeit verlassen und weiterarbeiten, Download und Installation laufen im Hintergrund weiter. Zudem wird das Symbol des Launchpads mit einem Fortschrittsbalken versehen. Wenn Sie bei umfangreichen Downloads es gern ein wenig genauer wissen möchten, klicken Sie im App Store auf *Purchased*. Dort sehen Sie, wie weit der Download bereits fortgeschritten ist und wie lange er vermutlich noch dauern wird.

Sobald das neue Programm verfügbar ist, macht das Launchpad mit einem Hüpfer im Dock auf sich aufmerksam.

Über den App Store bekommen Sie auch mit, wenn ein Programm aktualisiert wurde und in einer neuen Version vorliegt. Updates im App Store sind kostenlos und werden im Register *Updates* des App Stores angezeigt.

Erneutes Laden ist kostenlos: Im Register *Purchased* werden sämtliche Käufe und Downloads verwaltet, die Sie im App Store getätigt haben. Wenn Sie einen zweiten Mac benutzen oder sich einen neuen Mac zugelegt haben, können Sie über dieses Register alle bereits gekauften/geladenen Programme erneut laden – ohne erneut zur Kasse gebeten zu werden, versteht sich.

Programme ohne App Store installieren

Nicht alle Anbieter oder Programmierer bieten ihre Programme über den App Store an. Viele Programme werden traditionell auf einem Datenträger verkauft oder als Installationsdatei im Internet bereitgestellt.

Fragt sich nur, wie man ein Programm installiert, bei dem einen der App Store nicht die Arbeit abnimmt. Unter Windows wird eine Installationsroutine entweder durch Einlegen einer CD automatisch gestartet oder durch einen Doppelklick auf eine Datei wie „setup.exe". Unter OS X ist das anders. Ganz anders.

- **Kein Autostart:** Zum einen gibt es hier die von Windows her vertraute Autostart-Funktion nicht. Legen Sie eine CD oder DVD ein, wird sie als neues Symbol auf dem Schreibtisch angezeigt und eventuell ein Finderfenster geöffnet – aber es wird nicht automatisch ein Programm gestartet.

- **Kein Installer:** Zum anderen gibt es bei einer typischen Mac-Applikation keinen Installer bzw. kein Installationsprogramm.

Wenn es typische Applikationen gibt, werden Sie jetzt vielleicht denken, gibt es wohl auch untypische. Das stimmt. Und bei diesen (wenigen) Ausnahmen finden Sie mitunter einen Installer. Aber der Reihe nach. Widmen wir uns zuerst dem Standardfall.

Die meisten Programme liegen zur Installation in Form einer DMG-Datei vor. Wie im zweiten Kapitel erläutert, handelt es sich dabei um virtuelle Laufwerke (dmg = disk image), also um eine Datei, die vom System wie ein reales Laufwerk behandelt wird. Bevor Sie das Programm von der DMG-Datei auf Ihrem Mac installieren können, müssen Sie die Datei also mit einem Doppelklick öffnen.

DMG-Dateien

Viele Umsteiger sind allerdings verwirrt, wenn sie sehen, wie sich eine DMG-Datei anschließend präsentiert. Denn hier lassen sich die Entwickler nicht lumpen und machen ausgiebig Gebrauch von den grafischen Fähigkeiten des Macs. Da werden dann farbige Hintergründe oder Bildmotive benutzt, und das Programmsymbol selbst wird sehr groß dargestellt.

Manche DMG-Dateien mit neuen Programmen wirken auf den ersten Blick verwirrend, entpuppen sich aber rasch als normale Finderfenster in Symboldarstellung mit Hintergrundbild.

Kapitel 3: Apps und Widgets

Aber lassen Sie sich von den grafischen Anstrengungen der Anbieter nicht irritieren – was Sie zu sehen bekommen, ist immer ein ganz normales Finderfenster. Das merken Sie sofort, wenn Sie sich mit ⌥⌘T die Seitenleiste einblenden lassen.

Installation mit Drag & Drop Das empfiehlt sich schon deshalb, weil Sie so bequem auf den Eintrag *Programme* in der Seitenleiste zugreifen können. Denn um ein typisches Mac-Programm zu installieren müssen Sie nicht mehr tun, als das Programmsymbol in den Programme-Ordner zu ziehen. Den Rest erledigt OS X. Je nachdem, wie umfangreich das Programm ist, erscheint kurz ein Dialog, der über den Fortgang der Installation (die im Prinzip ein einfacher Kopiervorgang ist) informiert, meistens ist die Sache aber so schnell vorbei, dass man das kaum mitbekommt.

Eine Programminstallation ist unter OS X nichts anderes als ein Kopiervorgang.

Manche Hersteller machen es Ihnen noch einfacher und ersparen es Ihnen, den Programme-Ordner im Finder anzeigen zu lassen. Stattdessen wird der Programmdatei ein Alias für den Standardordner mit auf den Weg gegeben. Ziehen Sie die Installationsdatei auf diese Alias-Verknüpfung, wird das Programm ebenfalls in den Programme-Ordner kopiert, also: installiert.

Installer

Laden aus dem App Store und Kopieren der Programmdatei sind die Standardverfahren zur Installation von Programmen unter OS X. Doch es geht auch anders: Manche Programme müssen nämlich, ähnlich wie unter Windows, über eine eigene Routine installiert werden.

Hierbei handelt es sich oft um Programme, die nicht speziell für OS X, sondern systemübergreifend für mehrere Betriebssysteme (Windows, Linux, OS X) entwickelt wurden oder die sehr stark ins System eingreifen.

Auch diese Programme werden in der Regel als DMG-Datei weitergegeben, aber das virtuelle Laufwerk enthält dann keine mit Drag & Drop installierbare Programmdatei, sondern ein Paket mit der Dateiendung PKG oder MPKG. Nach einem Doppelklick auf diese Datei startet die Installation.

> **Vorsicht bei Kennwortabfragen!** Manche Programme fragen während der Installation nach Ihrem Kennwort. Wann immer das passiert, sollten Sie hellhörig werden. In diesem Fall will das Programm auf geschützte Systembereiche zugreifen und braucht dazu Ihre Genehmigung, die Sie ihm nicht leichtfertig gewähren sollten. Geben Sie Ihr Kennwort nur ein, wenn Sie sicher sind, dass es sich um ein legales und seriöses Programm handelt – andernfalls laufen Sie Gefahr, Schadsoftware auf Ihrem Mac zu installieren. Eine Ausnahme bilden hier die Apps, die Sie aus dem App Store von Apple geladen haben. Mehr zum Thema Schadsoftware finden Sie in Kapitel 14.

So werden Sie Programme wieder los

Manche Programme benötigen auch unter OS X einen eigenen Installer.

So werden Sie Programme wieder los

So einfach wie die Installation ist in aller Regel auch die Deinstallation eines Programms. Einen dezidierten Uninstaller werden Sie unter OS X, anders als unter Windows, nur bei wenigen Programmen finden, dergleichen wird nur selten benötigt.

> **Uninstaller:** Einige Programme, die stark ins System eingreifen, werden mit einem Uninstaller ausgeliefert, der zur Entfernung des Programms unbedingt benutzt werden sollte. Nur so können Sie sicher sein, dass alle Eingriffe und Änderungen, die das Programm vorgenommen hat, auch wieder rückgängig gemacht werden.

Am einfachsten entfernen Sie ein Programm über das Launchpad. Rufen Sie das Launchpad auf und blättern Sie zu der Seite mit dem Symbol des Programms, das Sie löschen möchten. Klicken Sie ein Symbol etwas länger an oder drücken Sie die ⌥-Taste. Die Symbole fangen nun an zu wackeln, und alle Programme, die Sie löschen können, werden mit einem schwarzen X markiert. Nach einem Klick auf dieses X und einer Sicherheitsabfrage wird das entsprechende Programm rückstandslos vom Mac entfernt.

Launchpad

> **Nur Apps aus dem App Store:** Das Launchpad zeigt Ihnen zwar alle Programme, die auf Ihrem Mac installiert sind, Sie können hier allerdings nur die Programme löschen, die Sie via App Store auf Ihren Mac geholt haben.

Kapitel 3: Apps und Widgets

Finder Programme lassen sich auch im Finder löschen. Hier genügt es in der Regel, das entsprechende Programmsymbol in den Papierkorb ziehen – alternativ dazu können Sie das Programm auch mit der Tastenkombination ⌘⌫ löschen – und den Papierkorb leeren. Dabei werden allerdings nicht sämtliche Spuren des Programms von der Festplatte entfernt, es finden sich noch kleinere Konfigurationsdateien in den Libraries. Die können Sie allerdings einfach ignorieren – sie belegen praktisch keinen Speicherplatz und stören das System nicht.

> **Fest verankert:** Die Standardkomponenten und -programme von OS X können Sie nicht löschen.

Das Dashboard und die Widgets

Neben den bisher vorgestellten Programmen für OS X gibt es noch eine andere Art von Programmen, die auf eigene Art installiert und entfernt werden: die Widgets im Dashboard.

Bei den Widgets handelt es sich um kleine Programme, die aus HTML, CSS und jeder Menge JavaScript bestehen, also im Grunde um kleine Webapplikationen, die aber lokal auf dem Mac und außerhalb eines Webbrowsers ausgeführt werden.

Dashboard aufrufen Um auf diese Prögrämmchen zuzugreifen, rufen Sie das Dashboard auf. Standardmäßig bildet das Dashboard einen eigenen „Space", also eine eigene Bildschirmseite (mehr zu den Spaces finden Sie in Kapitel 4).

Es gibt verschiedene Wege, sich das Dashboard anzeigen zu lassen:

- Drücken Sie die F4-Taste (bei älteren Macs rufen Sie das Dashboard mit F12 auf).
- Drücken Sie die Tastenkombination ctrl ←.
- Wischen Sie mit drei (Trackpad) bzw. zwei (Magic Mouse) Fingern von links nach rechts über das Trackpad bzw. die Magic Mouse.

Das Dashboard beherbergt Apps (Widgets) für kleine Aufgaben oder auch Spielchen zwischendurch.

68

Das Dashboard und die Widgets

Auch beim Verlassen des Dashboards haben Sie mehrere Möglichkeiten:

Dashboard verlassen

- Drücken Sie die `esc`-Taste.
- Klicken Sie auf den Pfeil rechts unten.
- Drücken Sie die Tastenkombination `ctrl` `→`.
- Wischen Sie mit drei (Trackpad) bzw. zwei (Magic Mouse) Fingern von rechts nach links über das Trackpad bzw. die Magic Mouse.
- Von Haus aus finden Sie im Dashboard vier Standardprogramme: einen Taschenrechner, einen Kalender, eine Wettervorschau und eine Uhr. Die Widgets lassen sich mit der Maus auf dem Dashboard beliebig platzieren. Falls eines dieser Programme Konfigurationsmöglichkeiten bietet, kann man diese über einen Klick auf ein kleines *i* öffnen. Dieses *i* wird eingeblendet, wenn sich der Mauszeiger der rechten unteren Ecke eines Widgets nähert.

Widgets

Die kleinen Tools sind in der Regel selbsterklärend, zum Kalender möchte ich Ihnen aber einen kleinen Tipp geben: Normalerweise zeigt der Kalender das Tagesdatum, daneben eine Monatsübersicht. Klicken Sie auf das Tagesdatum, wird ein weiteres Fenster mit aktuellen Terminen angezeigt, ein weiterer Klick verkleinert den Kalender auf das Datum, mit einem dritten Klick sehen Sie wieder die Monatsübersicht.

OS X kommt von Haus aus mit einer Auswahl an Widgets, die Sie mit wenigen Mausklicks aktivieren können. Klicken Sie dazu im Dashboard unten links auf das Pluszeichen. Es öffnet sich eine Auswahlleiste mit allen derzeit verfügbaren Widgets, und das Pluszeichen wird nun zu einem *X*. Ziehen Sie das gewünschte Widget (etwa den Umrechner) ins Dashboard und legen Sie es dort ab. Mit einem Klick auf das *X* blenden Sie die Auswahlleiste aus, und aus dem *X* wird wieder ein Pluszeichen.

Widgets hinzufügen und löschen

Widgets lassen sich mit Drag & Drop dem Dashboard hinzufügen und mit einem Klick auf das X auch wieder aus dem Dashboard entfernen. Das Widget selbst wird dabei nicht gelöscht und kann jederzeit wieder aufgenommen werden.

Kapitel 3: Apps und Widgets

> **Mehrfach nutzen:** Widgets lassen sich normalerweise beliebig oft dem Dashboard hinzufügen. So können Sie etwa die Uhrzeit und Wettervorhersage für verschiedene Orte gleichzeitig im Dashboard nachschlagen.

Sobald Sie die Auswahlleiste eingeblendet haben, können Sie auch aktivierte Widgets vom Dashboard entfernen. Klicken Sie dazu auf das *X*, das bei jedem Widget oben links erscheint.

Widgets verwalten Die Verwaltung der Widgets lässt sich natürlich auch via Widget erledigen. Rufen Sie dazu die Auswahlleiste auf und klicken Sie auf die Taste *Widgets verwalten*. Hier sehen Sie nun alle derzeit verfügbaren Kleinstprogramme. Mit einem Doppelklick auf einen Eintrag wird das entsprechende Widget dem Dashboard hinzugefügt. Wenn Sie den Haken vor einem Eintrag entfernen, wird das Widget deaktiviert. Dabei wird es nicht von der Festplatte gelöscht, taucht aber auch nicht mehr in der Auswahlleiste auf.

Die Widgets lassen sich bequem über ein eigenes Widget verwalten.

Weitere Widgets

Die Widget-Auswahl, die Ihnen OS X von Haus aus bietet, zeigt zwar den generellen Einsatzzweck des Dashboards, ist aber zum einen eingeschränkt, zum anderen überwiegend auf den US-Markt zugeschnitten. So praktisch und nützlich etwa die Nachschlagewidgets wie Business, Movies, ESPN, Flight Tracker oder People auch sind, für Europa oder Deutschland sind sie leider unbrauchbar.

Doch das macht nichts, es gibt zahlreiche Widgets, die nicht nur für mehr Abwechslung sorgen, sondern auch hierzulande nützliche Dienste leisten. Eine sehr umfangreiche Auswahl bietet Ihnen etwa Apple.

Um in dieser Auswahl zu stöbern, klicken Sie im Verwaltungswidget auf die Taste *Weitere Widgets*. Damit startet Safari und ruft eine Webseite bei Apple auf, von der aus Sie Widgets herunterladen können. (Mit Safari beschäftigen wir uns im Kapitel 6 ausführlicher.)

Das Dashboard und die Widgets

Eine Widget-Datei erkennen Sie an zwei Dingen: zum einen an dem schwarzen Symbol mit vier kleinen Icons, zum anderen an der Endung WDGT. (Ausnahmen bestätigen auch hier die Regel: Manche Widgets haben eigene Symbole.)

Sie können problemlos weitere Widgets aus dem Internet installieren.

Um ein solches Widget zu installieren, klicken Sie die WDGT-Datei doppelt an. Es erscheint ein Dialog mit der Frage, ob das Widget installiert werden soll. Nach einem Klick auf *Installieren* wird das Dashboard eingeblendet. Hier können Sie das neue Widget in einer Vorschau auf dem Dashboard platzieren und es mit *Behalten* übernehmen.

Widgets löschen

Um ein Widget zu löschen, rufen Sie wieder das Verwaltungswidget auf. Hier sehen Sie bei allen Widgets, die Sie installiert haben, ein rotes Minuszeichen. Nach einem Klick auf dieses Zeichen und der Bestätigung einer Sicherheitsabfrage landet die WDGT-Datei im Papierkorb.

Nur Widgets, die Sie installiert haben, lassen sich restlos löschen. Die Widgets, die zum System gehören, können lediglich ausgeblendet werden.

Kapitel 4
Überblick behalten

Bildnachweis: Apple

Kapitel 4: Überblick behalten

Mission Control

Wie jedes moderne Betriebssystem kann auch OS X verschiedene Programme gleichzeitig ausführen. Diese Fähigkeit wird im Arbeitsalltag natürlich weidlich genutzt. Jetzt, während ich dies schreibe, laufen auf meinem MacBook Pro zum Beispiel folgende Programme und sind mit mindestens einem geöffneten Fenster präsent:

- **Finder:** Der Finder läuft wie schon mehrfach erwähnt immer; aktuell sind zwei Fenster geöffnet.
- **Safari:** Ohne den sofortigen Zugriff auf den immensen Wissensfundus „Internet" wäre ich als Journalist aufgeschmissen.
- **Mail:** Alle 30 Minuten fragt das Mailprogramm meine E-Mail-Konten ab.
- **Adressbuch und iCal:** Das Adressbuch und das Kalenderprogramm von OS X gehört zu den Standardapplikationen, die eigentlich immer geöffnet sind.
- **Notational Velocity:** Das flinke Notizenprogramm nimmt kurze Ideen und Geistesblitze auf.
- **LibreOffice:** Diesen Text schreibe ich mit der Textverarbeitung LibreOffice 3.
- **iTunes:** Ab und an läuft ein wenig Musik im Hintergrund. Außerdem benötige ich iTunes, um mein iPhone und meinen iPod zu synchronisieren.
- **Vorschau:** Die Vorschau von OS X ist das Standardprogramm zur Anzeige von Grafiken und PDF-Dateien. Mit diesem Programm bearbeite ich auch die Screenshots und Abbildungen, die ich in diesem Buch benutze.

Das ist ein aktuell sehr überschaubarer Zustand. Normalerweise sind noch mehr Programme geöffnet – etwa Textmate (ein Editor, den ich für Arbeiten an meiner Homepage benutze), 1Password (ein Programm zur Verwaltung von Passwörtern aller Art) oder Numbers, die Tabellenkalkulation von Apple –, aber diese Programme habe ich heute noch nicht benötigt (das wird sich im Laufe des Tages fraglos ändern).

Angesichts der ganz normalen Fensterflut stellt sich natürlich das Problem, wie man damit arbeitet, ohne in ihr zu versinken. Hier wartet OS X mit leistungsfähiger Unterstützung auf, die auf den etwas pompösen Namen „Mission Control" hört und verschiedene Techniken bietet, mit denen Sie den Überblick behalten.

Alle Fenster aller Programme Für den ersten Test von Mission Control klicken Sie auf das Finder-Symbol im Dock und öffnen mit ⌘N drei, vier Fenster. Starten Sie außerdem den App Store, das Adressbuch, den Kalender iCal und die Systemeinstellungen. Nun ist der Bildschirm bereits ganz schön voll und die verschiedenen Fenster verdecken sich gegenseitig.

Das lässt sich aber leicht ändern: Drücken Sie F3 oder wischen Sie auf dem Trackpad mit drei Fingern nach oben. Wie von Zauberhand werden der Bildschirm und die Fenster aller aktiven Programme verkleinert und Sie haben den vollen Überblick.

> **Ältere Tastaturen:** Bei älteren Macs bzw. älteren Tastaturen steuern Sie über F3 nicht Mission Control, sondern die Lautstärke. In diesem Fall drücken Sie F9.

Mission Control

Mission Control sorgt mit Tastendruck für Übersicht über alle geöffneten Programme und Fenster.

Außerdem sehen Sie oben Miniaturen des Dashboards und des Schreibtischs. Dabei handelt es sich um die bereits erwähnten Spaces, denen wir uns gleich widmen werden. Möchten Sie nun zu einem bestimmten Fenster bzw. einem bestimmten Programm wechseln, klicken Sie es in der Übersicht an. Sie kehren zur Standardansicht zurück, das gewählte Fenster liegt nun auf der obersten Ebene.

Wenn eine Applikation mehrere Fenster geöffnet hat (wie in unserem Beispiel der Finder), dann werden diese Fenster gestaffelt angezeigt. Möchten Sie diese Fenster etwas besser im Überblick haben, so zeigen Sie mit der Maus auf die Fenster und wischen auf dem Trackpad mit zwei Fingern nach oben. Die Fenster werden nun aufgefächert, so dass Sie besser erkennen können, welchen Inhalt ein Fenster bietet.

Hat eine Applikation mehrere Fenster geöffnet, werden sie in Mission Control als Stapel angezeigt. Wischen Sie mit zwei Fingern darüber, wird der Stapel aufgefächert.

Kapitel 4: Überblick behalten

Alle Programm-fenster

Was mit allen Fenstern aller Programme geht, geht natürlich auch mit allen Fenstern eines bestimmten Programms. In unserem Beispiel sind eine Handvoll Fenster des Finders geöffnet. Möchten Sie diese Fenster fein säuberlich in einem Gitter angeordnet im Überblick sehen, so wechseln Sie zum Finder und drücken [fn] [F10] (bei älteren Macs genügt auch [F10]). Alternativ dazu können Sie das Symbol des Programms im Dock mit der rechten Maustaste anklicken und *Alle Fenster anzeigen* wählen.

Hat ein Programm (hier: Finder) mehrere Fenster geöffnet, können Sie auch hier auf Tastendruck für Übersicht sorgen.

Nun sehen Sie eine geordnete Ansicht mit allen Fenstern des aktuellen Programms. Fenster, die Sie minimiert im Dock abgelegt haben, werden dabei als Miniatur unterhalb der Gitteransicht gezeigt.

Wenn Sie viele Fenster geöffnet haben, kann auch diese Übersicht vielleicht noch etwas verwirrend sein. Drücken Sie in diesem Fall [⌘] [1], um alle Fenster alphabetisch zu sortieren (das gilt nicht für die minimierten Fenster).

Damit nicht genug: Sie können sich diese Übersicht auch für andere Programme anzeigen lassen, ohne diese Gitterdarstellung verlassen zu müssen. Drücken Sie dazu die [→]-Taste, bis das gewünschte Programm angezeigt wird.

> **App Exposé:** Die Darstellung aller Fenster einer aktiven Applikation wird von Apple auch App Exposé genannt.

Der Schreibtisch

Je mehr Fenster und Programme Sie geöffnet haben, desto voller wird der Schreibtisch und desto eher verdeckt ein Fenster etwas auf dem Schreibtisch, das Sie just im

Moment benötigen. Auch hier hilft Mission Control: Drücken Sie `fn` `F11` bzw. bei älteren Macs `F11`, so werden rasch alle Fenster aus dem Weg geräumt und Sie haben freien Blick auf den Schreibtisch.

Spaces: Schafft zwei, drei, viele Schreibtische

Beim Aufruf des Dashboards (Kapitel 3) und von Mission Control haben Sie bereits Bekanntschaft mit einer Besonderheit von OS X gemacht, den „Spaces". Dabei handelt es sich um virtuelle Schreibtische, zwischen denen Sie blitzschnell wechseln können. So ist es etwa möglich, auf dem einen Schreibtisch mit der Tabellenkalkulation zu arbeiten, auf einem anderen den Browser geöffnet zu haben und auf einem dritten ein kleines Spielchen laufen zu lassen, mit dem man sich in kurzen Arbeitspausen zwischendurch entspannt.

Jeder Space kann ein eigenes Hintergrundbild besitzen, was für mehr Übersichtlichkeit sorgt. Insgesamt kann OS X Ihnen bis zu 16 Spaces verwalten, in der Praxis werden Sie wohl mit zwei oder drei zusätzlichen Bildschirmen auskommen.

Spaces anlegen

Einen neuen Space legen Sie in der Gesamtübersicht von Mission Control an, die Sie wie oben erläutert mit einer Dreifinger-Geste oder mit `F3` bzw. `F9` aufrufen. Zeigen Sie nun mit der Maus in die obere rechte Ecke: Es erscheint eine Fläche mit dem aktuellen Hintergrundbild und einem Pluszeichen. Mit einem Klick auf diese Fläche fügen Sie einen weiteren Space hinzu. Die verschiedenen Spaces werden einfach durchnummeriert: „Schreibtisch 1", „Schreibtisch 2", „Schreibtisch 3" und so weiter.

Unter OS X können Sie mit bis zu 16 virtuellen Schreibtischen, den „Spaces", arbeiten.

Kapitel 4: Überblick behalten

Spaces löschen   Um einen Space zu löschen, zeigen Sie in der Übersicht von Mission Control mit der Maus auf den entsprechenden Space. Es wird ein kleines X eingeblendet, über das Sie den Space entfernen. Falls sich auf diesem virtuellen Bildschirm Fenster befinden, werden sie automatisch auf den zuletzt aktiven Space verschoben.

Zwischen Spaces wechseln   Um zwischen diesen Spaces zu wechseln, gibt es verschiedene Möglichkeiten. Am einfachsten ist wohl, sich mit einer Wischbewegung auf dem Trackpad bzw. der Magic Mouse zwischen den virtuellen Bildschirmen zu bewegen. Wischen Sie dazu beim Trackpad mit drei bzw. vier (je nach Konfiguration) und bei der Magic Mouse mit zwei Fingern in die gewünschte Richtung. Alternativ dazu können Sie auch mit `ctrl` `←` bzw. `ctrl` `→` zwischen den Spaces hin- und herschalten. Schließlich ist es auch möglich, in der Gesamtübersicht von Mission Control den gewünschten Space anzuklicken.

> **Space in Mission Control wechseln:** Auch in der Gesamtübersicht von Mission Control wechseln Sie mit einer Wischbewegung bzw. Tastenkombination zwischen den Spaces, ohne Mission Control zu verlassen.

Gemeinsamkeiten   Die verschiedenen virtuellen Arbeitsflächen sind nicht vollständig voneinander unabhängig, sondern haben einige Gemeinsamkeiten. So bleiben das Dock und der rechte Bereich der Menüleiste in allen Spaces gleich, und auch die Symbole auf dem Schreibtisch sind in allen Arbeitsbereichen identisch. Legen Sie also in einem Space auf dem Schreibtisch einen neuen Ordner an, ist dieser Ordner auch automatisch in den anderen Spaces vorhanden.

Fenster verschieben   Bis auf die erwähnten Gemeinsamkeiten verhält sich jeder Space wie ein eigener Schreibtisch. Das heißt, Sie können auf jeder virtuellen Arbeitsfläche Programme starten und Fenster ablegen, anschließend zu einer anderen virtuellen Arbeitsfläche wechseln und dort andere Programme starten.

Um ein Fenster von einem auf den anderen Bildschirm zu bewegen, gibt es zwei Möglichkeiten. Sie können das Fenster mit der Maus an den rechten bzw. linken Rand des Bildschirms ziehen. Nach einer kurzen Pause wechselt OS X den Space und Sie können das Fenster dort ablegen (das funktioniert natürlich nur, wenn es an der Seite einen entsprechenden Space gibt).

In der Gesamtübersicht von Mission Control ist das ebenfalls möglich. Ziehen Sie dort das gewünschte Fenster einfach auf den gewünschten Space. Falls Sie aktuell nur mit einem Space arbeiten, ein Fenster aber gern auf einem zweiten Bildschirm ablegen möchten, können Sie dies mit einer Mausbewegung erledigen: Ziehen Sie das Fenster in Mission Control nach rechts oben und legen Sie es auf der erscheinenden Fläche mit dem Pluszeichen ab. Mission Control zeigt das Fenster daraufhin in einem neuen Space.

Spaces: Schafft zwei, drei, viele Schreibtische

Sie können direkt aus Mission Control heraus eine Applikation in einen neuen Space verschieben. Hier wird etwa das Adressbuch von Schreibtisch 2 auf einem neuen Schreibtisch 3 abgelegt.

> **Alle Fenster:** Möchten Sie alle Fenster einer App in einen anderen Space verschieben, so ziehen Sie das entsprechende Programmsymbol in den gewünschten Space.

Vollbild als Space

In Lion können Applikationen bildschirmfüllend betrieben werden. Dabei verschwinden sowohl Dock als auch Menü und der Bildschirm wird vollständig mit dem Fensterinhalt der Applikation gefüllt.

Diese Vollbilddarstellung wird ebenfalls als Space ausgeführt. Sie können also mit einer einfachen Wischbewegung zum nächsten Space und damit zum gewohnten Schreibtisch wechseln, ohne die Vollbilddarstellung verlassen zu müssen.

Auch Apps in Vollbilddarstellung werden als Space behandelt.

Neue Fenster und Spaces

Wenn Sie auf diese Weise mehrere Programme auf verschiedene virtuelle Arbeitsflächen verteilt haben, dann wechseln Sie mit einem Klick auf das Programmsymbol im Dock automatisch in den Space, in dem das Programm läuft.

Das ist natürlich einerseits sehr praktisch, weil man sich schließlich nicht immer merken kann, auf welchem Schreibtisch nun gerade das gewünschte Programm läuft. Doch andererseits ist das mitunter auch kontraproduktiv.

Haben Sie zum Beispiel auf dem ersten Schreibtisch ein Finderfenster geöffnet, wechseln dann zu Schreibtisch 2 und möchten dort ebenfalls ein Fenster im Finder öffnen, dann haben Sie ein Problem. Denn ein Klick auf das Findersymbol im Dock katapultiert Sie umstandslos aus Ihrem aktuellen Arbeitsumfeld Schreibtisch 2 zurück zum Schreibtisch 1. Doch es gibt eine einfache Möglichkeit, diese Problem zu beheben.

Kapitel 4: Überblick behalten

Um diesen ungewollten Wechsel zu vermeiden, klicken Sie das Programmsymbol (in unserem Beispiel also den Finder) mit der rechten Maustaste an und wählen im Kontextmenü den Eintrag *Neues Fenster*. Das neue Fenster wird nun im aktuellen Space geöffnet.

Mehr Übersicht im Dock

Bislang haben wir das Dock vor allem Schnellstartleiste kennengelernt und den rechten, durch einen gestrichelte Linie abgetrennten Bereich ein wenig außer Acht gelassen. Höchste Zeit, sich darum zu kümmern. Denn dabei handelt es sich um den Bereich, in dem Sie Ordner ablegen können, um so schneller und übersichtlicher Zugriff auf Daten und Dokumente zu bekommen.

Stapel im Dock Diese Ordner im Dock heißen unter OS X *Stapel*. Sie werden mit einem Mausklick geöffnet, ihr Inhalt kann in verschiedenen Formen angezeigt werden: als Fächer, Gitter oder Liste. So können Sie bei wichtigen und oft benutzten Ordnern wie etwa Dokumente oder Downloads sofort auf bestimmte Dokumente und Dateien zugreifen, ohne erst den Finder bemühen zu müssen. Welche Darstellungsform ein Stapel einnehmen soll, legen Sie über sein Kontextmenü fest.

- **Fächer:** Bei der Fächerdarstellung wird der Inhalt des Ordners mit einer eleganten Bewegung aufgeblättert. Das funktioniert allerdings nur, wenn im Ordner nur einige wenige Dateien abgelegt sind, andernfalls wird es etwas unübersichtlich.

- **Gitter:** Die Gitterdarstellung sortiert die Dateisymbole schön ordentlich neben- und untereinander. Sie können sich in diesem Fenster wie in einem normalen Finderfenster bewegen, also Unterordner öffnen (in diesem Fall genügt ein einfacher Mausklick) und sich über einen Rollbalken durch einen umfangreichen Datenbestand bewegen. Diese Darstellung wird von OS X gewählt, sobald neun Objekte – hier: acht Dateien und der Eintrag *Im Finder* öffnen – oder mehr angezeigt werden müssen.

- **Liste:** Die Listendarstellung ist, wie der Name schon sagt, eine nüchterne Auflistung der Ordnerinhalte.

Stapel lassen sich in verschiedenen Darstellungen öffnen. Von links nach rechts: Kontextmenü, Fächer-, Gitter- und Listendarstellung.

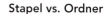

Anders als beim Finder genügt zum Öffnen einer Datei in einem Stapel ein einfacher Klick. Sie können jede Datei aus einem Stapel auf den Schreibtisch oder in einen anderen Ordner ziehen. Falls Sie doch noch zum Finder wechseln müssen, können Sie sich über *Im Finder öffnen* den Stapel als normalen Ordner im Finder anzeigen lassen.

Stapel vs. Ordner

Wie bei einem echten Stapel, bei dem das neueste Dokument immer zuoberst liegt, zeigt auch das Symbol eines Stapels im Dock standardmäßig immer die Datei, die zuletzt hinzugefügt wurde. Bei der Fächerdarstellung wird die Reihenfolge allerdings standardmäßig umgekehrt: Hier stehen die jüngsten Dateien unten, sie werden also gewissermaßen unter den Stapel geschoben. Das hat seinen sehr guten Grund: Denn so ist der Mausweg vom Klick auf das Stapelsymbol zum neuesten Eintrag im Stapel so kurz wie eben möglich. Und genau das ist normalerweise auch gewünscht, etwa wenn man auf einen gerade abgeschlossenen Download zugreifen möchte.

Wenn Sie statt einer Darstellung als Stapel mit dem Symbol der zuletzt gespeicherten Datei lieber die vertraute Ordnerdarstellung wünschen, rufen Sie mit der rechten Maustaste das Kontextmenü des entsprechenden Stapels auf und wählen *Anzeigen als Ordner*.

Stapel verwalten

Von Haus aus finden Sie zwei Stapel im Dock: *Dokumente* und *Downloads*. Um einen beliebigen Ordner als Stapel anzeigen zu lassen, ziehen Sie ihn aus dem Finder oder vom Schreibtisch in den rechten Bereich des Docks. Dabei wird der Ordner selbst nicht verschoben oder kopiert, sondern es wird im Dock lediglich ein Verweis auf ihn angelegt.

Sie können jeden Ordner als Stapel dem Dock hinzufügen.

Die Reihenfolge der Stapel legen Sie so fest wie die Reihenfolge der Programmsymbole im Dock – Sie verschieben sie mit der Maus.

Um einen Stapel zu löschen gehen Sie so vor wie beim Dock üblich: Ziehen Sie den nicht mehr benötigten Stapel einfach heraus, er verpufft in einer kleinen Bitwolke.

Fenster im Dock

Im rechten Bereich des Docks werden nicht nur Ordner abgelegt, sondern auch die Fenster, die Sie über einen Klick auf die mittlere, gelbe Murmel links oben oder mit ⌘ M minimiert haben. Solange Sie nur ein oder zwei Fenster verkleinern, ist das eine feine Sache, da Sie über einen Klick auf die Miniaturen im Dock sofort ein bestimmtes Fenster wieder nach vorn holen können. Doch sobald Sie drei, vier oder mehr Fenster auf diese Weise im Dock ablegen, bekommen Sie ein Platzproblem. Denn mit jedem abgelegten Fenster wird das Dock länger und die Symbole werden kleiner. Und schon bald herrscht im Dock ein ziemlich unübersichtliches Gedränge.

Kapitel 4: Überblick behalten

Je mehr Fenster Sie im Dock ablegen, desto kleiner werden die Symbole und desto unübersichtlicher wird es.

Das muss nicht sein: Lassen Sie die verkleinerten Fenster hinter dem jeweiligen Programmsymbol verschwinden und holen Sie sie bei Bedarf mit Mission Center hervor.

Rufen Sie > *Systemeinstellungen* auf und klicken Sie im Abschnitt *Persönlich* auf *Dock*. Hier aktivieren Sie den Punkt *Fenster hinter Programmsymbol im Dock ablegen*.

Ab sofort nehmen minimierte Fenster keinen Platz im Dock mehr weg, sondern verschwinden hinter dem jeweiligen Programmsymbol. Um zu einem bestimmten Fenster zu wechseln, klicken Sie mit der rechten Maustaste auf das entsprechende Programmsymbol und wählen *Alle Fenster zeigen*. Alternativ dazu können Sie es auch anklicken und `fn` `F10` bzw. `F10` drücken.

Ein rascher Blick auf den Inhalt einer Datei

Eine der häufigsten Aktionen bei der täglichen Arbeit am Mac ist der Blick in eine Datei, um sich einen Überblick über deren Inhalt zu verschaffen. Was genau zeigt die Datei „urlaub-2007-05-01_b.jpg"? Was steht in „vertrag_01.rtf"? Und welche Informationen bietet „entwurf.pdf"?

Übersicht vs. Öffnen — Nun, nichts leichter als das, werden Sie vielleicht sagen. Man öffnet die Datei halt rasch per Doppelklick und schaut nach. Das ist natürlich richtig. Aber es ist auch etwas lästig, erst darauf warten zu müssen, dass die Textverarbeitung gestartet ist, nur weil man einen kurzen Blick in ein Dokument werfen möchte.

Hier hat Apple mit der Funktion Übersicht für Abhilfe gesorgt. Im Englischen heißt sie *Quick Look*, was die Sache etwas besser trifft. Denn dabei handelt es sich um eine rasend schnelle Dateivorschau, mit der Sie rasch einen Blick auf den Inhalt einer Datei werfen können.

Dabei kann die Übersicht mit den unterschiedlichsten Dateitypen umgehen und zeigt Ihnen Bilder und Dokumente aller Art umstandslos an. Selbst mit Film- oder Musikdateien hat diese Funktion kein Problem.

Ein rascher Blick — Für den raschen Einblick markieren Sie die gewünschte Datei und drücken die `Leertaste`. Der Inhalt der Datei wird (fast) sofort angezeigt. Durch einen Klick auf den Doppelpfeil rechts oben wird die Anzeige bildschirmfüllend vergrößert. Mit einem Klick auf die Taste *Öffnen in …* oben rechts übergeben Sie das Dokument an die passende Applikation, wo Sie es auch bearbeiten können. Falls sie mehrere Programme installiert haben, die mit dem Format der Datei etwas anzufangen wissen, können Sie sich mit einem etwas längeren Klick auf *Öffnen in …* die Liste der verfügbaren Programme zeigen lassen.

Ein rascher Blick auf den Inhalt einer Datei

Mit der Übersicht-Funktion werfen Sie per Tastendruck einen Blick auf den Inhalt einer Datei.

Die rasche Übersicht funktioniert nicht nur mit Bildern und Dokumenten, sondern auch mit Video- und Musikdateien. In diesem Fall gibt die Übersicht den Inhalt wieder und blendet zusätzliche Elemente zur Wiedergabe der Datei ein.

Ordnerinhalte

Die Übersicht bleibt so lange aktiv, bis Sie sie explizit wieder schließen. Wählen Sie im Finder ein anderes Objekt, zeigt die Übersicht den Inhalt des neu gewählten Objekts an. Das ist dann besonders praktisch, wenn Sie sich rasch einen Überblick über den Inhalt eines ganzen Ordners verschaffen möchten. In diesem Fall wählen Sie den ersten Eintrag im Ordner an, drücken die `Leertaste` und können sich nun mit den Pfeiltasten durch das gesamte Verzeichnis bewegen.

Schließen

Sie verlassen die Übersicht durch einen Klick auf das *X* links oben oder durch einen Druck auf `esc` bzw. die `Leertaste`.

> **Weitere Inhalte:** Falls die Übersicht mit einem Dateiformat nichts anzufangen weiß, wird lediglich das Dateisymbol gezeigt. Von Haus aus kommt die Übersicht mit den gängigsten Grafik- und Dokumentenformaten klar, verweigert aber etwa den Blick in ein ZIP-Archiv. Doch hier gibt es inzwischen Abhilfe. Die Übersicht kann über zusätzliche Filter um beliebige Formate erweitert werden, suchen Sie im Internet einfach mal nach „OS X Quick Look Plugins".

Kapitel 4: Überblick behalten

Mehrere Dateien

Was mit einer Datei geht, geht natürlich auch mit mehreren. Markieren Sie mehrere Dateien, dann zeigt Ihnen die Übersicht nach einem Druck auf die `Leertaste` zunächst den Inhalt der ersten Datei. Über die Pfeilsymbole in der Titelzeile können Sie sich durch die verschiedenen Dateien bewegen. Möchten Sie alle Dateien im Überblick sehen, klicken Sie auf das Index-Symbol. Anschließend werden alle Dateien fein säuberlich als Miniaturen angezeigt und Sie können die gewünschte Datei mit einem Mausklick auswählen.

Die Übersicht kann auch mehrere Dateien gleichzeitig darstellen.

> **Übersicht im Finder:** Auch der Finder nutzt diese Funktionalität. Hier können Sie in den drei Ansichten Symbol, Liste und Cover Flow einen raschen Blick in den Inhalt einer Datei werfen, ohne sie öffnen zu müssen.

Etiketten im Finder

Bei einem prall gefüllten Aktenordner sind farbige Markierungen ein probates Mittel, um Wichtiges von Unwichtigem zu unterscheiden und zusammengehörige Dokumente auf einen Blick zu erfassen. Das ist bei digitalen Dingen nicht anders. Auch hier helfen Ihnen farbige Markierungen dabei, Zusammenhänge zu erkennen und bestimmte Dateien mit einem Blick wiederzufinden.

Etiketten im Finder

Dazu bietet der Finder Ihnen sieben Etiketten in unterschiedlichen Farben. Markieren Sie zum Beispiel die Dokumente und Dateien, die zu einem bestimmten Projekt gehören mit der gleichen Farbe, erkennen Sie auch bei einem nur flüchtigen Blick im Finder, wo sich die entsprechenden Dateien befinden.

Etiketten

Um einem Eintrag ein Etikett anzuhängen, markieren Sie die gewünschte(n) Datei(en) und wählen *Ablage*. Hier können Sie nun im Abschnitt *Etikett* die gewünschte Markierung wählen. Alternativ dazu können Sie die Markierung auch mit der rechten Maustaste anklicken und im Kontextmenü das gewünschte Etikett wählen oder über das Werkzeugmenü (das ist das Zahnrad) ein Etikett vergeben. Sie löschen ein Etikett durch einen Klick auf das *X*.

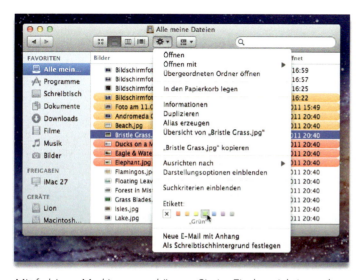

Mit farbigen Markierungen können Sie im Finder wichtige oder zusammengehörige Dateien auf einen Blick erkennen.

Zu einem Etikett gehört nicht nur eine Farbe, sondern auch ein Stichwort. Dazu benutzt OS X von Haus aus die Farbnamen – das rote Etikett heißt also einfach „Rot" –, was zwar nicht sehr einfallsreich, aber dafür jedenfalls nicht verkehrt ist.

Namensgebung

Natürlich können Sie diese Stichwörter auch selbst festlegen und alle rotmarkierten Einträge etwa mit dem Stichwort „Wichtiges Projekt" versehen.

Die Etikettennamen helfen Ihnen dabei, zusammengehörige Dateien und Einträge im Finder schneller zu finden.

Um die Bezeichnungen der Etiketten Ihren Wünschen anzupassen, wählen Sie *Finder > Einstellungen*. Im Register *Etiketten* legen Sie den Namen fest.

Kapitel 4: Überblick behalten

In den Einstellungen des Finders können Sie die Namen der Etiketten festlegen.

Sortieren Sie können die Listenansicht im Finder nicht nur nach Name, Datum oder Dateigröße, sondern auch nach Etiketten sortieren lassen. So wird zusammen angezeigt, was zusammengehört. Dazu klicken Sie in der Symbol *Ausrichten nach* und wählen den Eintrag *Etikett*.

Mit dem „Ausrichten nach"-Symbol können Sie in jeder Ansicht des Finders die Einträge nach Etiketten sortieren lassen.

Möchten Sie in der Spaltenansicht den Eintrag *Etikett* aufgeführt sehen, rufen Sie die Darstellungsoptionen mit ⌘ J auf und aktivieren dort den Eintrag *Etikett*.

Suchen und finden mit Spotlight

Die systemweite Suche mit Spotlight haben wir schon im zweiten Kapitel in Zusammenhang mit dem Starten von Programmen kurz kennengelernt. Jetzt wird es Zeit, sich diese hilfreiche Funktion von OS X etwas genauer anzusehen.

Buchführung Das Programm läuft seit dem ersten Einschalten Ihres Macs still und (fast immer) unauffällig im Hintergrund und führt dabei eifrig Buch. Dabei wird jede Datei intern verschlagwortet und einem Volltextindex hinzugefügt, über den Sie eine gesuchte Datei

Suchen und finden mit Spotlight

blitzschnell wiederfinden. Dabei gibt es kaum etwas, das Spotlight entgeht; lediglich einige bestimmte, systemnahe Bereiche werden gemieden.

Die Indizierung der Festplatte dauert beim ersten Mal naturgemäß einige Zeit, später erfolgt dieser Vorgang praktisch in Echtzeit. Sobald Sie eine Datei auf Ihrem Mac speichern, eine E-Mail empfangen oder ein Programm installieren, fügt Spotlight die entsprechenden Daten seinem Index so schnell hinzu, dass Sie keine Verzögerung wahrnehmen werden.

Spotlight werkelt im Hintergrund und lässt sich von Ihrer Arbeit am Mac nicht stören. Solange Spotlight sich noch auf seinen Einsatz vorbereitet und seinen Index aufbaut, wird die Lupe rechts oben in der Menüleiste mit einem Punkt versehen. Sobald dieser Punkt verschwunden ist, kann Spotlight in Aktion treten.

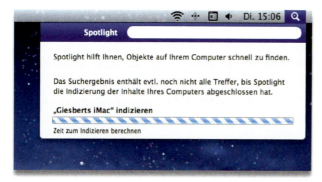

Sobald Spotlight mit der Indizierung eines Laufwerks fertig ist, finden Sie Inhalte auf diesem Laufwerk blitzschnell wieder.

Die Stärke von Spotlight liegt darin, dass das Programm nicht nur nach dem Namen einer Datei sucht, sondern auch in ihrem Inhalt – und dass es das sehr, sehr schnell kann. So findet Spotlight etwa E-Mails oder Dokumente, in denen das gesuchte Stichwort auftaucht. Außerdem verfügt jede Datei in ihren Informationen (Sie erinnern sich: ⌘I) über ein Feld *Spotlight-Kommentare*. Alles, was Sie hier eintragen, wandert praktisch sofort in den Spotlightindex und kann als Suchbegriff benutzt werden.

OS X unterscheidet zwei Arten, wie Sie Spotlight aufrufen:

Menü und Fenster

- **Spotlightmenü:** Hier suchen Sie über das Spotlightsymbol in der Menüleiste (das ist Lupe rechts oben).

- **Spotlightfenster:** Das ist die Suchfunktion im Finder, die Ihnen erheblich mehr Möglichkeiten zur Verfügung stellt.

In der alltäglichen Praxis ist die Suche mit dem Spotlightmenü oftmals bereits von Erfolg gekrönt.

Kapitel 4: Überblick behalten

Suchen im Spotlightmenü

Spotlight ist nicht nur schnell, sondern auch sehr einfach zu benutzen. Probieren Sie's aus!

1. Drücken Sie ⌘ Leertaste. Es öffnet sich oben rechts ein blaues Eingabefeld, in das Sie den Namen oder ein Stichwort zur gesuchten Datei eintragen.
2. Noch während Sie tippen, durchstöbert Spotlight seinen Index nach passenden Einträgen und zeigt sie Ihnen an.
3. Sie müssen nicht warten, bis Spotlight seine Suche vollständig beendet hat, sondern können jederzeit auf einen Eintrag in der Trefferliste klicken.

Spotlight markiert automatisch den Eintrag, den es für den vermutlich gesuchten hält, und platziert ihn als *Top-Treffer*.

Vielfach stimmt diese Einschätzung, was die Suche sehr schnell und effizient werden lässt. Denn so kommen Sie gewissermaßen mit einem Bewegungsablauf zum gesuchten Dokument: Aufrufen von Spotlight über das Tastenkürzel, Eintippen des Suchbegriffs, Druck auf die ↵-Taste, und die gesuchte Datei wird geöffnet.

Vorschau Mitunter kommt es vor, dass in der Trefferliste mehrere, sehr ähnliche wenn nicht gar gleichnamige Einträge auftauchen und man sich nicht ganz sicher sein kann, welcher der Einträge denn nun der gesuchte ist.

Doch keine Sorge, auch hier hilft Ihnen Spotlight: Zeigen Sie mit der Maus auf einen Eintrag der Trefferliste, wird eine kleine Vorschau des Treffers eingeblendet. So können Sie noch vor dem Klick entscheiden, ob es sich um das Gesuchte handelt.

Finder öffnen Spotlight bietet mit seiner Trefferliste nur eine Auswahl aus sämtlichen Treffern. Üblicherweise genügt dies auch, um die gesuchte Datei zu finden. Sollte das einmal nicht der Fall sein oder eine einfache Schlagwortsuche den Datenbestand nicht fein genug sieben, können Sie über *Alle einblenden* ein Finderfenster mit sämtlichen Treffern öffnen. Hier stehen Ihnen dann weitere Suchfunktionen zur Verfügung.

> **Wo liegt die Datei?** Manchmal möchte man nur wissen, in welchem Ordner sich eine Datei befindet. Auch das ist kein Problem: Halten Sie beim Klick auf den Eintrag die ⌘-Taste gedrückt. Es öffnet sich ein Finderfenster, in dem die gesuchte Datei markiert ist.

Suchen mit dem Spotlightfenster

Spotlight findet schnell und zuverlässig alle möglichen Dateien auf Ihrer Festplatte.

Suchen mit dem Spotlightfenster

Die Suche über das Spotlightmenü – also über die Lupe rechts oben in der Menüleiste – reicht in vielen Fällen aus, um eine gesuchte Datei schnell zu orten. Aber es gibt natürlich auch Fälle, wo man die Suche etwas präziser formulieren muss, um zum Ziel zu gelangen. In diesen Fällen öffnet man ein Spotlightfenster im Finder, in dem man seine Suchanfrage nahezu beliebig verfeinern kann.

Es gibt verschiedene Methoden, um ein Spotlightfenster zu öffnen:

- Sie klicken in der Trefferliste des Spotlightmenüs auf den Eintrag **Alle einblenden**.
- Sie drücken während Ihrer Arbeit im Finder die Tastenkombination ⌘ F .
- Sie drücken die Tastenkombination ⌥ ⌘ Leertaste . Dieses Kürzel funktioniert an jeder beliebigen Stelle in OS X, Sie müssen also nicht das Spotlightmenü oder ein Finderfenster geöffnet haben.

Kapitel 4: Überblick behalten

Das Spotlight-fenster Das Spotlightfenster ist eine Variante des vertrauten Finderfensters, das um einige Elemente erweitert wurde.

So wird etwa in der Symbolleiste ein Eingabefeld für den Suchbegriff eingeblendet. Darunter findet sich eine neue Menüleiste, in der Sie festlegen, wo gesucht werden soll. Dabei können Sie entweder die komplette Festplatte auswählen (*Diesen Mac*) oder einen bestimmten Ordner (samt eventuell vorhandenen Unterordnern).

Dabei wird immer der aktuell angezeigte Ordner als Alternative zu *Diesen Mac* angeboten. Befinden Sie sich zum Beispiel im Dokumentenordner, stehen Ihnen die beiden Optionen *Diesen Mac* und *„Dokumente"* zur Auswahl. Möchten Sie einen anderen Ordner durchsuchen, müssen Sie vor dem Aufruf der Suche im Finder also zuerst diesen Ordner öffnen.

Schon während der Eingabe der ersten Buchstaben durchstöbert Spotlight den Index und bietet Ihnen eine Eingrenzung der Suche an. Sie können hier im Dateinamen suchen oder auch nur nach bestimmten Dateitypen.

Die Suchfunktion im Finder basiert ebenfalls auf dem Spotlightindex.

Andere Suchkriterien festlegen Seine Stärke entfaltet das Spotlightfenster nämlich erst dann, wenn Sie auf die Plustaste am rechten Rand klicken. Damit blenden Sie eine weitere Suchleiste ein, über die Sie die Suche annähernd beliebig verfeinern können.

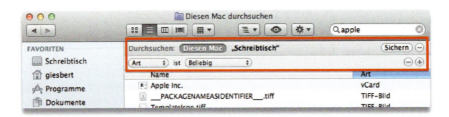

Im Finder können Sie nahezu beliebig komplexe Suchanfragen definieren.

Suchen mit dem Spotlightfenster

Wenn Sie die Suche ausprobieren, werden Sie vielleicht zuerst ein wenig enttäuscht sein, scheint doch das erste Suchfeld – in dem standardmäßig mit *Art* der Dateityp festgelegt wird – kaum Alternativen zu bieten. Außer nach Dateidatum, -inhalt und -name scheint man hier nicht suchen zu können. Doch das täuscht.

Ein Klick auf *Andere* innerhalb des Dropdown-Menüs öffnet eine sehr umfangreiche Auswahl, in der so ziemlich jede denkbare Eigenschaft einer Datei aufgeführt ist. Dabei ist es auch möglich, die Auswahl des Dropdown-Menüs nach eigenen Vorstellungen zu belegen. Setzen (bzw. löschen) Sie dafür beim gewünschten Kriterium den Haken in der Spalte *Im Menü*.

In der Liste der Kriterien kann es ein wenig durcheinander zugehen. Nicht immer ist der gesuchte Eintrag auf Anhieb zu finden, manche Einträge sind recht kryptisch und offensichtlich nur für Spezialfälle interessant.

Spielen wir das Vorgehen einmal am Beispiel der zu Beginn des Kapitels erläuterten Etiketten durch (denn auch danach lässt sich natürlich suchen – andernfalls wäre diese Funktion ja nicht wirklich hilfreich).

Beispiel: Etiketten suchen

1. Wählen Sie im linken Dropdown-Menü (Standardanzeige: *Art*) den Eintrag *Andere*.

2. Es wird eine umfangreiche und etwas verwirrende Liste mit den möglichen Suchkriterien eingeblendet. Aber keine Sorge, auch hier können Sie natürlich suchen. Tippen Sie in das Suchfeld oben rechts also „Etikett" ein – und noch während Sie tippen, wird der Eintrag *Dateietikett* angezeigt.

Auch die umfangreiche Liste der möglichen Suchkriterien kann durchsucht werden.

3. Setzen Sie für den Eintrag *Dateietikett* in der Spalte *Im Menü* einen Haken und klicken Sie auf *OK*.

4. Nun wird eine Suchleiste eingeblendet, in der Sie das gewünschte Etikett markieren können.

Kapitel 4: Überblick behalten

Über die Suche nach bestimmten Etiketten können Sie quer über die Festplatte nach gemeinsamen Dateien suchen, unabhängig von der Dateiart.

> **Logische Verknüpfungen:** Halten Sie die `⌥`-Taste gedrückt, dann wird aus der Plustaste eine Taste mit drei Punkten: **….** Nun können Sie auch komplexe Abfragen erstellen, indem Sie die Suchbedingungen um logische UND- bzw. ODER-Verknüpfungen erweitern.

Eine Suche als intelligenten Ordner speichern

Mitunter kommt es vor, dass man eine Suchanfrage nicht nur einmal, sondern im Verlauf der Arbeit häufiger benötigt. Da ist es praktisch, dass Sie jede Suchanfrage und jede Kombination der Suchkriterien über die Schaltfläche *Sichern* speichern können. So haben Sie jederzeit Zugriff auf eine einmal erstellte Suchanfrage, die als „intelligenter Ordner" gespeichert wird.

Statisch vs. Intelligent Ein normaler Ordner ist statisch und muss von Ihnen gefüllt werden. Sie entscheiden, was in diesen Ordner kopiert bzw. verschoben wird. Ein intelligenter Ordner ist dagegen dynamisch, Sie müssen sich also nicht um seinen Inhalt kümmern (das übernimmt OS X). Stattdessen definieren Sie über die Suchkriterien die Bedingungen, die ein Eintrag erfüllen muss, um in diesem Ordner angezeigt zu werden. Daraufhin durchstöbert OS X die Festplatte und zeigt die Dateieinträge an, die zu den definierten Bedingungen passen.

Von Haus aus liefert der Finder mit *Alle meine Dateien* einen solchen intelligenten Ordner, der alle Dokumente in Ihrem Benutzerordner zusammenfasst.

Beispiel: Alle PDF-Dateien Als einfaches Beispiel definieren wir einen intelligenten Ordner, der uns alle PDF-Dateien anzeigen soll, die im Laufe des aktuellen Jahres angelegt wurden.

1. Rufen Sie mit `⌥` `⌘` `Leertaste` das Spotlightfenster auf und achten Sie darauf, dass in der ersten Zeile *Diesen Mac* markiert ist.
2. Fügen Sie nun mit dem Pluszeichen zwei Bedingungen ein: *Art* ist *PDF* und *Erstellungsdatum* ist *dieses Jahr*.
3. Um diese Suchanfrage im ständigen Zugriff zu haben, klicken Sie auf *Sichern*.
4. Geben Sie der Suche einen Namen und bestimmen Sie einen Speicherort. Achten Sie darauf, dass die Option *Zur Seitenleiste hinzufügen* aktiviert ist.
5. Sobald Sie den Ordner gespeichert haben, taucht er in der Seitenleiste in der Rubrik *Favoriten* auf.

Ordner anpassen Eine einmal gespeicherte Suchabfrage ist nicht in Stein gemeißelt, sondern kann jederzeit angepasst und verändert werden. Allerdings hat Apple auch diese Funktion ein klein wenig versteckt.

Eine Suche als intelligenten Ordner speichern

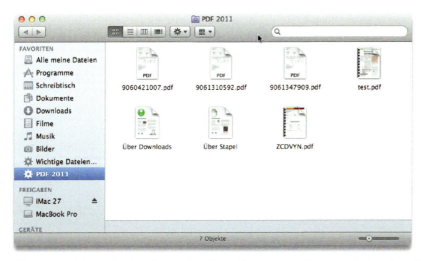

Eine gespeicherte Suchanfrage trägt ihren Namen „intelligenter Ordner" zu Recht. Denn sie verhält sich einerseits so wie ein normaler Ordner, passt ihren Inhalt aber immer den aktuellen Verhältnissen an. Wann immer Sie einen intelligenten Ordner öffnen – er ist immer up to date.

Wählen Sie dazu in der Seitenleiste den entsprechenden intelligenten Ordner aus und klicken Sie auf das Zahnrad in der Symbolleiste. Hier wählen Sie den Eintrag *Suchkriterien einblenden*.

Nun können Sie die Kriterien Ihren Wünschen anpassen und Ihre Änderungen speichern.

Intelligente Ordner löschen

Um eine gespeicherte Suchabfrage aus der Seitenleiste zu löschen, ziehen Sie wie gewohnt mit gedrückter ⌘-Taste das Symbol aus der Leiste heraus. Damit wird allerdings nur der Verweis gelöscht, nicht der entsprechende intelligente Ordner selbst (oder genauer: die Datei, in der die Bedingungen für diesen Ordner definiert werden). So können Sie einen versehentlich entfernten Ordner mit Drag & Drop wieder hinzufügen. Möchten Sie die gespeicherte Suchabfrage vollständig löschen, müssen Sie den entsprechenden Ordner löschen.

Da der Speicherort, an dem OS X diese Dateien speichert, normalerweise nicht sichtbar ist, müssen Sie sich hier mit einem kleinen Trick behelfen. Klicken Sie den intelligenten Ordner, den Sie komplett löschen möchten, mit der rechten Maustaste an und wählen Sie *Übergeordneten Ordner öffnen*. Nun sehen Sie den Inhalt von *Gesicherte Suchabfragen* und können die gewünschten Ordner problemlos löschen. Nachdem Sie den Papierkorb geleert haben, verschwinden auch eventuell noch vorhandene Einträge in der Seitenleiste.

> **Alle Abfragen:** Falls Sie nicht mehr so genau wissen, wo Sie überall eine Suchabfrage gespeichert haben, hilft Ihnen auch hier Spotlight weiter. Definieren Sie dazu *Art* ist *Andere* und geben Sie als Begriff „Suchabfrage" ein. Hier können Sie nun bequem jede überflüssige Suchabfrage löschen.

Kapitel 4: Überblick behalten

Standardmäßig werden intelligente Ordner im Ordner „Gesicherte Suchabfragen" abgelegt, an den Sie nur mit einem kleinen Trick herankommen.

Spotlight anpassen

Standardmäßig wird Spotlight über die Kombination ⌘ Leertaste aufgerufen, doch das lässt sich natürlich ändern und den Gegebenheiten Ihrer Arbeitsumgebung anpassen. Wählen Sie dazu > *Systemeinstellungen* und klicken Sie im Abschnitt *Persönlich* auf *Spotlight*.

Suchergebnisse Auf der Registerkarte *Suchergebnisse* können Sie folgende Punkte festlegen:

- **Kategorien:** Wenn Sie nicht möchten, dass bestimmte Dateien wie Bilder oder Webseiten im Spotlightindex landen, entfernen Sie den Haken vor dem entsprechenden Eintrag.

- **Reihenfolge:** Die Reihenfolge der Kategorien entspricht der Reihenfolge, in der bei einer Spotlight-Suche die Treffer aufgelistet werden. Die Reihenfolge können Sie mit der Maus festlegen. Möchten Sie etwa, dass Präsentationen zuerst aufgeführt werden, ziehen Sie den entsprechenden Eintrag an den Anfang der Liste.

- **Tastaturkurzbefehle:** Im unteren Bereich des Fensters können Sie die Tastenkürzel für den Aufruf von Spotlight festlegen. Klicken Sie dazu in das Dropdown-Menü und drücken Sie das gewünschte Kürzel. Das Kürzel sollten Sie allerdings nur ändern, wenn es zu Konflikten mit anderen Programmen kommt.

Privatsphäre Von Haus aus indiziert Spotlight alle Dateien (außer den systemnahen Einträgen und Einstellungen) auf allen Laufwerken. Das gilt auch für Ordner und Laufwerke wie USB-Sticks. Sobald ein solches Laufwerk angeschlossen wird, beginnt Spotlight mit der Arbeit und nimmt die neuen Dateien in seinen Index auf.

Spotlight anpassen

In den Systemeinstellungen können Sie Spotlight Ihren Wünschen anpassen.

Das muss aber nicht so sein. Schließlich möchte man nicht jeden Speicherstick, den man vorübergehend angeschlossen hat, nun auch gleich im Spotlightindex aufnehmen; und auch auf der Festplatte kann es Ordner mit sensiblen Daten geben, bei denen man nicht möchte, dass sie über Spotlight so einfach zu finden sind.

Hier bietet Spotlight die Möglichkeit, bestimmte Laufwerke und Ordner von der Indizierung auszunehmen. Wechseln Sie dazu zum Register *Privatsphäre*.

Über die Plustaste können Sie nun gezielt Ordner und Laufwerke von der Indizierung ausnehmen. Das funktioniert auch mit nur vorübergehend angeschlossenen Laufwerken und USB-Sticks. Um einen Eintrag aus dieser Liste zu entfernen, markieren Sie ihn und klicken anschließend auf die Minustaste.

Wenn Sie sehr lange und intensiv mit Ihrem Mac arbeiten, Ihr Datenbestand also immer stärker anwächst und sich stetig verändert, dann kann es mitunter passieren, dass Spotlight ein wenig aus dem Tritt gerät. Sie erkennen das daran, dass die Suche etwas länger dauert und Sie Dateien, von denen Sie sicher wissen, dass sie irgendwo auf Ihrer Festplatte liegen, mit Spotlight nicht aufspüren können.

SpotlightIndex neu aufbauen

In diesem Fall hilft ein Großreinemachen: Zwingen Sie Spotlight dazu, seinen Index zu löschen und komplett neu anzulegen. Das dauert zwar einige Zeit, aber danach ist Spotlight wieder so schnell und zuverlässig, wie man sich das wünscht.

Um den Index komplett zu löschen, müssen Sie lediglich die komplette Festplatte Ihres Macs zur Privatsphäre erklären. Spotlight gibt eine Warnung aus, die Sie aber getrost ignorieren können. Spotlight löscht nun umgehend seinen kompletten Index.

Nun löschen Sie den Festplatten-Eintrag in der *Privatsphäre*. Anschließend baut Spotlight den soeben gelöschten Index neu auf.

Kapitel 5
Netzwerk und Internet

Bildnachweis: Apple

Kapitel 5: Netzwerk und Internet

WLAN, Wi-Fi und der Airport

Der Mac ist eine außerordentlich kommunikationsfreudige Maschine und kann über eine Vielzahl von Protokollen und Schnittstellen mit anderen Computern oder Netzwerken verbunden werden. Dabei ist die mit Abstand wichtigste Verbindung natürlich der Zugriff aufs Internet.

Der Internetzugang mit einem Mac unterscheidet sich im Prinzip nicht von dem Zugang mit anderen Computern. Der Aufbau einer Internetverbindung erfolgt heute wohl überwiegend via WLAN, aber natürlich können Sie Ihren Mac auch mit einem Ethernet-Kabel an einen Router anschließen. Auf den Einbau eines Modems verzichtet Apple allerdings seit einiger Zeit.

> **Wi-Fi/WLAN:** Drahtlose Netzwerke werden hierzulande als WLAN bezeichnet, in den USA (und also auch in OS X) hören sie auf den Namen „Wi-Fi". WLAN ist die Abkürzung für Wireless LAN (kabelloses Netzwerk), Wi-Fi bedeutet dagegen überhaupt nichts. Es ist ein reines, wohl von „Hi-Fi" inspiriertes Kunstwort, das als griffiges Kürzel lediglich Marketingzwecken dient.

Airport Die Apple-eigene WLAN-Lösung hört auf den Namen „Airport" und umfasst sowohl Basisstationen (Airport Extreme, Airport Express) als auch die WLAN-Karte in Ihrem Mac, die ebenfalls auf den Namen „Airport Extreme" hört. In den Dialogen von OS X wird dieser Name allerdings fast immer vermieden (wohl um Verwechslungen mit der gleichnamigen Basisstation zu verhindern). Statt dessen heißt es in OS X fast durchgängig „Wi-Fi".

Airport unterstützt das übliche WLAN-Protokoll 802.11 in den Varianten a, b, g und n. Sie müssen für Ihr WLAN also nicht unbedingt eine Basisstation von Apple kaufen, sondern können jede andere standardkonforme Lösung einsetzen.

Wi-Fi anzeigen Standardmäßig zeigt OS X rechts oben in der Menüleiste den Netzwerkstatus mit einem Antennensymbols in Form einesTortenstücks an. Ist WLAN bei Ihrem Mac deaktiviert (wie das geht, erfahren Sie weiter unten), ist das Tortenstück leer; besteht eine Verbindung, ist es je nach Qualität der Verbindung gefüllt.

Falls das Symbol nicht zu sehen ist (oder Sie es im Gegenteil dort nicht sehen möchten), dann rufen Sie > *Systemeinstellungen* auf. Dort klicken Sie auf den Eintrag *Netzwerk*, wo Sie den Eintrag *Wi-Fi-Status in der Menüleiste anzeigen* aktivieren bzw. deaktivieren können.

Das Airportsymbol in der Menüleiste informiert Sie über die Qualität der Verbindung. Rechts die beiden Symbole für „Airport deaktiviert" und „Aiportstörung".

WLAN, Wi-Fi und der Airport

Schon bei der ersten Inbetriebnahme sucht der Mac nach verfügbaren Netzwerken. **Verbindung** Findet er dabei ein frei zugängliches WLAN, fragt er nach, ob dieses Netzwerk benutzt **aufnehmen** werden soll. Andernfalls zeigt er Ihnen eine Liste der verfügbaren Netzwerke, aus der Sie das gewünschte Netzwerk auswählen und sich nach der Eingabe der Zugangsdaten einloggen.

Sobald Sie das Kennwort zu einem WLAN eingegeben haben, nimmt OS X die Verbindung auf und merkt sich standardmäßig die Eingabedaten. Beim nächsten Mal werden Sie ohne Rückfrage verbunden.

Falls das einmal nicht der Fall ein sollte, klicken Sie oben rechts auf das Wi-Fi-Symbol und wählen aus der Liste der verfügbaren WLANs das gewünschte Netzwerk aus.

Man kann ein WLAN allerdings auch so konfigurieren, dass es sich nicht zu erkennen gibt und in dieser Liste nicht auftaucht. In diesem Fall müssen Sie den Namen des WLANs kennen, um es kontaktieren zu können. Wählen Sie dazu *Andere verbinden*.

Möchten Sie wissen, mit welchem WLAN Sie aktuell verbunden sind, genügt ebenfalls **Trennen** ein Klick auf das Wi-Fi-Symbol in der Menüleiste. Das Netzwerk, über das Sie aktuell ins Internet gehen, ist in der Netzwerkliste mit einem Haken versehen. Sie können die Verbindung zu diesem Netzwerk trennen, indem Sie mit der Maus auf den Eintrag zeigen. Es öffnet sich ein Menü, in dem Sie den Punkt *Trennen* anklicken.

In diesem Untermenü können Sie auch festlegen, ob das Symbol in der Menüleiste **Weitere Infos** um die Verbindungsdauer und um Statusmeldungen während des Verbindungsaufbaus ergänzt werden soll. Das kann unter Umständen recht informativ sein, fordert aber Platz in der Menüleiste.

Das Wi-Fi-Menü verrät Ihnen aber noch mehr: Klicken Sie das Symbol mit gehaltener ⌥-Taste an, wird der Eintrag zum aktuellen Netzwerk um einige technische Daten ergänzt, denen Sie zum Beispiel entnehmen können, welcher 802.11-Standard benutzt wird oder über welchen Kanal der Airport mit der Basisstation kommuniziert.

Über das Wi-Fi-Symbol erhalten Sie weitere Informationen über Ihre WLAN-Verbindung.

Wi-Fi (de)aktivieren Bei WLAN-Störungen kann es hilfreich sein, die Airportverbindung kurz zu deaktivieren und danach wieder einzuschalten. Klicken Sie dazu auf das Wi-Fi-Symbol in der Menüleiste und wählen Sie *Wi-Fi deaktivieren*. Das Antennensymbol wird nun als leeres Tortenstück gezeigt. Klicken Sie das Symbol erneut an und wählen Sie *Wi-Fi aktivieren*. Der Mac meldet sich nun erneut im WLAN an.

WLANs verwalten

Ein einmal eingegebenes Kennwort für ein WLAN merkt sich der Mac in der Liste der „bevorzugten Netzwerke" und wählt sich beim nächsten Mal automatisch ein, ohne Sie mit einer Kennwortabfrage zu belästigen. Gespeichert werden auch Zugriffe auf freie WLANs, die ebenfalls in diese Liste eingetragen werden.

Das ist normalerweise so erwünscht, kann unter Umständen aber auch zu leichten Problemen führen. Etwa dann, wenn sich in Ihrer Umgebung ein freies WLAN befindet, mit dem sich Ihr Mac automatisch verbindet, statt auf Ihr eigenes Netzwerk zuzugreifen oder wenn Sie sich vorübergehend mit einem anderen WLAN in Ihrer Nähe verbunden haben, das von OS X nun dauerhaft als erste Wahl benutzt wird. Doch das können Sie ändern.

Gemerkte Netzwerke Hier bietet OS X Ihnen die Möglichkeit, die gespeicherten WLAN-Verbindungen manuell zu bearbeiten, gemerkte Verbindungen zu löschen oder bei mehreren gespeicherten Verbindungsdaten die Reihenfolge festzulegen, in der Ihr Mac nach einem WLAN sucht.

Klicken Sie dazu auf das Airportsymbol in der Menüleiste und wählen Sie *Systemeinstellung „Netzwerk" öffnen*. Hier markieren Sie gegebenenfalls in der linken Spalte *Wi-Fi* und klicken rechts unten auf *Weitere Optionen*. Nun können Sie die Reihenfolge der WLANs mit der Maus festlegen, über die Plustaste neue Verbindungsdaten eintragen oder über die Minustaste einen Eintrag löschen.

Möchten Sie nicht, dass OS X jede Netzwerkverbindung speichert, deaktivieren Sie den Punkt *Alle Netzwerke merken, mit denen dieser Computer verbunden war*.

Dateifreigaben

In den Netzwerkeinstellungen legen Sie fest, ob sich OS X ein Netzwerk merken soll, mit dem es einmal verbunden war.

Auch wenn WLANs weit verbreitet sind, sind sie doch nicht überall anzutreffen. Mitunter muss man seinen Mac auch mit einem Netzwerkkabel an ein DSL-Modem anschließen und manuell eine PPPoE-Verbindung aufbauen (PPPoE steht für „Point to Point Protocol over Ethernet" und ist das Standardverfahren bei vielen Anbietern).

PPPoE-Verbindung ins Internet

Verbinden Sie dazu Ihren Mac über ein Netzwerkkabel (Ethernetkabel) mit dem DSL-Modem und öffnen Sie > *Systemeinstellungen* > *Netzwerk*. Dort wählen Sie links *Ethernet* und unter *IPv4 konfigurieren* den Eintrag *PPPoE-Dienst erstellen*. Geben Sie im folgenden Dialog die Accountdaten ein, klicken Sie auf *Anwenden* und anschließend auf *Verbinden*.

Dateifreigaben

Zwei Computer, die in einem gemeinsamen Netzwerk eingeloggt sind (also zum Beispiel die gleiche WLAN-Verbindung benutzen), sind über das Netzwerk auch untereinander verbunden und können Daten austauschen. Damit das funktioniert, muss allerdings die Dateifreigabe aktiviert werden.

Rufen Sie dazu > *Systemeinstellungen* auf und klicken Sie auf *Freigaben*. Hier sehen Sie nun eine Liste der verschiedenen Dienste, die Sie für die Nutzung von einem mit Ihrem Mac verbundenen Computer (ganz gleich ob Mac, Windows oder Linux) freigeben können. Hier können Sie zum Beispiel festlegen, dass lediglich das DVD-Laufwerk zugänglich sein soll oder ein an Ihren Mac angeschlossener Drucker auch von anderen Computern aus angesteuert werden kann.

Freigaben aktivieren

Für den Datenaustausch zwischen Ihrem Mac und anderen Computern muss der Zugriff auf die Festplatte in Ihrem Mac erlaubt werden. Das erledigen Sie mit einem Häkchen beim Punkt *Dateifreigabe*.

Kapitel 5: Netzwerk und Internet

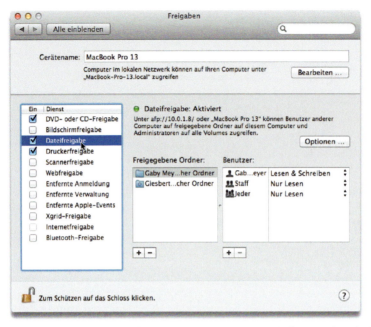

Auf Ressourcen, die Sie für die Nutzung im Netzwerk freigegeben haben, können alle Anwender im Netzwerk zugreifen.

> **Vorsicht in Internet-Cafés!** Wenn Sie sich mit Ihrem MacBook in ein öffentliches WLAN einwählen, etwa in einem Internet-Café oder im Hotel, dann sollten Sie tunlichst darauf achten, dass die Dateifreigabe ausgeschaltet ist. Andernfalls haben alle anderen Nutzer des öffentlichen WLANs Zugriff auf Ihren Mac. Und das möchten Sie ja eher nicht, oder?

Gerätename Bei den Freigaben können Sie auch den Namen Ihres Macs festlegen, unter dem er bei Verbindungsaufnahme angesprochen wird. Klicken Sie dazu einfach in das entsprechende Textfeld und geben Sie den gewünschten Namen ein. Sobald Sie das Feld verlassen wird die Änderung übernommen.

Mac ↔ Windows Die Verbindung zweier Macs funktioniert auf Anhieb, hier müssen Sie keine besonderen Einstellungen vornehmen, sondern lediglich einen kurzen Moment warten, bis der freigegebene Mac im Finder unter *Freigaben* auftaucht.

Möchten Sie einem Windows-Rechner Zugriff auf Ihren Mac gewähren, müssen Sie ein weiteres Protokoll aktivieren. Klicken Sie dazu unter *Dateifreigabe* auf die Taste *Optionen* und aktivieren Sie hier *Dateien und Ordner über SMB (Windows) freigeben*.

Dateifreigaben

Damit Ihr Mac auch von einem Windows-Rechner angesprochen werden kann, müssen Sie zusätzlich die SMB-Freigabe aktivieren.

Mit der Aktivierung der Dateifreigabe ist der Zugriff auf Ihre Festplatte prinzipiell möglich, aber noch nicht erlaubt. Damit sich nicht jedermann via Netzwerk auf Ihrem Mac tummeln kann, müssen Sie den Zugriff auf bestimmte Ordner noch explizit erlauben. Dabei können Sie festlegen, ob andere Nutzer einen bestimmten Ordner nur lesen, oder ob sie dort auch Dateien ablegen können. Es ist auch möglich, neue Benutzer mit Namen und Kennwort anzulegen, denen Sie bestimmte Zugriffsrechte erlauben.

Öffentlich

Standardmäßig ist der Lesezugriff auf den Ordner *Öffentlich* in Ihrem Benutzerordner generell für alle Anwender erlaubt. Möchten Sie etwa Dateien an einen anderen Anwender via Netzwerk weitergeben, dann speichern Sie sie in diesem Ordner und aktivieren *Dateifreigabe*. Bei anderen Anwender taucht dann nach kurzer Zeit Ihr Mac als Netzwerklaufwerk oder Freigabe auf (die genaue Bezeichnung hängt vom benutzten Betriebssystem ab), bei dem sie sich als „Gast" anmelden können. Danach erhalten sie den Zugriff auf den Ordner *Öffentlich* und können die bereitgestellten Dateien herunterladen.

Auch der Datenaustausch in die andere Richtung ist standardmäßig möglich, ohne dass Sie sich um die Feinheiten der Freigaberegelungen kümmern müssen. Denn dafür gibt es unter *Öffentlich* den Ordner *Briefkasten*, dessen Name Programm ist. Hier haben andere Anwender zwar Schreib-, aber keine Leserechte. So, wie Sie in einen Briefkasten zwar etwas einwerfen, aber nicht in den Kasten hineinsehen können, so können Ihnen andere Anwender Dateien in diesen Ordner kopieren, haben aber keine Möglichkeit, sich in Ihrem Briefkasten umzusehen.

Der Briefkasten

103

Kapitel 5: Netzwerk und Internet

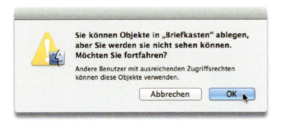

In den Briefkasten eines anderen Macs können Sie zwar Dateien ablegen, aber Sie haben keinen Einblick in den Inhalt des Ordners.

Freigaben regeln Sie können jeden Ordner auf Ihrer Festplatte für den Zugriff freigeben und genau festlegen, was ein anderer Anwender in diesem Ordner darf: nur lesen, nur schreiben oder lesen und schreiben.

Um einen Ordner freizugeben, klicken Sie unter *Systemeinstellungen > Freigaben > Dateifreigabe* im Abschnitt *Freigegebene Ordner* auf die Plustaste. Nun können Sie den gewünschten Ordner wählen – etwa: Musik – und zu den Freigaben hinzufügen. Im Feld *Benutzer* sehen Sie nun, dass Ihr Account vollständigen Zugriff hat (*Lesen & Schreiben*). Alle anderen Anwender (*Jeder*) haben keinen Zugriff (*Keine Rechte*). Möchten Sie das ändern, so öffnen Sie mit einem Klick auf *Keine Rechte* ein Auswahlmenü, in dem Sie die gewünschten Rechte markieren.

Wer Zugriff auf welchen Ordner Ihres Macs hat, regeln Sie in den Infos des Ordners.

Vorsicht! Seien Sie mit den Freigaben sehr knausrig und tragen Sie nicht ohne Not neue Ordner ein. Andernfalls kann es passieren, dass Sie anderen Anwendern versehentlich sehr weitreichende Rechte einräumen. An dieser Stelle sei noch einmal darauf hingewiesen, dass Sie die Dateifreigaben nur bei Bedarf und in öffentlichen WLANs überhaupt nicht aktivieren sollten.

Ad-Hoc-Netzwerke

Bislang gingen wir davon aus, dass Sie mit Ihrem Mac in einem Netzwerk eingeloggt sind und andere Computer über dieses Netzwerk Kontakt mit Ihrem Mac aufnehmen. Doch nicht immer steht ein Netzwerk zur Verfügung. Was dann?

Ganz einfach: Dann aktivieren Sie auf Ihrem Mac ein Ad-Hoc-Netzwerk (das bei Apple „Computer-zu-Computer"-Netzwerk heißt).

Damit wird Ihr Mac selbst zum Netzwerkserver, und Sie können auch auf der grünen Wiese, weitab von allen Netzwerken und WLANs, Daten zwischen Ihrem Mac und anderen Computern austauschen.

> **AirDrop:** Möchten Sie Dateien zwischen zwei (neueren) Macs austauschen, geht es mit AirDrop noch einfacher als über ein Ad-Hoc-Netzwerk. Dazu gleich mehr.

Klicken Sie nun auf das Wi-Fi-Symbol in der Menüleiste und wählen Sie *Netzwerk anlegen*. Geben Sie dem Netzwerk einen Namen und wählen Sie einen Funkkanal, über den die beiden Rechner sich verbinden sollen. In der Regel kann man den vorgeschlagenen Kanal benutzen; sollte es Probleme geben, probieren Sie einfach ein paar andere Kanäle aus.

Unter *Sicherheit* legen Sie die Verschlüsselung und das Kennwort fest. Zur Auswahl steht allerdings nur WEP mit 40 bzw. 128 Bit. Die 128-Bit-Variante ist sicherer als die 40-Bit-Version, doch WEP ist generell nicht gerade die sicherste Verschlüsselungsmethode.

Auf die Verschlüsselung eines Ad-Hoc-Netzwerks sollten Sie nur in Ausnahmefällen verzichten.

> **WEP** bezeichnet eine Verschlüsselungsmethode bei drahtlosen Netzwerken. WEP war lange Jahre Standard, gilt heute aber als unsicher und wurde durch das deutlich robustere WPA2 ersetzt. Normalerweise ist von WEP abzuraten, für ein meist nur für kurze Zeit bestehendes Ad-Hoc-Netzwerk mag dieser Schutz jedoch ausreichen.

Kapitel 5: Netzwerk und Internet

Sobald Sie auf *Anlegen* klicken, verbindet sich Ihr Mac automatisch mit seinem neu angelegten Netzwerk und das Wi-Fi-Symbol in der Menüleiste verändert sich in ein kleines Computersymbol. Mit dem neu angelegten Netzwerk können sich nun andere Computer verbinden, um Daten mit Ihrem Mac auszutauschen. Auch hier regeln Sie natürlich über die Freigaben, welche Dienste Ihr Mac zur Verfügung stellt.

Um das Netzwerk wieder zu löschen, klicken Sie auf das Wi-Fi-Symbol und wählen *Verbindung mit [Name Ihres Netzwerks] beenden*.

AirDrop: schneller Dateiaustausch zwischen Macs

Möchten Sie Dateien zwischen zwei Macs, auf denen Lion installiert ist, austauschen, dann müssen Sie sich nicht um Netzwerke oder Freigaben kümmern, denn das erledigt Ihr Mac mit der Funktion *AirDrop* für Sie. Über AirDrop können Macs auf Mausklick und ohne weitere Konfiguration ein (verschlüsseltes) Ad-Hoc-Netzwerk aufbauen.

> **Nur neue Macs:** AirDrop setzt eine bestimmte Airport-Karte voraus, die Apple erst seit Ende 2008 einbaut. Mit älteren Macs können Sie zwar Lion nutzen, aber AirDrop steht Ihnen dann nicht zur Verfügung.

AirDrop in Aktion   Der Einsatz von AirDrop ist denkbar einfach, wie das folgende Beispiel zeigt. Nehmen wir an, Sie möchten die Datei „dokument.pdf" an einen Kollegen weiterreichen, der ebenfalls an einem Mac mit Lion arbeitet:

1. Sowohl Sie als auch Ihr Kollege klicken im Finder auf den Eintrag *AirDrop*. Das AirDrop-Logo wird zu einem Radarschirm und symbolisiert so, dass AirDrop aktiv ist.

2. Nach kurzer Zeit steht die Netzwerkverbindung zwischen den beiden Macs und Sie sehen im Finder das Benutzerfoto Ihres Kollegen (entsprechend sieht er bei sich Ihr Foto). Dieses Fotos symbolisiert den via AirDrop verbundenen Mac Ihres Kollegen.

3. Ziehen Sie die Datei „dokument.pdf" auf das Foto Ihres Kollegen.

4. Bei Ihrem Kollegen erscheint der Hinweis, dass die Datei „dokument.pdf" auf seinem Mac gespeichert werden soll, was er mit einem Mausklick erlaubt.

AirDrop: schneller Dateiaustausch zwischen Macs

AirDrop baut ohne Konfiguration oder Freigaben eine Ad-Hoc-Verbindung zwischen zwei Macs auf und erlaubt den Dateiaustausch per Drag & Drop.

5. Die Datei wird nun von Ihrem Mac via AirDrop an den Mac Ihres Kollegen geschickt und landet dort schließlich im Ordner *Downloads*.

AirDrop legt nur dann Dateien auf Ihrem Mac ab, wenn Sie es explizit erlauben.

Verbindung beenden: Sobald Sie in der Seitenleiste des Finders einen anderen Eintrag anwählen, wird AirDrop automatisch beendet. Sie sind ausschließlich dann via AirDrop zu erreichen, wenn Sie den Punkt im Finder angewählt haben.

Kapitel 6

Safari

Bildnachweis: Apple

Kapitel 6: Safari

Eine kleine Tour durch Safari

Safari ist ein moderner, standardkonformer Webbrowser, der verschiedene Webseiten innerhalb eines Fensters auf verschiedenen Registerkarten (die hier Tabs heißen) darstellen kann und der mit einigen Besonderheiten aufwartet.

Das Programm ist für den Einsatz unter OS X optimiert, sehr schnell, robust und zuverlässig. Die Grundfunktionen von Safari unterscheiden sich dabei nicht von denen anderer Browser, Sie werden sich also sehr schnell mit Safari anfreunden können.

> **Ohne Flash und Java:** Anders als andere Browser kommt Safari von Haus aus ohne Adobe Flash oder Sun Java ins Haus. Diese Plugins können Sie bei Bedarf aber problemlos nachladen.

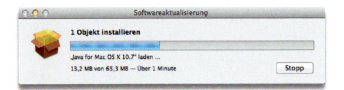

Java wird nachgeladen, sobald es benötigt wird.

Leisten Safari besitzt (neben der obligatorischen Titelleiste) drei Leisten, die bei Bedarf über den Menüpunkt *Darstellung* ein- oder ausgeblendet werden können:

- **Symbolleiste:** Hier finden sich standardmäßig nur zwei Symbole, nämlich die Pfeile zum Vor- und Zurückblättern der bisher besuchten Webseiten. Den meisten Platz nehmen die beiden Felder für die Webadresse und Suchanfragen ein. Falls Sie eine Datei aus dem Internet geladen haben, erscheint hier zusätzlich das *Downloads*-Symbol.

- **Lesezeichenleiste:** Die Lesezeichenleiste dient als Ablage für Webseiten, auf die Sie besonders schnellen Zugriff haben möchten (mehr dazu weiter unten).

- **Statusleiste:** Die Statusleiste befindet sich am unteren Fensterrand und bietet vor allem Informationen über Linkziele. Zeigen Sie auf einen Link auf einer Webseite, wird in der Statusleiste die Webadresse des Ziels angezeigt. Standardmäßig ist die Statusleiste ausgeblendet.

Tabs und Fenster Safari stellt Webseiten entweder in einzelnen Fenstern oder in mehreren Tabs innerhalb eines Fensters dar. Wie genau Safari mit Tabs umgehen soll, legen Sie unter *Safari > Einstellungen > Tabs* fest.

Es gibt mehrere Möglichkeiten, ein neues Tab einzurichten, am schnellsten geht es wohl mit der Tastenkombination ⌘ T. Ein Tab schließen Sie mit ⌘ W, wobei das Browserfenster geöffnet bleibt. Erst wenn Sie das letzte Tab innerhalb eines Fensters schließen, schließen Sie auch das Fenster. Ein Fenster mit mehreren Tabs schließen Sie über die rote Murmel links oben.

Eine kleine Tour durch Safari

Welcher Inhalt in ein neues Fenster oder ein neues Tab geladen werden soll, legen Sie unter *Safari > Einstellungen > Allgemein* fest.

Sie können Tabs mit der Maus verschieben oder auch herausziehen, um ein Tab in einem neuen Fenster zu öffnen. Mehrere Fenster lassen sich über *Fenster > Alle Fenster zusammenführen* als Tabs in einem gemeinsamen Browserfenster bündeln.

Safari ist der Standardbrowser von OS X.

Viele Webseiten enthalten nicht nur Text, sondern auch zahlreiche Bilder, Werbebanner und andere Elemente, die bei der Lektüre eines Textes eher stören. Hier bietet Safari mit der Reader-Funktion eine pfiffige Lösung. Dabei handelt es sich um eine ebenso clevere wie komplexe Mischung aus JavaScript und CSS, die den Inhalt einer angezeigten Webseite analysiert, zusammenhängenden Text erkennt, Anzeigen und Navigationsspalten ausblendet und den eigentlichen Inhalt der Webseite in gut lesbarer Form präsentiert. Das funktioniert selbst dann, wenn sich der Text über mehrere Webseiten erstreckt. In diesem Fall fügt Reader den Text mehr oder weniger nahtlos aneinander. Zwar gibt es Webseiten, vor deren Struktur auch Reader kapituliert, aber im Großen und Ganzen arbeitet er zuverlässig.

Reader

Um eine Webseite im Reader-Modus angezeigt zu bekommen, klicken Sie in der Adressleiste auf die Taste *Reader* rechts außen. Die Seite kann gezoomt, gedruckt und auch gespeichert werden. Den Reader verlassen Sie mit einem erneuten Klick auf die Taste *Reader*.

Kapitel 6: Safari

Der Reader von Safari verwandelt überladene Webseiten auf Mausklick in übersichtlich lesbare Texte.

Downloads

Sobald Sie Dateien aus dem Internet laden, erscheint rechts oben in der Symbolleiste ein neues Symbol, über das Sie sich eine Liste aller bisherigen Downloads anzeigen lassen können. Per Doppelklick auf einen Eintrag öffnen Sie die Datei, ein Klick auf das kleine Lupensymbol neben einem Eintrag zeigt Ihnen die Datei im Finder.

Bei größeren Downloads, die einige Zeit dauern, können Sie sich in diesem Fenster über den Fortschritt des Ladevorgangs informieren.

Eine kleine Tour durch Safari

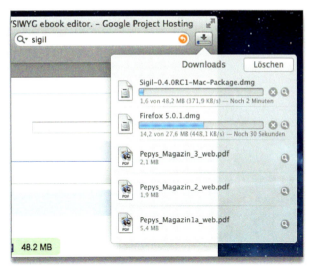

Das Downloadfenster wird bei Bedarf eingeblendet und informiert über abgeschlossene und aktive Downloads.

Die Dateien aus dem Internet werden standardmäßig im Ordner Downloads abgelegt. Sie können das unter *Safari > Einstellungen > Allgemein* ändern, wo Sie auch festlegen können, dass Safari die Liste der Downloads automatisch leert, sobald ein Download abgeschlossen ist oder das Programm beendet wird.

Safari kann sich Ihre Zugangsdaten zu bestimmten Webseiten merken und die Anmeldung beim nächsten Mal automatisch ausfüllen. Damit das funktioniert, müssen Sie diese Funktion unter *Safari > Einstellungen > Autom. ausfüllen* aktivieren. Sie können auch Ihre Visitenkarte im Adressbuch wählen, damit Safari Ihre Adressdaten in einem Webformular automatisch einträgt (mit dem Adressbuch beschäftigen wir uns in Kapitel 8).

Automatisches Ausfüllen

Das automatische Ausfüllen von Formularen, Benutzernamen und Kennwörtern müssen Sie zuerst aktivieren, bevor Safari sich Ihre Eingaben in Formularen merkt.

Kein Standard: Das automatische Ausfüllen einer Adresse in einem Formular ist ein kleines Glücksspiel, das nur dann aufgeht, wenn die Feldbezeichnungen im HTML-Code des Formulars von Safari korrekt erkannt werden. Da es hier leider keine verbindlichen Standards gibt, ist das mal mehr, mal weniger zuverlässig der Fall.

113

Kapitel 6: Safari

PDF-Dateien OS X kann von Haus aus prima mit PDF-Dateien umgehen, weshalb es für Safari kein Problem ist, eine PDF-Dateiseite, die auf einer Webseite verlinkt ist, direkt im Browser anzuzeigen. Bewegen Sie den Mauszeiger an den unteren Rand des Fensters, werden Tasten zum Zoomen und zum Speichern der angezeigten PDF-Datei eingeblendet. Außerdem können Sie die PDF-Datei direkt an das Programm Vorschau übergeben, mit dem wir uns in Kapitel 10 beschäftigen.

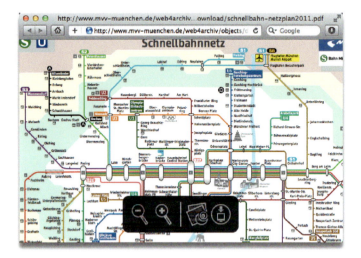

PDF-Dateien von Webseiten können direkt in Safari geöffnet werden.

Die Lesezeichen

Wie jeder Browser bietet auch Safari die Möglichkeit, Verweise auf Webseiten in Lesezeichen zu speichern (in anderen Browsern heißen die Lesezeichen auch „Favoriten"). Allerdings ist die Sache bei Safari ein wenig verwirrend, bietet der Browser doch nicht nur einen Ort, sondern gleich mehrere Stellen, an denen Lesezeichen abgelegt werden können, die obendrein teilweise sehr ähnlich heißen, die aber unterschiedlichen Zwecken dienen. Aber der Reihe nach.

Lesezeichenleiste Die Lesezeichenleiste sehen Sie unterhalb der Symbolleiste. Hier können Sie Links zum direkten Zugriff ablegen und in hierarchisch strukturierten Ordnern sortieren.

Die Lesezeichenleiste bietet den Schnellzugriff auf oft besuchte Webseiten.

Die Lesezeichen

Um einen Link in der Leiste abzulegen, ziehen Sie das Favicon – das ist das kleine Symbol, das links neben der Adresse angezeigt wird – in die Leiste und legen es dort ab. Auf dem gleichen Weg werden Sie es auch wieder los: Ziehen Sie es einfach aus der Leiste heraus.

Um einen neuen Ordner in der Leiste anzulegen, klicken Sie mit der rechten Maustaste in die Leiste. Es erscheint ein Kontextmenü mit nur einem Eintrag: *Neuer Ordner*. Lesezeichen lassen sich nicht direkt in einem Ordner ablegen, können aber von der Leiste in den Ordner verschoben werden. Um ein Lesezeichen aus einem Ordner zu löschen, müssen Sie sich alle Lesezeichen anzeigen lassen. Dazu weiter unten mehr.

Lesezeichenmenü

Das Lesezeichenmenü rufen Sie über den Menüpunkt *Lesezeichen* auf. Hier lassen sich Lesezeichen in Form von Menüs samt Untermenüs verwalten. Lesezeichen, die Sie hier ablegen, behalten Sie im schnellen Zugriff, ohne dass Sie ihnen einen Platz auf der Lesezeichenleiste opfern müssten. Das Menü eignet sich also für wichtige Links, die aber auch nicht so wichtig sind, dass sie in der Lesezeichenleiste aufbewahrt werden müssen.

Das Lesezeichenmenü bietet Platz für weitere Lesezeichen und Zugriff auf die Lesezeichenleiste.

Um eine Adresse ins Lesezeichenmenü aufzunehmen, klicken Sie entweder auf das Pluszeichen in der Adressleiste, wählen *Lesezeichen > Lesezeichen hinzufügen* oder drücken ⌘D. Hier können Sie nun den Speicherplatz des Lesezeichens festlegen und ihm auch gleich einen passenden Namen geben. Ordner lassen sich hier nicht direkt anlegen, das geht nur über die Anzeige aller Lesezeichen.

Alle Lesezeichen

Klicken Sie auf das Buchsymbol in der Lesezeichenleiste oder rufen Sie *Lesezeichen > Alle Lesezeichen einblenden* auf, dann haben Sie nicht nur Zugriff auf die Lesezeichenleiste und das Lesezeichenmenü, sondern auch auf Webadressen im Adressbuch, den Verlauf (also alle bisher besuchten Adressen), abonnierte RSS-Feeds (dazu mehr in Kapitel 11) oder Lesezeichen im Netzwerk. Außerdem können Sie im Abschnitt *Lesezeichen* zusätzliche Lesezeichen und Ordner anlegen, die weder für die Lesezeichenleiste noch für das Lesezeichenmenü wichtig genug sind, die Sie aber dennoch aufheben möchten.

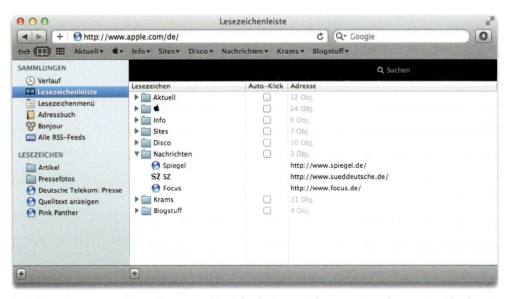

Die Sammlungen erreichen Sie, wenn Sie sich alle Lesezeichen anzeigen lassen. Im Abschnitt **Lesezeichen** *der Seitenleiste können Sie weitere Ordner und Lesezeichen ablegen, die weder im Menü noch in der Leiste aufgeführt werden.*

Hier können Sie nun Lesezeichen bearbeiten, aus der Leiste ins Menü verschieben, die Anordnung der Lesezeichen festlegen, Lesezeichen aus Ordnern in der Leiste löschen und auch Ordner im Lesezeichenmenü anlegen. Wählen Sie dazu einen (beliebigen) Eintrag im Menü aus und rufen Sie *Lesezeichen > Lesezeichenordner hinzufügen* auf. Sollte der neue Ordner wider Erwarten nicht im Lesezeichenmenü, sondern in der Seitenleiste unter *Sammlungen* eingetragen werden, so wählen Sie erneut den Eintrag *Lesezeichenmenü* und ziehen den Ordner von der Seitenleiste in das Fenster.

Suche Die Übersicht über alle Lesezeichen kann zudem schnell durchsucht werden. Geben Sie dazu den Suchbegriff oben rechts in das Suchfeld ein. Da die Übersicht nicht nur die Lesezeichen, sondern auch den Verlauf oder die im Adressbuch gespeicherten Webadressen durchstöbert, finden Sie so auch Adressen wieder, die Sie nicht explizit als Lesezeichen gespeichert haben.

Die Leseliste

Eine besondere Form der Lesezeichen ist die Leseliste. Hier können Sie Webadressen ablegen, die Sie sich später noch einmal genauer ansehen möchten. Dabei können Sie sich nicht nur die aktuell angezeigte Seite merken, sondern auch alle auf dieser Seite verlinkten Adressen, ohne dass Sie diese explizit aufrufen müssten.

Die Leseliste

Seiten merken

Um die aktuelle Webseite in die Leseliste aufzunehmen, wählen Sie *Lesezeichen > Zur Leseliste hinzufügen* oder drücken einfach ⇧⌘D. Um eine verlinkte Seite vorzumerken, klicken Sie den Link mit gedrückter ⇧-Taste an.

Durch eine kleine Animation, bei der das Safari-Symbol nach links oben zum Brillen-Symbol hüpft, wird angezeigt, dass die verlinkte Seite in die Liste aufgenommen wird.

Leseliste anzeigen

Möchten Sie einen Blick in Ihre Leseliste werfen, um eine gemerkte Webseite nun in Ruhe lesen zu können, klicken Sie oben links auf das Brillensymbol. Falls Sie das Symbol nicht sehen, können Sie es über *Safari > Eigenschaften > Lesezeichen* anzeigen lassen. Alternativ dazu wählen Sie *Darstellung > Leseliste einblenden*.

Sie sehen nun alle gemerkten Einträge, wobei Safari nicht nur den Titel, sondern auch einen kleinen Textauszug der Seite notiert hat. Mit einem Klick auf einen Eintrag wird die entsprechende Seite geladen.

Um einen Eintrag zu löschen, zeigen Sie darauf und klicken anschließend auf das *X*, das rechts oben beim Eintrag eingeblendet wird. Mit einem Klick auf *Alle löschen* leeren Sie die Liste komplett.

Die Leseliste (links) ist eine Art Merkzettel für Webseiten, die Sie später noch einmal besuchen möchten, um sie in Ruhe zu lesen.

Der Verlauf

Eine Adresse, die man in den Lesezeichen gespeichert hat, findet man in aller Regel schnell wieder. Was aber ist mit den Webseiten, über die man durch Zufall stolperte und die einem nicht wichtig genug schienen, um sie in den Lesezeichen zu notieren – nur damit man ein, zwei Tage später natürlich genau die Informationen benötigt, die auf dieser Seite zu finden waren?

Hier sorgt der Verlauf für Abhilfe, in dem Safari stur jede Adresse speichert, die Sie auf Ihren Surftouren besucht haben. Die Seiten werden in einer Cover-Flow-Ansicht dargestellt, schließlich werden Sie sich eher an das Aussehen der Seite erinnern können als an ihren Namen oder ihre Adresse.

Dauer definieren Wie weit dieses Surfprotokoll zurückreichen soll, legen Sie unter *Safari > Einstellungen*, Register *Allgemein* im Dropdown-Menü *Objekte aus Verlauf entfernen* fest. Standardmäßig speichert Safari einen Surfverlauf von einem Monat, Sie können ihn aber auch auf einen Tag, eine Woche oder zwei Wochen beschränken. Wenn Sie nicht möchten, dass Safari den Verlauf überhaupt automatisch löscht, sondern das lieber selbst in die Hand nehmen möchten, wählen Sie hier *Manuell*.

Löschen Gespeicherte Daten im Verlauf können Sie jederzeit löschen. Rufen Sie dazu *Verlauf > Gesamten Verlauf anzeigen* auf. Markieren Sie die Einträge, die Sie löschen möchten, und drücken Sie die ⌫-Taste. Den kompletten Verlauf markieren Sie mit ⌘ A.

Haben Sie es sich anschließend doch anders überlegt, können Sie die Löschaktion mit ⌘ Z wieder rückgängig machen.

Im Verlauf werden die Adressen aller Webseiten gespeichert, die Sie im Laufe der Zeit besucht haben. Der Verlauf lässt sich sowohl automatisch als auch manuell löschen.

Top Sites

Über den Verlauf lässt sich Ihr kompletter Weg durchs Internet rekonstruieren. Das ist einerseits sehr praktisch, wenn Sie auf der Suche nach einer bestimmten Webseite sind. Andererseits möchten Sie vielleicht verhindern, dass man Ihnen beim Surfen nachträglich über die Schulter schaut.

Privates Surfen

In diesem Fall aktivieren Sie *Safari > Privates Surfen*. Alle ab diesem Zeitpunkt besuchten Webseiten werden von Safari nicht in den Verlauf übernommen.

Sobald die Funktion aktiviert ist, erscheint in der Adressleiste der Hinweis *Privat*. Klicken Sie auf diesen Hinweis, können Sie Ihre private Surftour durchs Netz wieder beenden.

Wenn Sie keine Spuren hinterlassen wollen, aktivieren Sie das private Surfen.

Top Sites

Eine besonders anschauliche Art, sich wichtige Webseiten zu merken, bietet Top Sites. Dabei werden sechs bis 24 Webseiten als Vorschau in Form einer Videowand angeordnet. Welche Seiten hier zu finden sind, legen Sie natürlich selbst fest. Doch Sie können das auch Safari überlassen. In diesem Fall werden die von Ihnen am häufigsten besuchten Webseiten in Top Sites aufgenommen.

Top Sites wird entweder über *Verlauf > Top Sites einblenden* aufgerufen oder über das Top-Sites-Symbol (ein gefülltes Gittermuster) in der Lesezeichenleiste. Ob das Symbol angezeigt werden soll, legen Sie unter *Safari > Eigenschaften > Lesezeichen* fest.

Ein- und ausblenden

Ein erneuter Klick auf das Symbol blendet die Top Sites wieder aus.

Beim ersten Start füllt Safari Top Sites mit einer vorgegebenen Belegung; je länger Sie Safari einsetzen, desto stärker spiegelt Top Sites Ihr Surfverhalten wider. Um die Webseiten in einer Vorschau anzeigen zu können, ohne dass Sie lange auf den Aufbau von Top Sites warten müssen, speichert Safari einen aktuellen Schnappschuss von jeder Webseite. Dieser Schnappschuss wird beim Aufruf von Top Sites von der Festplatte geladen.

Anzeige

Natürlich kann auch ein aktueller Schnappschuss sehr schnell veralten. Daher überprüft Safari regelmäßig, ob sich der Inhalt einer Seite geändert hat. Ist dies der Fall, wird oben rechts ein blauer Stern eingeblendet.

 Kapitel 6: Safari

Bei den Top Sites können Sie die für Sie wichtigsten Webseiten in optisch ansprechender Form ablegen. Hat sich der Inhalt einer Seite seit dem letzten Besuch geändert, wird der Schnappschuss der Seite markiert.

Stoßen Sie beim Surfen im Netz auf eine Seite, die Sie zu Top Sites hinzufügen möchten, so ziehen Sie das Favicon der Seite (also die kleine Grafik links in der Adressleiste) auf das Top-Sites-Symbol.

Konfigurieren Um Top Sites Ihren Wünschen anzupassen, klicken Sie links unten auf *Bearbeiten*. Nun können Sie die Anordnung der Seiten mit der Maus festlegen. Webseiten, die auf jeden Fall in Top Sites bleiben sollen, werden mit einem Klick auf den Pin links oben festgesteckt, ein Klick auf das Kreuz löscht die Seite, und Safari fügt automatisch die nächste Seite aus dem Fundus der bisher besuchten Seiten hinzu.

Über die Tasten *Klein*, *Mittel* und *Groß* legen Sie fest, wie groß die Seitenvorschau sein soll und wie viele Webseiten damit in die Anzeige von Top Sites passen. Bei „Klein" sind es 24, bei „Mittel" noch zwölf, und bei „Groß" passen nur noch sechs Seiten in das Fenster.

Webseiten als Widget

Welche Seiten in welcher Reihenfolge in Top Sites angezeigt werden, können Sie selbst festlegen.

Webseiten als Widget

Safari kann Ausschnitte aus beliebigen Webseiten als Widget im Dashboard ablegen. Dabei wird im Widget ein aktueller Ausschnitt der Webseite angezeigt. Mit einem Klick auf das Widget wechseln Sie dann zur Anzeige der vollständigen Seite in Safari. So können Sie sich etwa Teilbereiche von Webseiten merken, ohne den Ausschnitt kopieren oder extra ein Lesezeichen anlegen zu müssen.

Wählen Sie dazu *Ablage > In Dashboard öffnen* und legen Sie den Ausschnitt fest, der als Widget angezeigt werden soll. Klicken Sie nun auf *Hinzufügen*. Lion wechselt zum Dashboard und zeigt den gewünschten Ausschnitt als Widget an. Bei jedem Aufruf des Dashboards wird der Ausschnitt aktualisiert, das Verfahren eignet sich also zum Beispiel für Nachrichtenticker und ähnliche Seiten, deren Inhalte sich rasch ändern.

Anlegen

Kapitel 6: Safari

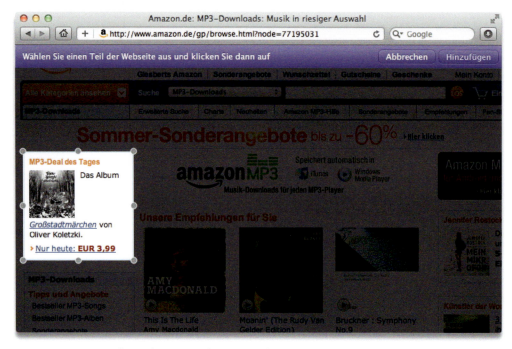

Legen Sie einen Teilbereich einer Webseite (wie hier etwa Amazons täglich wechselndes MP3-Sonderangebot) im Dashboard ab, können Sie die Information im Blick behalten, ohne die Webseite aufrufen zu müssen.

Darstellung Eine Webseite wird wie ein normales Widget in einem Rechteck in einer Glasoptik dargestellt. Das können Sie allerdings ändern: Klicken Sie dazu auf das kleine *i* im Widget und wählen Sie die gewünschte Darstellung, etwa als Zeitungsausriss oder mit Fotoecken.

Das Webwidget kann auf verschiedene Weise im Dashboard dargestellt werden.

Widgets löschen Eine im Dashboard abgelegte Webseite entfernen Sie, wie Sie es von den normalen Widgets gewohnt sind. Klicken Sie auf die Plustaste unten links und anschließend auf das kleine *X*, das links oben am Widget eingeblendet wird.

Erweiterungen

Safari kann zwar eine ganze Menge, aber bei weitem nicht alles, was das Programm leisten könnte. Doch das ist kein Problem, denn über Erweiterungen lassen sich die Fähigkeiten von Safari fast grenzenlos anpassen.

Aktivieren

Bevor Sie Erweiterungen nutzen können, müssen Sie Safari erst für ihren Einsatz vorbereiten. Das erledigen Sie über *Safari > Einstellungen > Erweiterungen*. Dieser Dialog zeigt Ihnen auch, welche Erweiterungen aktuell installiert bzw. aktiv sind. Hier lässt sich jede Erweiterung gezielt deaktivieren oder gleich ganz löschen. Derzeit ist das Verzeichnis natürlich noch leer, aber das können Sie jederzeit ändern.

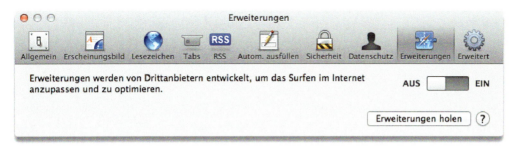

Bevor Safari Erweiterungen akzeptiert, müssen Sie diese Funktion einschalten.

Installieren

Apple bietet eine recht umfangreiche Sammlung an Erweiterungen, die Sie mit *Safari > Safari-Erweiterungen* aufrufen. Alternativ dazu können Sie auch unter *Safari > Einstellungen > Erweiterungen* auf *Erweiterungen holen* klicken.

Safari lädt nun die „Safari Extensions Gallery", wo Erweiterungen vorgestellt werden und auch sofort geladen werden können.

Suchen Sie sich eine Erweiterung aus, die Sie interessiert, und klicken Sie auf *Install now*. Die Erweiterung wird geladen, automatisch installiert und steht sofort zur Verfügung, Sie müssen den Browser also nicht neu starten, um in den Genuss der neuen Möglichkeiten zu kommen.

Andere Quellen

Daneben gibt es zahlreiche Webseiten, auf denen Erweiterungen angeboten werden (suchen Sie im Internet einfach mal nach „Safari Extensions"). Hier handelt es sich meist um Dateien mit der Endung „.safariextz". Um diese Erweiterung zu installieren, klicken Sie sie doppelt an. Safari fragt vor der Installation sicherheitshalber noch einmal nach, klicken Sie in diesem Dialog auf *Installieren,* wird die Erweiterung zu Safari hinzugefügt und automatisch aktiviert.

Kapitel 6: Safari

Bevor Safari eine Erweiterung installiert, die nicht von Apples offizieller Webseite stammt, fragt der Browser noch einmal nach.

Updates Wie andere Programme werden auch Erweiterungen von ihren Entwicklern regelmäßig überarbeitet und aktualisiert. Um das Laden von Updates zu automatisieren, wählen Sie *Safari > Einstellungen > Erweiterungen*. Dort klicken Sie auf *Updates* und aktivieren dann *Updates automatisch installieren*.

Auch die Erweiterungen müssen gelegentlich aktualisiert werden.

> **Risiken & Nebenwirkungen:** So sinnvoll und nützlich die meisten Erweiterungen auch sind – das System ist nicht ohne Probleme. Es sind etwa Erweiterungen denkbar, die sich wie Trojaner oder andere Schadsoftware verhalten. Aus diesem Grund sollten Sie Erweiterungen nur aus vertrauenswürdigen Quellen wie etwa Apples offizieller Galerie installieren.

Sicherheit und Datenschutz

Neben all den schönen Sachen, die Sie im und mit dem Netz erleben können, hält es mitunter auch eher unangenehme Überraschungen bereit: Auch im Internet tummeln sich die bösen Buben, und Sie tun gut daran, sich mit den Einstellungen zur Sicherheit und zum Datenschutz in Safari zu beschäftigen.

Apple möchte es Ihnen am Mac so einfach wie möglich machen und daher jeden überflüssigen Mausklick ersparen. Bei Safari ist man dabei allerdings etwas übers Ziel hinausgeschossen: Denn standardmäßig öffnet Safari Dateien, die vom Programm als „sicher" eingestuft werden, automatisch.

„Sichere Dateien"

So werden etwa ZIP- oder DMG-Dateien automatisch entpackt, PDFs automatisch im Programm Vorschau geöffnet. Das ist im Grunde eine gute Idee, in der Praxis kann dies aber dazu führen, dass unerfahrene Anwender von Trickbetrügern dazu überredet werden, bestimmte Software zu installieren.

Am besten ist es, diese etwas leichtsinnige Hilfestellung Safaris abzulehnen und unter *Safari > Einstellungen > Allgemein* die entsprechende Option *„Sichere" Dateien nach dem Laden öffnen* zu deaktivieren.

Das automatische Öffnen von als „sicher" eingestuften Dateien sollten Sie Safari besser nicht erlauben.

Der Cache ist ein Zwischenspeicher, in dem Safari Daten aus dem Internet lokal ablegt, um sie beim nächsten Aufruf einer Seite schneller zur Hand zu haben. Das ist praktisch, mitunter aber unerwünscht, lässt sich doch aus dem Cache die Surfroute durchs Netz unter Umständen nachvollziehen. Und nicht nur das: Manchmal wird eine Webseite nicht korrekt dargestellt, weil Safari auf die lokal im Cache gespeicherten Daten zugreift, statt die aktuellen Informationen der Webseite zu laden.

Cache leeren

In diesen Fällen sollten Sie den Cache kurzerhand löschen. Das ist glücklicherweise sehr einfach: Wählen Sie dazu *Safari > Cache leeren* und klicken Sie im nächsten Dialog auf *Leeren*.

Cookies Cookies sind kleine Textschnipsel, die eine Webseite auf Ihrem Mac ablegen kann, um Sie beim nächsten Besuch wiederzuerkennen. Das ist sehr praktisch und erwünscht, wenn es sich etwa um ein Internetkaufhaus oder ein Forum handelt, bei dem Sie anhand des Cookies erkannt und eingelassen werden, ohne jedes Mal aufs Neue Ihre Zugangsdaten eingeben zu müssen. Andererseits können Cookies dazu missbraucht werden, um Ihren Weg durchs Netz zu protokollieren.

Es empfiehlt sich, die gespeicherten Cookies regelmäßig zu überprüfen und alle dubiosen Einträge zu löschen. Das erledigen Sie unter *Safari > Einstellungen > Datenschutz*. Hier erfahren Sie, wie viele Webseiten aktuell Cookies auf Ihrem Mac abgelegt haben. Mit *Alle Website-Daten entfernen* löschen Sie sämtliche Cookies, mit *Details* lassen Sie sich eine Liste mit allen gespeicherten Daten anzeigen, in der Sie gezielt Einträge löschen können.

Bei *Cookies blockieren* bleiben Sie am besten bei der Standardeinstellung *Von Dritten oder Werbeanbietern*. Dabei handelt es sich um einen guten Kompromiss aus den beiden Möglichkeiten, Cookies *Immer* bzw. *Nie* zu blockieren.

Ortung Falls Sie mit einem WLAN verbunden sind, kann OS X Ihre geografische Position (genauer: die Ihres Macs) einigermaßen präzise bestimmen (mehr dazu in Kapitel 14). Diese Ortsdaten kann Safari einer Webseite auf Anfrage zur Verfügung stellen. Natürlich nicht einfach so, sondern nur, wenn Sie explizit zustimmen. Wann genau und wie oft Safari Sie in diesem Fall fragen soll, legen Sie unter *Safari > Einstellungen > Datenschutz* fest.

*Das Register **Datenschutz** bietet nicht viele, aber essenzielle Einstellmöglichkeiten.*

Sicherheit Alle Einstellungen zur Sicherheit von Safari nehmen Sie auf der entsprechenden Registerkarte unter *Safari > Einstellungen > Sicherheit* vor.

Um JavaScript oder die Ausführung von Java-Applets zu unterbinden, deaktivieren Sie die entsprechenden Optionen. Hier schalten Sie auch den Pop-Up-Blocker ein oder aus.

Sicherheit und Datenschutz

Wichtig ist auch der Punkt *Vor dem Senden unsicherer Formulare von sicheren Websites nachfragen.*

Mit „sicheren Websites" sind Webseiten gemeint, deren Daten verschlüsselt zum Browser übertragen werden. Sie erkennen eine solche geschützte Verbindung an zwei Dingen: Zum einen an dem „https://" vor der Adresse, zum anderen an dem kleinen Schloß, dass Safari oben rechts in der Titelleiste einblendet. Bei manchen Sites wird zudem der Name der Site in der Adresszeile grün angezeigt.

Eine verschlüsselte Verbindung zwischen Ihrem Browser und einem Server erkennen Sie vor allem an der Protokollangabe „https".

Bei solchen Websites ist der gesamte Datenverkehr zwischen Ihrem Browser und dem Server verschlüsselt – das gilt natürlich besonders für Formulardaten, die Sie an den Server übermitteln (etwa bei der Website Ihrer Bank oder eines Zahlungsanbieters im Internet). Sollte von einer solchen Site unvermittelt ein Formular Daten unverschlüsselt übertragen wollen, ist Vorsicht geboten. In diesem Fall könnten Sie auf einen Betrüger hereingefallen sein, der Ihre Daten abgreifen will. Es kann sich aber genausogut nur um einen Fehler des Serverbetreibers handeln. Im Zweifelsfalle brechen Sie die Datenübertragung ab und fragen beim Anbieter noch einmal nach.

*Auf der Registerkarte **Sicherheit** können Sie verschiedene Sicherheitsfunktionen ein- oder ausschalten.*

Betrügerische Seiten

Der vielleicht wichtigste Eintrag ist der Punkt *Bei betrügerischen Inhalten warnen.* Damit fängt Safari sogenannte „Phishing"-Sites" ab, also Webseiten, die es darauf anlegen, Ihnen Ihre Zugangsdaten zu kennwortgeschützten Seiten abzuluchsen. Es gibt keinen Grund, diese Option auszuschalten.

 Kapitel 6: Safari

Safari kann Sie vor betrügerischen Seiten warnen. Diese Warnungen sollten Sie ernst nehmen und nicht leichtfertig ignorieren.

Vorsicht vor den Kennwortfischern! „Phishing" ist ein Kunstwort aus „Password" und „fishing" und könnte mit „Passwort angeln" übersetzt werden. Beim Phishing werden in betrügerischer Absicht vermeintlich echte Mitteilungen großer Unternehmen wie Ebay, PayPal oder Geldinstituten per E-Mail verschickt, mit dem Ziel, von arglosen Anwendern Kennwörter, Zugangsdaten und ähnliche sensible Daten zu erfahren. Eine typische Phishing-Mail fordert den Empfänger dazu auf, sich umgehend auf einer bestimmten Webseite anzumelden, um Schäden oder finanzielle Verluste zu verhindern. Die verlinkten Webseiten liegen meist auf Servern in eher exotischen Gegenden und überraschen mit mehr oder weniger echt aussehenden Formularseiten. Wer hier seine Daten einträgt, übermittelt sie an die Betrüger, die nun versuchen, aus diesen Daten möglichst schnell Kapital zu schlagen.

Kapitel 7

Mail

Bildnachweis: Apple

Kapitel 7: Mail

Mail

Die elektronische Post ist heute vielfach so selbstverständlich und unverzichtbar wie das Telefon oder SMS. Kein Wunder, dass ein E-Mail-Programm zum Lieferumfang von Lion gehört. Es hört auf den schlichten Namen „Mail".

Ein Überblick   Mail ist ein leistungsfähiges, flexibles, robustes und sehr schnelles Werkzeug. Mail kann problemlos mehrere Accounts und ein paar tausend Mails verwalten, ohne dass Sie Leistungseinbußen wahrnehmen werden. Mail besitzt einen lernfähigen, treffsicheren Spamfilter und ein Filtersystem zur automatischen Sortierung von Post, die in hierarchisch strukturierten Ordnern organisiert werden kann. Intelligente Ordner erlauben die Definition übergreifender Ansichten, und obendrein kann Mail Notizen und RSS-Feeds verwalten (mit dem Thema RSS beschäftigen wir uns in Kapitel 11).

Account einrichten

Bevor Sie mit Mail arbeiten können, müssen Sie es (wie jedes Mailprogramm) einrichten. Konkret bedeutet das: Sie müssen dem Programm sagen, wo es die eintreffende Post findet („Posteingangsserver") und welchen Mailserver es für den Postversand benutzen soll („Postausgangsserver"). In der Mail-Sprache heißt das: Sie müssen einen Account (bzw. ein Postfach, die Nomenklatur geht hier ein wenig durcheinander) einrichten.

Account vs. Postfach
- Ein **Account** bündelt die technischen Daten, die Ihr Mac benötigt, um Kontakt zu einem Server aufzunehmen und dort Ihre Post abzuholen bzw. zu versenden. Die Accountdaten umfassen verschiedene Angaben wie die Adresse des Mailservers, den Typ des Servers (IMAP oder POP3), Ihre E-Mail-Adresse, Ihren Benutzernamen und Ihr Kennwort. Zu einem Account können (je nach Anbieter) auch ein Kalender und ein Adressbuch gehören, deren Informationen ebenfalls mit den entsprechenden Programmen von OS X synchronisiert werden.

- Ein **Postfach** ist dagegen ein Ordner, in dem Sie Mails ablegen. Neben den Ordnern, die Sie selbst anlegen, verfügt ein Account normalerweise über die Standardordner *Eingang* (hier landen alle eintreffenden Mails), *Gesendet* (hier werden die Mails gespeichert, die Sie verschickt haben), *Papierkorb* (ist der Zwischenspeicher für gelöschte Mails) und *Werbung* (hier landen der Mailmüll und andere unerwünschte Post).

Automatisch   Mail fragt Sie beim ersten Start zuerst nach Ihrem Namen und Ihrer E-Mail-Adresse und versucht anschließend, alle benötigten Daten selbst zusammenzutragen. Das funktioniert bei den großen Mailanbietern wie AOL, Google oder Web.de zuverlässig, so dass Sie zur Konfiguration des Accounts keinen Mausklick mehr tun müssen.

Account einrichten

Beim ersten Start von Mail fragt Sie das Programm nach Ihrem Mailaccount und versucht, ihn automatisch einzurichten, was ihm nicht immer, aber oft gelingt.

> **Accounts in den Systemeinstellungen:** Sie können Ihre Accounts auch über die Systemeinstellungen verwalten. Mehr dazu in Kapitel 15.

Wenn Mail Ihren Account nicht automatisch konfigurieren kann, müssen Sie selbst Hand anlegen und die benötigten Angaben manuell eintragen. Dazu benötigen Sie die Angaben zur Art des Posteingangsservers (POP3 oder IMAP), die Adressen des Posteingangs- und des Postausgangsservers und Ihre Zugangsdaten. All dies bekommen Sie von Ihrem Provider, bei dem Sie ein Mailkonto besitzen. **IMAP, POP3, SMTP**

- **POP3** ist die Abkürzung von Post Office Protocol, Version 3. Dabei wird die elektronische Post von einem Mailserver entgegengenommen und in Ihr Postfach auf dem Server geschoben. Aus diesem Postfach holt es Ihr Mailprogramm – hier also: Mail – ab und löscht die Nachrichtendatei auf dem Server. Anschließend liegt die Nachricht nur noch auf Ihrem Computer vor.

- **IMAP** steht für Internet Message Access Protocol. Hier verbleiben die Mails auf dem Server, das Mailprogramm lädt also immer nur eine Kopie des aktuellen Mailbestands. Das hat den großen Vorteil, dass Sie Ihre Mails von verschiedenen Computern aus bearbeiten und verwalten können, da die Mails (anders als bei POP3) nicht vom Server gelöscht und auch auf dem Server in Ordnerstrukturen verwaltet werden.

- **SMTP:** Beim Postausgang geht es einfacher zu. Der Versand der elektronischen Post wird über einen SMTP-Server geregelt (SMTP = Simple Mail Transfer Protocol). Dem übergibt Mail die zu verschickende E-Mail-Nachricht – der SMTP-Server kümmert sich um den Rest.

Sie können beliebig viele Postfächer bzw. Accounts hinzufügen. Dazu rufen Sie entweder den Menüeintrag *Ablage > Account hinzufügen* oder *Mail > Einstellungen > Accounts* auf. **Mehrere Accounts**

Kapitel 7: Mail

Accounts konfigurieren

Ein einmal eingerichteter Account kann jederzeit bearbeitet und konfiguriert werden. In der Regel ist das nicht notwendig, aber es gibt einige Szenarien, in denen Sie mit individuellen Einstellungen besser fahren als mit den Standardvorgaben von Mail.

Einstellungen Sämtliche Anpassungen nehmen Sie unter *Mail > Einstellungen > Accounts* vor. Hier finden Sie für jeden Account drei verschiedene Registerkarten:

- **Accountinformationen:** Hier können Sie den Namen des Accounts oder Ihren Absendernamen ändern. Hier lassen sich auch Tippfehler bei der Mailadresse oder dem Server korrigieren oder ein geändertes Kennwort eintragen.

- **Postfach-Verhalten:** In diesem Register legen Sie unter anderem fest, ob Mail Ihre Notizen im Posteingang zusammen mit neuen Mails anzeigen soll oder wann gelöschte E-Mails automatisch endgültig gelöscht werden (zu Notizen in Mail später mehr).

- **Erweitert:** Auf der dritten und letzten Registerkarte lässt sich ein Account deaktivieren. Danach wird er von Mail ignoriert, aber nicht gelöscht, kann also jederzeit neu aktiviert werden. Nützlich ist auch die Option, einen Account vom automatischen Mailempfang auszuschließen. In diesem Fall prüft Mail erst dann den Posteingang dieses Accounts, wenn Sie das Programm explizit dazu auffordern. So können Sie einen Account, den Sie nicht regelmäßig im Blick behalten wollen, weiter mitführen, ohne von eventuellen neuen Mails abgelenkt zu werden.

Aufbau von Mail

Standardmäßig startet Mail mit zwei Spalten: Links sehen Sie den Inhalt des aktuell ausgewählten Postfachs, rechts im großen Fenster die aktuell ausgewählte Mail. Mit einem Klick auf *Anzeigen* wird zusätzlich eine Spalte mit allen Postfächern eingeblendet.

Die Liste der Mails kann nach verschiedenen Kriterien sortiert werden. Klicken Sie dazu auf die graue Kopfleiste der Spalte, in der standardmäßig *Nach Datum sortieren* steht, und wählen Sie die gewünschte Sortierung aus.

Aufbau von Mail

In der Standardansicht sehen Sie links die Spalte des aktuell gewählten Postfachs, rechts die aktuell gewählte Mail.

Das zwei- bzw. dreispaltige Layout von Mail ist bei Bildschirmgrößen von 20 Zoll und mehr gut lesbar. Auf dem 11-Zoll-Display eines MacBook Air kann sie aber schon ein wenig verschwenderisch mit dem knappen Platz umgehen. Hier empfiehlt es sich, auf die die ältere Ansicht umzuschalten, bei der der Inhalt des Postfachs und die aktuell gewählte Mail nicht neben, sondern untereinander gezeigt werden.

Klassische Ansicht

Um auf diese Darstellung zu wechseln wählen Sie *Mail > Einstellungen > Darstellung* und aktivieren *Klassisches Layout verwenden*.

Bei kleineren Bildschirmen kann die klassische, dreigeteilte Ansicht vorteilhafter sein. Auch hier lässt sich die Postfachleiste ein- und ausblenden.

Kapitel 7: Mail

Favoritenleiste Neben den beiden üblichen Titel- und Symbolleisten kennt Mail auch noch eine Favoritenleiste, über die Sie ein bestimmtes Postfach direkt anspringen können, ohne erst in der Postfachliste danach suchen zu müssen.

Von Haus aus sind dort die Postfächer *Eingang* und *Gesendet* abgelegt. Sie können aber auch eigene Postfächer der Leiste hinzufügen. Wie das geht, erfahren Sie weiter unten.

E-Mails schreiben, empfangen, löschen

Sobald ein Account eingerichtet ist, wird es Zeit für einen kleinen Test. Dazu schicken Sie am besten eine Testmail an sich selbst.

Testmail schreiben

Klicken Sie also in der Symbolleiste auf die Taste *Neue E-Mail* oder drücken Sie ⌘ N. Mail öffnet ein neues, leeres Mailformular. Tragen Sie hier als Empfänger Ihre Mailadresse ein. Falls Sie Ihre Adresse bereits im Adressbuch eingetragen haben (dazu mehr in Kapitel 8), können Sie einfach Ihren Namen tippen. Lion ergänzt den Eintrag automatisch um die Mailadresse, die im Adressbuch hinterlegt ist.

Füllen Sie die Betreffzeile aus, schreiben Sie ein kurzes Memo an sich selbst und schicken Sie die neue Nachricht mit einem Klick auf die Taste mit dem Papierflugzeug auf die Reise.

Klicken Sie nun auf den Eintrag *Gesendet*. Sie sehen Ihre soeben verschickte Mail als Belegkopie.

Die Kopie der gesendeten Mail landet im Postfach **Gesendet**.

Testmail empfangen

Sobald Sie die Mail abgeschickt haben, taucht sie normalerweise auch schon wieder als neue, ungelesene Mail im Postfach *Eingang* auf. Falls das Internet oder Ihr Mailanbieter just im Moment einen kleinen Schluckauf hat, kann sich der Empfang auch verzögern. Klicken Sie dann auf die Taste *Empfangen* in der Symbolleiste.

Signaturen

Nachdem Sie sich so von der generellen Funktionstüchtigkeit Ihrer Konfiguration überzeugt haben, können Sie die Testmails löschen. Klicken Sie dazu auf den entsprechenden Eintrag und befördern Sie die Mail mit einem Klick auf das Papierkorbsymbol oder einem Druck auf die ⌫-Taste in den Papierkorb.

Testmail löschen

Alle Mails, die Sie löschen, landen zuerst im Papierkorb, von wo aus sie wieder zurückgeholt werden können. Möchten Sie die Mails endgültig löschen, so klicken Sie den Eintrag *Papierkorb* in der Postfachliste mit der rechten Maustaste an und wählen *Gelöschte Objekte endgültig löschen*.

Papierkorb löschen

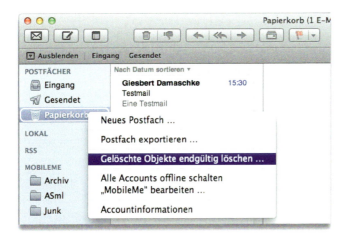

Erst wenn Sie den Papierkorb leeren, werden die gelöschten Mails endgültig gelöscht.

> **Einblenden:** Um den Papierkorb angezeigt zu bekommen, müssen Sie die Postfachliste einblenden.

Sie können das Leeren des Papierkorbs auch Mail überlassen. Das Programm löscht auf Wunsch alle Mails im Papierkorb nach einer bestimmten Zeitspanne. Von Haus aus schmeißt Mail automatisch alles weg, was seit mehr als 30 Tagen im Papierkorb liegt. Um eine andere Zeitspanne zu wählen oder um die automatische Leerung zu deaktivieren, wählen Sie *Mail > Einstellungen > Accounts > Postfach-Verhalten*. Im Abschnitt *Papierkorb* legen Sie nun fest, ob und wann Mail den Papierkorb leeren soll.

Papierkorb automatisch leeren

Signaturen

Es ist im Mailverkehr üblich, seine E-Mails mit einer Signatur zu versehen. Das ist eine Standardformulierung, die automatisch an den Schluss einer E-Mail angehängt wird. Üblicherweise enthält die Signatur den Namen, die Homepage und manchmal auch die Firma des Absenders oder eine Grußformel. Mail kann mit beliebig vielen Signaturen umgehen, die Sie je nach Anlass oder Empfänger Ihrer Mail einsetzen können.

Kapitel 7: Mail

Signatur definieren Um eine Signatur anzulegen, wählen Sie *Mail > Einstellungen > Signaturen*. Wählen Sie hier den Account, dem Sie eine Signatur zuordnen möchten, und klicken Sie auf das Pluszeichen. Geben Sie Ihrer Signatur einen Namen und schreiben Sie den Text der Signatur in das Textfeld.

Unter *Signatur auswählen* legen Sie fest, welche Signatur Mail automatisch einfügen soll. Möchten Sie Signaturen nur ausnahmsweise verwenden, dann wählen Sie hier *Ohne*.

Mail kann beliebig viele Signaturen verwalten und den verschiedenen Accounts zuweisen.

Signatur zuweisen Wenn Sie mit mehreren Accounts arbeiten, können Sie jedem Account ein eigenes Set an Signaturen zuweisen. Möchten Sie ein und dieselbe Signatur mit mehreren Accounts benutzen, müssen Sie diese Signatur nicht mehrfach eingeben. Stattdessen wählen Sie *Alle Signaturen* und ziehen die gewünschte Signatur auf den entsprechenden Account.

Signatur auswählen Bei einer neuen Mail setzt Mail nun automatisch die Signatur in das Mailformular, die Sie in den Einstellungen definiert haben. Falls Sie mehrere Signaturen angelegt haben, können Sie über das Auswahlmenü *Signatur* im Mailformular natürlich auch eine andere (oder keine) Signatur für die aktuelle Mail wählen.

Antworten, Weiterleiten, Konversationen

Die elektronische Post ist natürlich keine Einbahnstraße, sondern sie wird beantwortet oder weitergeleitet, und so entstehen zum Teil umfangreiche Konversationen zwischen Ihnen und Ihren Mailpartnern. Mail nimmt darauf natürlich Rücksicht.

Antworten Bei einer Antwort auf eine Mail gibt es zwei Möglichkeiten. Im einfachsten Fall antworten Sie direkt auf eine Mail, die nur Sie bekommen haben. Bei Mails, die an mehrere Adressaten geschickt wurde, können Sie entweder nur dem Absender oder auch dem Absender und allen anderen Empfänger antworten.

Antworten, Weiterleiten, Konversationen

Das erledigen Sie über die entsprechenden Symbole, die Sie in der Symbolleiste sehen und die auch in jeder Mail eingeblendet werden, sobald Sie mit der Maus auf die Trennlinie zwischen dem Mailkopf und der eigentlichen Mail zeigen.

Eine Mail lässt sich über die entsprechenden Symbole in der Symbolleiste und in der Mail beantworten und weiterleiten.

- **Antwort nur an den Absender:** Klicken Sie auf den einfachen Pfeil nach links.
- **Antwort an alle:** Klicken Sie auf den Doppelpfeil nach links.

Antworten zeigen: Eine Mail, auf die Sie geantwortet haben, wird mit einem kleinen Pfeil links markiert. Ein Klick auf diesen Pfeil öffnet automatisch Ihre Antwort.

Standardmäßig übernimmt Mail den gesamten Text einer Mail, auf die Sie antworten, in Ihre Antwort und markiert ihn als Zitat. Möchten Sie nur einen bestimmten Teil zitieren, so markieren Sie die entsprechende Passage und klicken erst dann auf den Pfeil. Nun wird nur die Markierung als Zitat übernommen. **Zitate**

Keine Zitate: Das Zitatverhalten von Mail können Sie unter *Mail > Einstellungen > Verfassen* steuern und die automatische Übernahme von Zitaten komplett unterbinden.

Möchten Sie eine Mail an einen anderen Empfänger weiterleiten, so klicken Sie dazu in der Symbolleiste auf den Pfeil nach rechts. Dabei übernimmt Mail den kompletten Text inklusive der Angaben wie Absender, Betreff und Datum in ein neues Mailformular. **Weiterleiten**

Bei dieser Form der Weiterleitung werden einige technische Daten, die in einer Mail unsichtbar enthalten sind, ignoriert. Möchten Sie diese ebenfalls mitschicken (etwa zur Fehleranalyse), so wählen Sie *E-Mail > Als Anhang weiterleiten*.

Einen Mailwechsel fasst Mail automatisch zu einer Konversation zusammen. In diesem Fall sehen Sie statt der einzelnen Mails einen einzigen Eintrag in Ihrem Postfach. Eine kleine Ziffer gibt an, wie viele Mails in diesem Eintrag zusammengefasst sind. Klicken Sie diesen Eintrag an, werden alle Mails untereinander in chronologischer Reihenfolge angezeigt. Klicken Sie auf die kleine Ziffer, werden alle Einträge der Konversation angezeigt und Sie können gezielt auf einen bestimmten Beitrag zugreifen. **Konversationen**

Kapitel 7: Mail

Bevorzugen Sie lieber eine chronologische Liste, ohne dass zusammengehörende Mails gruppiert werden, entfernen Sie das Häkchen unter *Darstellung > Nach Konversationen ordnen*.

Zusammenhänge

Bei einer Konversation werden üblicherweise nur Mails angezeigt, die sich im gleichen Postfach befinden. Das ist normalerweise auch sinnvoll, aber es kann durchaus vorkommen, dass zusammengehörige Mails auf verschiedene Ordner verteilt sind. Ihre eigenen Beiträge zu einer Konversation etwa liegen normalerweise im Ordner *Gesendet* und werden bei der Anzeige der Konversation im Postfach scheinbar ignoriert.

Doch keine Sorge. Klicken Sie auf das Symbol mit den gestaffelten Briefumschlägen in der Symbolleiste. Nun werden sämtliche Mails, die zu einer Konversation gehören, angezeigt – ganz gleich, in welchen Postfächern sie liegen.

Notizen in Mail

Bei der täglichen Arbeit mit E-Mails ist es häufig so, dass Sie sich rasch etwas notieren möchten. Nun bietet OS X zwar eine eigene Notizen-App (dazu mehr in Kapitel 10), doch Mail hat hier eine eigene, direkt in Mail integrierte Lösung zu bieten.

Neue Notiz

Möchten Sie eine neue Notiz anlegen, dann klicken Sie in der Symbolleiste auf das entsprechende Symbol. Schreiben Sie, was Sie zu schreiben haben, und schließen Sie den Notizzettel mit einem Klick auf die rote Kugel links oben.

Sobald Sie eine Notiz gespeichert haben, erscheint in der Seitenleiste von Mail unterhalb von *Erinnerungen* der Eintrag *Notizen*, über den Sie sofort Zugriff auf alle Ihre Einträge haben.

In Mail lassen sich problemlos rasch kurze oder auch längere Notizen speichern.

138

Als Standardfont benutzen die Notizen eine etwas dick geratene Schrift, die ein wenig so wirkt, als sei sie mit einem Filzstift geschrieben und die „Marker Felt" heißt. Das gefällt nicht jedem, lässt sich aber ändern.

Formatieren

Rufen Sie *Mail > Einstellungen > Schrift & Farbe* auf. Nun können Sie die gewünschte *Schrift für Notizen* festlegen. Die hier getroffenen Einstellungen werden sofort für alle Notizen (also bisherige und zukünftige) übernommen.

Zudem können Sie innerhalb einer Notiz mit unterschiedlichen Schriften arbeiten. Klicken Sie zur Auswahl einer Schrift auf das entsprechende Symbol – ein *A* – in der Notiz oder wählen Sie *Format >Schriften* einblenden.

> **Weitere Formate:** In einer Notiz steht Ihnen auch das *Format*-Menü von Mail zur Verfügung, über das Sie zum Beispiel auch Listen einfügen oder Text ausrichten können.

Eine Notiz wird von Mail im Prinzip so behandelt wie eine normale E-Mail. Das heißt, Sie können Ihre Notizen um Anhänge erweitern oder auch per E-Mail auf die Reise schicken.

Weiterleiten

Anhänge fügen Sie über das Büroklammersymbol hinzu (oder ziehen die gewünschte Datei einfach in die Notiz). Mit einem Klick auf das Papierflugzeug in der Symbolleiste verwandeln Sie Ihre Notiz in eine Mail. Alternativ dazu können Sie auch auf den Pfeil nach rechts in der Symbolleiste klicken.

Mailformat

Generell gibt es zwei Möglichkeiten, E-Mails zu formatieren:

- **Reiner Text:** Die Mail enthält nur Text, keine Textauszeichnungen wie **fett** oder *kursiv*, keine Farben, keine unterschiedlichen Fons oder Schriftgrößen und auch keine Bilder.

- **Formatierter Text:** Die Mail wird komplett in HTML gestaltet (also in der Sprache, in der auch Webseiten definiert werden). Hier ist im Prinzip alles möglich, was auch auf einer Webseite möglich ist: Farben, Fonts, Formatierungen, Tabellen, Listen, Bilder und so weiter und so fort.

> **Reiner Text vs. Format:** Nicht alle Mailprogramme können mit HTML-Mails umgehen. Wer auf Nummer sicher gehen und dafür sorgen will, dass der Empfänger die Mails korrekt angezeigt bekommt, der wird um die Sparversion „Reiner Text" nicht herumkommen. Andererseits ist der Einsatz formatierter Mails inzwischen so weit verbreitet, dass man damit nur noch selten auf Probleme stößt.

Kapitel 7: Mail

Formatwahl Das generelle Format für neue E-Mails legen Sie unter *Mail > Einstellungen > Verfassen* fest. Öffnen Sie in Mail mit ⌘N oder *Ablage > Neue E-Mail* ein neues, leeres Mailformular, greift Mail auf dieses Standardformat zurück.

Möchten Sie das Format für eine Mail ausnahmsweise einmal wechseln, wählen Sie entweder den Eintrag *Format > In reinen Text umwandeln* bzw. *Format > In formatierten Text umwandeln* oder wechseln mit ⇧⌘T zwischen den beiden unterschiedlichen Einstellungen hin und her.

Falls Sie mit formatiertem Text arbeiten, bietet Ihnen Mail im *Format*-Menü verschiedene Formatierungshilfen an, wie Sie sie vermutlich auch von einer Textverarbeitung her kennen.

> **Format bei Antworten:** Unter *Mail > Einstellungen > Verfassen* legen Sie fest, ob bei einer Antwort auf eine Mail Ihre Mail im Format der Original-E-Mail erstellt oder ob Ihre allgemeine Formatwahl benutzt werden soll.

Vorlagen Die Vorlagen bieten Ihnen rund 30 professionell gestaltete Briefbögen, die Sie für Ihre eigenen Mails benutzen können.

Um mit einer solchen Vorlage zu arbeiten, klicken Sie im Formular einer neuen Mail (⌘N) in der Symbolleiste rechts auf die *Vorlagen*-Schaltfläche und wählen eine Vorlage aus, die Ihnen gefällt.

Mail stellt zahlreiche Vorlagen zur Verfügung, mit deren Hilfe Sie schnell ansprechende Mails gestalten können. Sie können allerdings nicht völlig sicher sein, dass eine so formatierte Mail tatsächlich heil beim Empfänger ankommt.

Dateianhänge

In vielen Vorlagen werden Fotos benutzt, die Sie natürlich durch eigene Bilder ersetzen können. Lassen Sie sich dafür die *Fotoübersicht* anzeigen (entweder durch einen Klick in die Symbolleiste oder über *Fenster > Fotoübersicht*) und ziehen Sie das gewünschte Foto aus der Übersicht auf das Bild in der Vorlage, an dessen Stelle es eingesetzt werden soll. Mail formatiert und skaliert das Bild automatisch und bringt es auf das passende Format. Zudem lässt sich das eingefügte Foto mit der Maus positionieren, über einen kleinen Schieberegler können Sie in das Bild hineinzoomen, um einen bestimmten Ausschnitt zu wählen.

Dateianhänge

Mit einer Mail können Sie nicht nur einfache Texte, sondern über einen Dateianhang auch gleich ein ganzes E-Paket verschicken.

Der einfachste Weg, eine (oder mehrere) Datei(en) per E-Mail weiterzuleiten, besteht darin, die gewünschte Datei in das Mailformular zu ziehen. Wenn Sie die Dateien momentan nicht griffbereit haben, können Sie über die Büroklammer ein Finderfenster öffnen und die gesuchten Dateien von dort einfügen.

Dateien anhängen

Dabei werden Bilder und Dokumente direkt in der Mail angezeigt, andere Dateien, mit denen Mail von Haus aus nichts anfangen kann (etwa Zip-Archive) werden durch ein Dateisymbol dargestellt. Die automatische Vorschau von Bildern und Dokumenten ist zwar einerseits praktisch, braucht aber andererseits mitunter sehr viel Platz auf dem Bildschirm. Möchten Sie dies vermeiden, klicken Sie die Dateivorschau an und wählen Sie *Als Symbol anzeigen*.

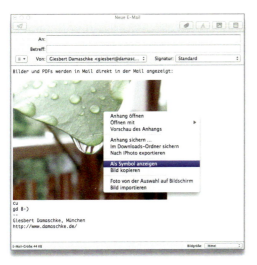 

Angehängte Bilder werden normalerweise direkt angezeigt, das lässt sich allerdings auch abstellen.

Kapitel 7: Mail

> **Bildgröße:** Mail kann Bilder auf Wunsch verkleinern und so den Versand per Mail erleichtern. Wählen Sie die gewünschte Größe über die Taste *Bildgröße* rechts unten.

Anhänge öffnen/sichern Einen Dateianhang können Sie entweder direkt von Mail aus öffnen bzw. an das geeignete Programm übergeben oder auf die Festplatte sichern.

- **Öffnen:** Doppelklicken Sie auf den Anhang.
- **Sichern:** Klicken Sie mit der rechten Maustaste auf den Dateianhang und wählen Sie *Anhang sichern*. Wenn eine Mail mehrere Dateianhänge hat, klicken Sie zuerst oben rechts auf *Details* (das nach dem Klick zu *Ausblenden* wird). Es wird nun die Taste *Sichern* eingeblendet, über die Sie alle Anhänge in einem Rutsch speichern können.

*Die Taste **Sichern** wird erst angezeigt, wenn Sie die Details einer Mail einblenden.*

> **Erst Sichern, dann öffnen:** Sobald Sie in Mail eine Datei öffnen, landet diese als geschützte Datei im Ordner *Library > Mail Downloads* innerhalb Ihres Benutzerordners. Dieser Ordner ist von Haus aus versteckt. Im Laufe der Zeit sammeln sich hier nicht nur jede Menge Dateien, sondern unter Umständen auch sensible Daten an. Daher empfiehlt es sich, Dateianhänge zuerst im Ordner *Downloads* zu sichern, bevor man sie öffnet. Wie Sie die Library sichtbar machen können, erfahren Sie in Kapitel 16.

Anhänge löschen Alle Dateianhänge sind Bestandteil der Maildatenbank und werden etwa bei Backups zusammen mit Ihren Mails gesichert. Das ist natürlich sinnvoll, aber nicht immer notwendig. Vielfach werden Anhänge ohnehin auf der Festplatte gespeichert und in anderen Programmen weiterbearbeitet, oft sind Anhänge auch nur vorübergehend wichtig. In diesen Fällen gibt es eigentlich keinen Grund, die Maildatenbank mit diesem Byteballast zu verstopfen. Da trifft es sich gut, dass Mail die Möglichkeit bietet, einen Anhang einer Mail zu löschen, die Mail selbst aber weiterhin zu behalten.

Klicken Sie dazu die entsprechende Mail an und wählen Sie *E-Mail > Anhänge entfernen*. Der Anhang wird aus der Mail gelöscht und durch einen entsprechenden Hinweis ersetzt: „[Der Anhang {Dateiname} wurde manuell entfernt]".

Mails markieren

Mails markieren

Manche Mails sind wichtiger als andere und man möchte sie jederzeit schnell zur Hand haben, ohne erst umständlich nach ihnen suchen zu müssen.

Etiketten

In diesem Fall können Sie eine Mail mit einem kleinen Fähnchen bzw. Etikett versehen. Dazu genügt ein Klick auf das Fähnchen in der Symbolleiste. Sobald Sie eine Mail auf diese Art markiert haben, taucht in der Seitenleiste von Mail der Eintrag *Erinnerungen* mit dem Postfach *Markiert* auf. Hier werden alle markierten Mails automatisch zusammengefasst und stehen so schnell auf Mausklick zur Verfügung.

Um ein Etikett wieder zu löschen, wählen Sie die entsprechende(n) Mail(s) aus, klicken auf den Pfeil neben dem Fähnchensymbol und wählen hier *Etikett löschen*.

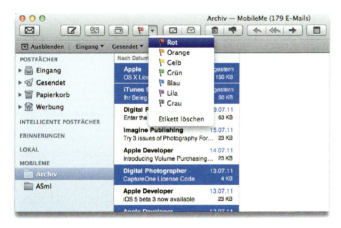

Mails lassen sich mit farbigen Fähnchen markieren und so schnell wiederfinden.

Farben

Es stehen Ihnen zur Markierung sieben verschiedene Farben zur Verfügung. So können Sie etwa Mails von Projekt A und Projekt B markieren, ohne dass diese Mails im Postfach *Markiert* durcheinandergewürfelt werden.

Solange Sie mit einer Farbe arbeiten, zeigt Mail Ihnen in der Seitenleiste nur den Eintrag *Markiert*. Sobald Sie allerdings mehr Farben einsetzen, gibt es dort Unterordner, die den Namen der jeweiligen Farbe tragen. Das ist mitunter nicht wirklich hilfreich. Um den Farbnamen in eine passende Bezeichnung zu ändern, klicken Sie ihn in der Seitenleiste doppelt an.

Sobald Sie mit mehr als einer farbigen Markierung arbeiten, können Sie eigene Namen für die Markierungen vergeben.

143

Kapitel 7: Mail

Postfächer

Um für mehr Übersicht und Ordnung in Ihrem Mailwechsel zu sorgen, können Sie eigene Ordner, oder, wie es bei Mail heißt, eigene Postfächer anlegen und Mails in diese Postfächer sortieren.

Neues Postfach Ein neues Postfach legen Sie entweder über *Postfach > Neues Postfach* oder durch einen Klick auf das kleine Pluszeichen links unten an.

Postfächer lassen sich zudem verschachteln, womit sich auch komplexere Ordnungsstrukturen realisieren lassen. Allerdings tendieren diese Strukturen dazu, sehr schnell sehr unübersichtlich zu werden. Halten Sie sich am besten an die bewährte Faustregel, so viele Ordner wie nötig und so wenige wie möglich zu benutzen.

Mails bewegen Am schnellsten bewegen Sie eine Mail in ein bestimmtes Postfach, indem Sie die Mail mit der Maus in das gewünschte Postfach ziehen. Das kann bei mehreren Mails allerdings etwas mühselig werden. In diesem Fall markieren Sie zuerst die Mails, die Sie verschieben möchten und wählen anschließend *E-Mail > Bewegen in*, wo Sie das gewünschte Ziel anklicken.

Mails kopieren Halten Sie beim Verschieben einer Mail die ⌥-Taste gedrückt, wird der Mauszeiger um ein Pluszeichen erweitert. In diesem Fall wird die Mail nicht verschoben, sondern kopiert, ist anschließend also doppelt vorhanden. Über das Menü kopieren Sie Mails mit *E-Mail > Kopieren in*.

Archiv Mail bringt von Haus aus bereits das Postfach *Archiv* mit, in das Sie Mails verschieben können, die Sie nicht löschen, aber auch nicht mehr im Posteingang behalten wollen. Dieses Postfach wird bei Bedarf angelegt. Markieren Sie dazu die Mails, die Sie archivieren möchten, und wählen Sie *E-Mail > Archivieren*.

Regeln

Möchten Sie, dass Mails bereits beim Eintreffen automatisch in ein bestimmtes Postfach verschoben werden oder zum Beispiel farblich markiert werden sollen, so erstellen Sie eine Regel (etwa: „Wenn der Absender ‚Steve Jobs' heißt, dann markiere die Mail rot und verschiebe sie in das Postfach ‚Apple'"). Mail überprüft bei jeder eintreffenden Mail, ob sie diese Regel erfüllt. Falls dies der Fall ist, führt Mail die Aktionen aus, die Sie in der Regel definiert haben.

Neue Regeln Eine Regel erstellen Sie unter *Einstellungen > Regeln*. Hier finden Sie von Haus aus eine Regel namens „Neuigkeiten von Apple", die dafür sorgt, dass Mails von Apple farblich markiert werden. Werfen Sie einmal mit einem Klick auf *Bearbeiten* einen Blick in diese Regel: Als Bedingungen werden die (vielen) unterschiedlichen Absender genannt, die eine Mail von Apple haben kann. Wenn eine der genannten Bedingungen erfüllt ist (also eine eintreffende Mail von einem der angeführten Absender stammt), dann werden zwei Aktionen ausgelöst:

Regeln

- Die Mail wird farblich markiert.
- Die Überprüfung der Regeln wird abgebrochen.

Die zweite Aktion verhindert, dass die Mail unter Umständen durch eine andere Regel noch verändert, also zum Beispiel in einen anderen Ordner verschoben wird. Außerdem spart sie Zeit, da die restlichen definierten Regeln nicht mehr überprüft werden müssen. Es ist eine gute Idee, diese Aktion auch an den Schluss eigener Regeln zu setzen, da der Fall, dass eine Mail gleich zwei oder drei Regeln erfüllt, in der Praxis fast nie eintritt.

In den Regeln definieren Aktionen, die ausgeführt werden, sobald eine Mail bestimmte Bedingungen erfüllt.

Regeln anwenden Eine neu definierte Regel greift bei jeder neu eintreffenden Mail. Doch was ist mit den Mails, die sich bereits im Posteingang befinden und die Sie ebenfalls mit Ihren Regeln aufräumen möchten?

Kein Problem: Wechseln Sie in den Posteingang, markieren Sie sämtliche Mails mit ⌘ A und wählen Sie *E-Mail > Regeln anwenden*. Mail überprüft nun der Reihe nach alle markierten Mails und wendet gegebenenfalls die definierten Regeln an.

Reihenfolge Mail arbeitet die Regeln in der Reihenfolge ab, in der sie unter *Mail > Einstellungen > Regeln* aufgeführt sind. Bei sehr vielen Regeln kann es sinnvoll sein, besonders häufig angewandte Regeln an den Anfang der Liste zu setzen, damit Mail keine Rechenzeit mit der Überprüfung nicht anwendbarer Regeln verliert.

Die Reihenfolge der Regeln legen Sie mit der Maus fest, indem Sie eine Regel an die gewünschte Position ziehen.

Kapitel 7: Mail

Suchen

Postfächer hin, Regeln her – es hilft alles nichts: Je größer der Mailbestand wird, desto schwieriger wird es, eine ganz bestimmte Mail wiederzufinden.

Hier greift die Suchfunktion von Mail, die Ihr komplettes Mailarchiv oder auch nur ein bestimmtes Postfach durchstöbern kann.

Dazu geben Sie im Suchfeld oben rechts den gesuchten Begriff ein. Schon nach den ersten Buchstaben macht Mail Ihnen aufgrund des Mailbestands Vorschläge, die Sie mit einem Mausklick übernehmen können. Einem Suchbegriff ordnet Mail automatisch eine Kategorie zu, auf die er sich bezieht (etwa: *Betreff* oder *Absender*), mit einem Klick auf diese Kategorie kann da Suchspektrum geändert werden. Es ist auch möglich, zwei oder drei Suchbegriffe miteinander zu verknüpfen. In der Favoritenleiste können Sie zudem festlegen, in welchen Postfächern Mail suchen soll.

Die Suchfunktion von Mail durchstöbert blitzschnell den gesamten Mailbestand.

Wie beim Finder kann auch in Mail jede Suchabfrage als intelligenter Ordner gespeichert werden, der hier natürlich „intelligentes Postfach" heißt.

Die intelligente Postablage

Bei einem „intelligenten Postfach" handelt es sich – ähnlich wie bei den intelligenten Ordnern im Finder – um gespeicherte Suchabfragen, die von Mail automatisch aktuell gehalten werden.

Da diese Postfächer lediglich Verweise auf und nicht die Mail selbst enthalten, ist es möglich, dass eine Mail in beliebig vielen intelligenten Postfächern aufgeführt wird. Intelligente Postfächer können auch problemlos gelöscht werden, ohne dass eine Mail verlorengeht. Sie eignen sich daher gut für Ordnungsstrukturen, die nur vorübergehend benötigt werden, etwa für den Mailwechsel rund um ein aktuelles Projekt.

Sie legen eine solche Suchanfrage mit *Postfach > Neues intelligentes Postfach* an (alternativ dazu können Sie auch auf die Plustaste unten links klicken), definieren die Bedingungen, und Mail kümmert sich um den Rest. Standardmäßig filtert Mail nur Mails, die Sie empfangen haben und die sich nicht im Papierkorb befinden. Durch die beiden entsprechenden Optionen können Sie auch den *Papierkorb* und das Postfach *Gesendet* miteinbeziehen und so den kompletten Mailbestand filtern.

Die automatische Müllabfuhr

Wie Sie intelligente Postfächer einsetzen, hängt sehr stark von Ihren individuellen Anforderungen ab. Einige Beispiele sollen Ihnen ein Gespür dafür vermitteln, wie Ihnen diese Postfächer beim Umgang mit Mail helfen können:

Beispiele

- **Ungelesene Mails:** Definieren Sie als Bedingung *E-Mail ist ungelesen*. Das Postfach sammelt sofort und vollautomatisch sämtliche ungelesene Mails, ganz gleich, in welchem Postfach sie sich befinden. Haben Sie viele Newsletter oder ähnliches abonniert, kann es sich empfehlen, diese Postfächer aus der Anzeige im intelligenten Postfach gezielt auszublenden. Fügen Sie dazu die Bedingung *E-Mail ist nicht im Postfach …* hinzu.

- **Aktuelle Mails:** Ein intelligentes Postfach eignet sich auch sehr gut dazu, erst kürzlich eingetroffene Mails zu sammeln, um so rasch einen Überblick über die Korrespondenz der letzten zwei oder drei Tage zu haben. Einen solchen Ordner „Gestern und heute" (oder wie immer Sie ihn nennen möchten) erzeugen Sie mit der Bedingung *Empfangen vor weniger als 2 Tagen*.

- **Anhänge:** Eine einfache, aber wirkungsvolle Bedingung ist auch *Enthält Anhänge*. Ein solches Postfach gibt Ihnen immer einen aktuellen Überblick über sämtliche Mails, die einen Dateianhang besitzen. So finden Sie unter Umständen ein wichtiges Dokument, das Sie per Mail bekommen haben rasch wieder, können aber auch überflüssige Anhänge löschen, um Platz auf der Platte zu sparen.

- **Adressbuch:** Wirkungsvoll und vielfach nützlich ist auch die Kombination mit dem Adressbuch. Arbeiten Sie zum Beispiel mit verschiedenen Personen gemeinsam an einem Projekt, fügen Sie deren Adressen im Adressbuch zu einer Gruppe „Projekt X" zusammen. Anschließend können Sie über die Bedingung *Absender ist Mitglied der Gruppe „Projekt X"* ein intelligentes Postfach anlegen, in dem sämtliche Mails dieser Personen angeführt werden. (Wie Sie im Adressbuch Gruppen anlegen, erfahren Sie in Kapitel 8.)

- **Archiv:** Definieren Sie als Bedingung ein Anfangs- und Enddatum, so können Sie sämtliche Mails eines bestimmten Zeitraums bequem zusammenfassen. Mit *Empfangen nach dem 01.05.2011* und *Empfangen vor dem 01.06.2011* filtern Sie etwa alle Mails vom Mai 2011 aus Ihrem Mailbestand.

Die automatische Müllabfuhr

Der große Erfolg der elektronischen Post hat auch seine Schattenseiten: Spam. Das ist einerseits ein eingetragenes Markenzeichen für Dosenfleisch der Firma Hormel, aber auch der Name eines Sketches der britischen Komikertruppe Monty Python. Dort sorgt eine Horde Wikinger durch den Abgesang von „Spam, Spam, Spam, lovely Spam, wonderful Spam …" dafür, dass jedes Gespräch unmöglich wird: Man wird von den Wikingern „zugespammt".

Kapitel 7: Mail

In diesem übertragenen Sinne sorgt unerwünschte Post im Übermaß dafür, dass die erwünschten Nachrichten im Datenmüll versinken. Zwischen all der Werbung für dubiose Produkte, den obskuren Jobangeboten und angeblichen Gewinnbenachrichtigungen kann eine wichtige Nachricht schon einmal übersehen oder gar versehentlich gelöscht werden.

Übung macht den Meister Den größten Teil des Mailmülls werden Sie gar nicht zu Gesicht bekommen, darum kümmert sich in der Regel Ihr Mailanbieter. Doch ganz gleich wie gut Ihr Provider Spam aussortiert – es wird immer noch ein wenig bis zu Ihnen durchsickern. Aber keine Sorge, um diesen Rest kümmert sich der Spamfilter von Mail. Dabei handelt es sich um einen Filter, der im Laufe der Zeit lernt, welche Mails für Sie erwünscht und welche unerwünscht sind.

Dazu ist es zwar notwendig, dass Sie anfangs manche Mails explizit als „unerwünscht" bzw. als „erwünscht" einstufen, aber Mail lernt schnell, und schon nach wenigen Tagen erreicht der Spamfilter eine so hohe Treffsicherheit, dass Sie sich auf seine Arbeit verlassen können.

Filteraktionen Der Werbefilter von Mail ist standardmäßig aktiv. Sollte das bei Ihnen nicht der Fall sein, können Sie ihn über *Mail > Einstellungen > Werbung* einschalten.

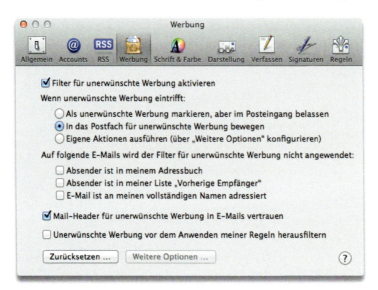

Der Werbefilter in Mail ist lernfähig, muss aber ein wenig trainiert werden, bevor er zuverlässig greift.

 Solange Mail noch im Lernmodus ist, werden echte oder vermeintliche Werbemails braun markiert, verbleiben aber im Posteingang. Wenn Mail eine Spammail nicht erkennt, markieren Sie diese Mail und klicken in der Symbolleiste auf die Taste mit dem Daumen nach unten. Entsprechend können Sie Mails, die das Programm fälschlich für Spam hält, mit dem Daumen nach oben als reguläre Mail ausweisen.

Die automatische Müllabfuhr

Mit jeder Einstufung, die Sie vornehmen, lernt Mail dazu. Sobald Mail genügend Daten beisammen hat, um mit hoher Treffsicherheit aktiv zu werden, fragt es nach, ob es Mails in Zukunft automatisch in das Postfach *Werbung* verschieben soll.

> **Auch Nichtstun wird gelernt!** Mail lernt auch dann, wenn Sie nichts tun, also eine Nachricht als legitim akzeptieren, obwohl es sich um Spam handelt. Sie sollten eine Spammail also nicht einfach löschen, sondern immer erst als Spam markieren, damit Mail nicht auf dumme Gedanken kommt.

Weg damit

Überprüfen Sie regelmäßig das Postfach *Werbung*, um Mails automatische Sortierung unter Umständen zu verfeinern oder zu korrigieren. Außerdem sollten Sie dieses Postfach regelmäßig leeren, schließlich handelt es sich um Mailmüll, den Sie nicht aufheben müssen. Das geht am einfachsten, indem Sie in der Seitenleiste unten auf das Werkzeug-Symbol klicken (ein Zahnrad) und den Eintrag *Unerwünschte Werbung löschen* wählen.

Der Mailmüll landet in einem eigenen Postfach, das regelmäßig geleert werden sollte.

Alles auf Anfang

Wenn Sie das Gefühl haben, dass der Werbefilter unzuverlässig arbeitet, dann ist vermutlich die Datenbank mit unsinnigen Daten verstopft. Denn viele Spammails dienen heute gar nicht dem Verkauf eines konkreten Produktes, sondern sollen vor allem die Filter durch Überlastung aus dem Verkehr ziehen. Das ist ärgerlich, hat aber auch eine positive Seite: Die Art und Weise, wie sich die Spammerbanden wehren zeigt, dass die Filter funktionieren.

Sollte der Werbefilter also einmal nicht so arbeiten, wie Sie sich das gedacht haben, dann hilft es, einfach von vorn anzufangen. Wählen Sie dazu *Mail > Einstellungen > Werbung* und klicken Sie auf *Zurücksetzen*.

Kapitel 7: Mail

Mails exportieren und importieren

Manchmal müssen Mails oder auch ganze Postfächer von einem Mailprogramm zu einem anderen bewegt werden. Das geht so:

- **Mails exportieren:** Ziehen Sie die Mail auf den Schreibtisch. Dort wird sie als EML-Datei abgelegt. EML ist ein standardisiertes Format für E-Mails, das sich mit jedem Editor öffnen lässt und von vielen Mailprogrammen importiert werden kann.

- **Postfächer exportieren:** Möchten Sie nicht nur einzelne Mails, sondern komplette Postfächer inklusive aller Unterordner exportieren, so markieren Sie das Postfach in der Seitenleiste und wählen *Postfach > Postfach exportieren*.

- **Einzelne Mails importieren:** Öffnen Sie die Mail per Doppelklick und wählen Sie anschließend *E-Mail > Bewegen in*.

- **Postfächer importieren:** Wählen Sie dazu *Ablage > Postfächer importieren* und anschließend das passende Programm bzw. Format aus. Anschließend befinden sich die Mails im Ordner *Importiert*.

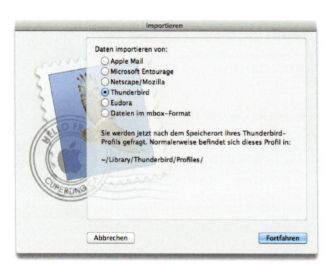

Die Importfunktion von Mail ist besonders praktisch, wenn Sie von einem anderen System zu OS X und Mail wechseln.

Kapitel 8

Adressbuch

Bildnachweis: Apple

Kapitel 8: Adressbuch

Das Adressbuch

 Das Adressbuch dient, richtig geraten, der Verwaltung Ihrer Adressen und Kontaktdaten. Wie andere Programme dieser Art setzt auch das Adressbuch virtuelle Visitenkarten ein, deren Felder Sie nach Bedarf ausfüllen.

Fenster Das Adressbuch imitiert ein richtiges Adressbuch aus Papier: mit Seiten, die umgeblättert werden, einem soliden Einband und Lesezeichen. Damit bricht das Adressbuch mit allen Designregeln von OS X, aber anscheinend war Apple dies an dieser Stelle nicht so wichtig.

Auch wenn es völlig anders aussieht als andere Fenster unter OS X lässt sich das Adressbuch doch auch skalieren, indem Sie es am Rand oder an den Ecken mit der Maus anfassen und vergrößern bzw. verkleinern.

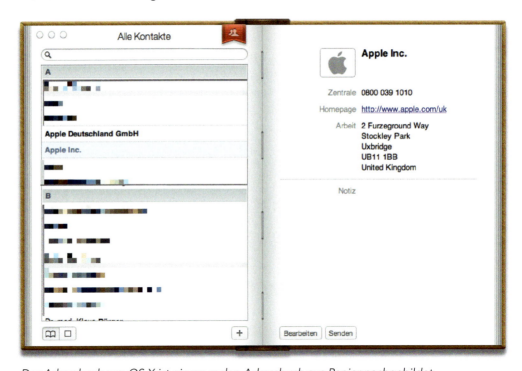

Das Adressbuch von OS X ist einem realen Adressbuch aus Papier nachgebildet.

Allerdings gibt es keine Titel- oder Statusleiste – und damit scheinbar nicht die Möglichkeit, das Fenster über den Bildschirm zu bewegen. Doch auch das täuscht: Klicken Sie einfach in eine leere Stelle in das Fenster und schieben Sie das Adressbuch an die gewünschte Position.

Gruppen/Listen Das schicke, rote Lesezeichen ist kein bloßer Schmuck, sondern schaltet zwischen den beiden Standardansichten des Adressbuches hin und her.

Das Adressbuch

Zeigt das Lesezeichen eine symbolisierte Person, führt Sie ein Klick auf das Zeichen zur Listenansicht. Sind zwei Personen zu erkennen, gelangen Sie entsprechend zur Gruppenansicht.

In der Gruppenansicht haben Sie gezielten Zugriff auf die Mitglieder verschiedener Gruppen.

- In der **Gruppenansicht** steht auf der linken Seite die Liste der verschiedenen Gruppen, auf der rechten eine Liste mit den Kontakten in dieser Gruppe.
- In der **Listenansicht** sehen Sie auf der linken Seite die alphabetische Liste aller Einträge der aktuellen Gruppe (wenn Sie keine Gruppe angelegt haben, ist dies die Gruppe *Alle Kontakte*), auf der rechten die Visitenkarte des aktuell gewählten Eintrags.

Außerdem bietet das Adressbuch noch eine Visitenkartenansicht, bei der, wie der Name schon sagt, lediglich die aktuell gewählte Visitenkarte angezeigt wird. Über zwei Pfeiltasten unten rechts können Sie dann durch die Einträge in Ihrem Adressbuch blättern

Visitenkarte

Zu dieser Ansicht wechseln Sie entweder über *Darstellung > Nur Visitenkarte* oder durch einen Klick auf die Taste mit dem rechteckigen Symbol unten links. Um von der Visitenkarten- wieder zur Buchansicht zu gelangen, klicken Sie entsprechend auf das Buchsymbol unten links oder wählen *Darstellung > Liste und Visitenkarten*.

Kapitel 8: Adressbuch

Die Visitenkartenansicht ist eine platzsparende Möglichkeit, Adressen griffbereit zu haben.

Kontakte

Einen neuen Kontakt nehmen Sie in einer neuen Visitenkarte auf. Das entsprechende Formular wird angezeigt, wenn Sie auf das Pluszeichen unten klicken. Alternativ dazu können Sie auch jederzeit *Ablage > Neue Visitenkarte* wählen oder einfach ⌘N drücken.

> **Ihre Visitenkarte:** Sie sollten auch für sich selbst eine Visitenkarte im Adressbuch anlegen und möglichst vollständig ausfüllen. Denn auf die Daten dieses Eintrags können andere Programme zugreifen und Ihnen zum Beispiel so dabei helfen, Formulare automatisch auszufüllen. Lassen Sie sich dazu Ihre Visitenkarte anzeigen und wählen Sie *Visitenkarte > Das ist meine Visitenkarte*. Der Eintrag, der als eigene Visitenkarte markiert wurde, wird im Adressbuch durch eine stilisierte Person gekennzeichnet.

Felder Standardmäßig zeigt Ihnen das Adressbuch auf einer neuen Visitenkarte nur eine Handvoll Felder, in die Sie die Kontaktdaten eintragen können. Zum Beispiel zwei Felder für Telefonnummern (*Arbeit* und *Mobil*) und ein Feld für eine E-Mail-Adresse (*Arbeit*).

Das ist nicht gerade üppig, doch keine Sorge, Sie können hier praktisch beliebig viele Felder für beliebig viele Informationen einfügen.

Ihre eigene Visitenkarte wird in der Übersicht mit einem kleinen Personensymbol gekennzeichnet.

154

Kontakte

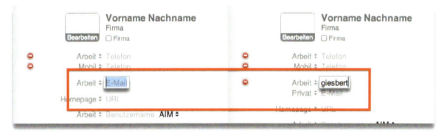

Sobald Sie ein Feld ausfüllen, wird automatisch ein weiteres Feld gleichen Typs (hier: E-Mail) eingefügt.

Geben Sie zum Beispiel eine E-Mail-Adresse ein, werden Sie bemerken, dass automatisch ein neues Feld für eine weitere Mailadresse eingefügt wird. Das gilt für alle Felder, bei denen es mehr als einen Eintrag geben kann. Also für Telefon, E-Mail, Adressen oder Webseiten, aber natürlich nicht für den Geburtstag.

Über das rote Minuszeichen lassen sich Felder aus einer Visitenkarte entfernen, was bei der Neuanlage eines Kontakts allerdings unnötig ist, zeigt die Visitenkarte doch nach dem Speichern nur die Felder an, die einen Inhalt haben.

Zudem können Sie über *Visitenkarte > Feld hinzufügen* die Visitenkarte um zusätzliche Felder ergänzen, die standardmäßig nicht angezeigt werden. Diese Einstellungen gelten allerdings nur für die aktuelle Visitenkarte. Möchten Sie das Standardformular immer um bestimmte Einträge erweitern, müssen Sie die Vorlage bearbeiten (dazu gleich mehr).

Jede Visitenkarte kann um zahlreiche Felder in beliebiger Zahl erweitert werden.

Kapitel 8: Adressbuch

Etiketten Auch die Beschriftung der Felder – die bei Apple „Etiketten" heißen – können Sie ändern. Klicken Sie ein Etikett an, erscheint eine Liste mit möglichen Beschriftungen. Wenn in der Liste nichts Passendes dabei ist, können Sie natürlich auch eigene Etiketten definieren. Auch diese Ergänzungen gelten nur für die aktuelle Visitenkarte. Möchten Sie eigene Etiketten als Standard definieren, erledigen Sie dies ebenfalls über die Vorlage.

Um individuelle Einträge zu erfassen, lassen sich auch eigene Etiketten definieren.

Vorlage Welche Felder Ihnen das Formular für eine neue Visitenkarte standardmäßig anbietet, wird in einer Vorlage definiert, die Sie Ihren Wünschen anpassen können. Wählen Sie dazu *Adressbuch > Einstellungen >Vorlage*.

Dort können Sie nun neue Felder hinzufügen, bestehende Felder entfernen und auch eigene Etiketten definieren, die Ihnen dann bei jeder Visitenkarte zur Verfügung stehen.

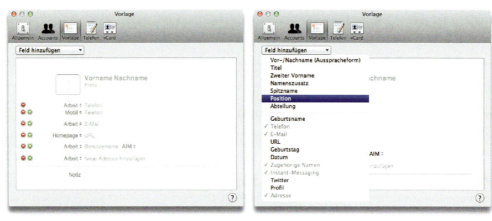

Welche Felder und Etiketten Ihnen das Adressbuch standardmäßig anbietet, legen Sie in den Einstellungen fest.

Fotos Das Adressbuch bietet die Möglichkeit, nicht nur die üblichen Kontaktdaten, sondern auch ein Foto zu integrieren. Klicken Sie dazu doppelt auf den Platzhalter für das Foto. Nun können Sie mit *Auswählen* ein Foto von der Festplatte laden oder nach einem Klick auf das Kamerasymbol ein neues Fotos aufnehmen.

Das Foto lässt sich skalieren und so ein Ausschnitt bestimmen. Über einen Klick auf das Symbol rechts neben dem Kamerasymbol rufen Sie ein paar lustige Verfremdungsfilter auf. Halten Sie die alt -Taste gedrückt, lässt sich das Foto zudem mit der Maus drehen.

Kontakte

 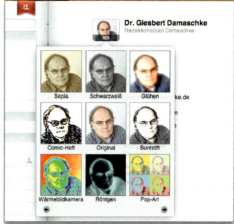

Das Foto in einer Visitenkarte lässt sich mehr oder weniger amüsant verfremden.

Standardmäßig werden die Kontakte alphabetisch nach dem Nachnamen der Einträge sortiert, wobei die Namen nach dem Muster „Vorname **Nachname**" angezeigt werden. Bevorzugen Sie das Format „**Nachname**, Vorname" oder möchten Sie die Adressen nach dem Vornamen sortieren, können Sie dies unter *Adressbuch > Einstellungen > Allgemein* ändern.

Sortierung

Soll ein Kontakt nicht unter seinem Namen, sondern unter der Firma einsortiert werden, so klicken Sie auf *Firma*.

 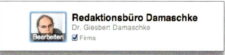

Die Kontakte werden standardmäßig unter dem Personennamen eingetragen, lassen sich aber auch nach Firmennamen sortieren.

Möchten Sie nur für bestimmte Visitenkarten die Anzeige oder Sortierung ändern, so markieren Sie die entsprechenden Einträge und legen im Menü *Visitenkarte* die gewünschte Ordnung fest.

Eine Visitenkarte kann jederzeit um weitere Felder ergänzt, Fehler können korrigiert und überflüssige Einträge gelöscht werden. Lassen Sie sich dazu die entsprechende Visitenkarte anzeigen und klicken Sie auf *Bearbeiten*.

Bearbeiten, löschen

Soll nur das Foto geändert oder eine Notiz eingetragen werden, genügt auch ein Doppelklick auf das Foto bzw. in das Notizfeld, ein Klick auf *Bearbeiten* ist hier unnötig.

Um eine Visitenkarte zu löschen, wählen Sie sie aus und drücken die ⌫-Taste. Nach einer Rückfrage wird die Karte entfernt.

Kapitel 8: Adressbuch

Gruppen

Eine Gruppe kann beliebig viele Visitenkarten Ihrer Kontakte enthalten und dafür sorgen, dass Sie mit wenigen Mausklicks genau die Kontakte sehen, die Sie aktuell benötigen, also zum Beispiel Ihre Arbeitskollegen, Kunden, Dienstleister oder Ihre Familie. Gruppen dienen nicht nur als Filter bei der Anzeige der Kontakte, sondern sie können zum Beispiel auch als Verteileradresse in Mail benutzt werden. Eine Visitenkarte kann beliebig vielen Gruppen hinzugefügt werden.

> **Verweise:** Gruppen enthalten Einträge nur als Verweis auf die entsprechenden Visitenkarten. Sie können Einträge in Gruppen also problemlos löschen, ohne Gefahr zu laufen, die dazugehörige Visitenkarte zu verlieren.

Neue Gruppe

Um Ihre Kontakte in Gruppen zu ordnen, wechseln Sie zuerst zur Gruppenansicht und klicken unten links auf das Pluszeichen. Es wird eine leere Gruppe *Neue Gruppe* hinzugefügt, die Sie passend benennen. Klicken Sie anschließend auf *Alle Kontakte* und ziehen Sie die Gruppenteilnehmer mit der Maus auf den Eintrag der neuen Gruppe.

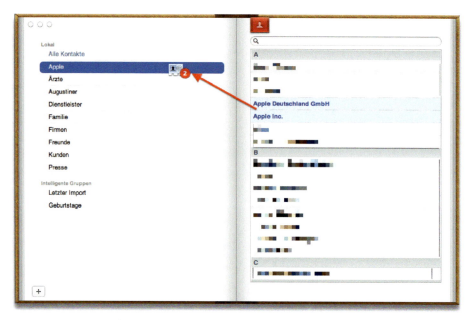

Neue Gruppenmitglieder werden mit der Maus per Drag & Drop hinzugefügt.

> **Gruppe aus Kontakten:** Es ist auch möglich, mit gehaltener ⌘-Taste die gewünschten Visitenkarten in *Alle Kontakte* zu markieren und anschließend über *Ablage > Neue Gruppe aus Auswahl* eine neue Gruppe anzulegen, die die markierten Kontakte enthält.

	Gruppen

Das Eingabeformular eines neuen Kontakts bietet keine Möglichkeit, den neuen Kontakt sofort einer Gruppe zuzuweisen. Doch es gibt einen kleinen Trick: Bevor Sie den neuen Kontakt aufnehmen, wählen Sie zuerst die Gruppe, der Sie ihn zuweisen möchten. Anschließend erstellen Sie einen neuen Kontakt, der automatisch der aktuellen Gruppe zugeordnet wird.

Neuer Kontakt in Gruppen

Um den Namen einer Gruppe zu ändern, klicken Sie ihn in der Gruppenansicht einmal an. Der Name wird zu einem Eingabefeld und Sie können nun einen neuen Namen vergeben.

Bearbeiten

Um eine Gruppe zu löschen, klicken Sie die Gruppe in der Gruppenansicht einmal an und drücken die ⌫-Taste.

Da eine Gruppe nur Verweise auf Visitenkarten enthält, nicht diese selbst, werden dabei keine Daten aus Ihrem Adressbuch gelöscht. Sämtliche Visitenkarten der Gruppe sind weiterhin über *Alle Kontakte* zu erreichen.

Bei intelligenten Gruppen definieren Sie verschiedene Bedingungen (etwa: „Firma enthält Apple"), und das Adressbuch erstellt daraufhin automatisch eine Gruppe mit Visitenkarten, die diese Bedingung erfüllen.

Intelligente Gruppen

Eine intelligente Gruppe legen Sie über *Ablage > Neue intelligente Gruppe* an. Alternativ dazu halten Sie in der Gruppenansicht die ⌥-Taste gedrückt. Dabei wird das Pluszeichen unten links zu einem Zahnrad, über das Sie nun den Dialog zur Definition einer intelligenten Gruppe aufrufen.

Bei einer intelligenten Gruppe kümmert sich das Adressbuch darum, dass sie immer aktuell gehalten wird.

Da eine intelligente Gruppe automatisch aktualisiert wird, sobald ein neue Visitenkarte im Adressbuch auftaucht, die die Bedingungen der Gruppe erfüllt, kann sich die Zusammensetzung einer solchen Gruppe immer wieder ändern.

Kapitel 8: Adressbuch

Adressen im Einsatz

Die gesammelten Visitenkarten dienen nicht nur als Gedächtnisstütze oder zum Nachschlagen, sondern können direkt für verschiedene Aktionen benutzt werden. Im Folgenden werden die wichtigsten Einsatzmöglichkeiten kurz beschrieben.

Über die Etiketten können Sie verschiedene Aktionen auslösen.

- **Telefon:** Klicken Sie auf das Etikett einer Telefonnummer, können Sie mit *Vergrößern* die Telefonnummer fast auf voller Bildschirmbreite einblenden lassen und so bequem lesen, während Sie die Nummer eintippen. Oder Sie klicken auf *FaceTime* und beginnen so eine Videokonferenz (dazu mehr in Kapitel 11).

- **Mailadresse:** Ein Klick auf das Etikett bietet neben *E-Mail senden* und *FaceTime* die Möglichkeit, auf Ihrem Rechner nach dieser Adresse zu suchen und so etwa alle Mails dieser Person angezeigt zu bekommen. Mit *Aktualisierung senden* schicken Sie die aktuelle Version Ihrer Visitenkarte an diese Mailadresse.

- **Twitter & Co:** Falls Sie die Kontaktdaten für ein soziales Netzwerk wie Twitter, Facebook oder dem Bilderdienst Flickr eingetragen haben, bringt Sie ein Klick auf das Etikett zur Profilseite des Kontakts. Es ist auch möglich, direkt eine Nachricht etwa via Twitter zu schicken.

- **Adressen:** Die Adresse können Sie sich mit *Umgebungskarte der Adresse* im Browser in Google Maps anzeigen lassen. Über *Adressetikett kopieren* bugsieren Sie die Adresse in die Zwischenablage. Mit *Karten-URL kopieren* lässt sich die Adresse für Google Maps kopieren, um sie etwa per Mail zu verschicken. Klickt der Empfänger der Mail die URL an, wird die Adresse in Google Maps angezeigt.

Export/Import von Adressen

Suchen

Über das Suchfeld oben rechts (Gruppenansicht) bzw. oben links (Listenansicht) können Sie die Adressbestände nach Stichwörtern durchstöbern. Durchsucht wird dabei die jeweils aktuelle Gruppe.

Möchten Sie also den gesamten Bestand durchsuchen, müssen Sie zuvor *Alle Kontakte* auswählen. Das Ergebnis einer Suche kann als intelligente Gruppe gespeichert werden. Wählen Sie dazu *Ablage > Neue intelligente Gruppe aus der aktuellen Suche*.

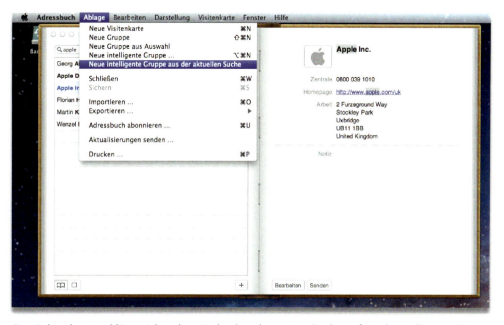

Der Adressbestand lässt sich jederzeit durchsuchen, eine Suche sofort als intelligente Gruppe sichern.

Export/Import von Adressen

Die im Adressbuch gespeicherten Daten werden von OS X normalerweise zwar in das automatische Backup mit Time Machine aufgenommen (dazu mehr in Kapitel 14), doch es kann immer wieder einmal vorkommen, dass Sie Ihren Adressbestand exportieren möchten. Sei es, um – sicher ist sicher – ein weiteres Backup anzulegen; sei es, um Ihr Adressbuch weiterzugeben oder auf einem anderen Rechner zu installieren.

Kapitel 8: Adressbuch

Einzelne Visitenkarten werden als VCF-Datei exportiert. Dabei handelt es sich um einen Standard für den Austausch von digitalen Visitenkarten. VCF-Dateien können nicht nur vom OS-X-Adressbuch, sondern auch von anderen Programmen verarbeitet werden.

- **Visitenkarten exportieren:** Am einfachsten exportieren Sie die Visitenkarten, indem Sie die gewünschten Karten markieren und mit der Maus auf dem Schreibtisch ablegen. Alternativ dazu können Sie auch *Ablage > Exportieren > vCard exportieren* wählen und einen Speicherort angeben.

- **Adressbuch exportieren:** Um den gesamten Bestand zu sichern, wählen Sie *Ablage > Exportieren > Adressbucharchiv*. Die Daten werden in einer Datei mit der Endung „.abbu" (für „Address Book Backup") gespeichert. Mit diesen Dateien kann nur das Adressbuch von OS X wirklich etwas anfangen, zum Datenaustausch ist es nicht geeignet.

Der Import von Daten ist ähnlich einfach und beschränkt sich auf wenige Mausklicks:

- **Visitenkarten importieren:** Adressdaten, die Sie als VCF-Datei bekommen, lassen sich mit einem Doppelklick im Adressbuch öffnen, wobei Sie automatisch Ihrem Adressbestand hinzugefügt werden.

- **Adressbuch importieren:** Eine ABBU-Datei importieren Sie mit *Ablage > Importieren*. Dabei wird der aktuelle Inhalt Ihres Adressbuchs durch die Archivdaten ersetzt.

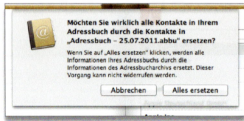

VCF-Dateien werden dem Adressbuch hinzugefügt, der Import einer Archivdatei überschreibt dagegen den kompletten Adressbestand mit den Daten der Archivdatei.

Letzter Import: Sobald Sie Adressdaten importiert haben, legt das Adressbuch die intelligente Gruppe *Letzter Import* an, in dem sie die zuletzt importierten Einträge finden.

Adressbücher im Netz

Vielleicht haben Sie Ihre Adressen und Kontakte nicht nur auf Ihrem Mac, sondern auch bei Anbietern wie Google, Yahoo oder Apple (MobileMe). Kein Problem, das Adressbuch kann auch auf diese Daten zugreifen und den Adressbestand auf dem Mac mit dem im Internet abgleichen. Nehmen Sie dann etwa unterwegs im Internet-Café eine neue Adresse in Ihr Adressbuch bei Google auf, finden Sie diese Adressen dann auch daheim auf Ihrem Mac.

Um das Adressbuch mit diesen Adressen abzugleichen, wählen Sie *Adressbuch > Einstellungen > Accounts* und tragen dort Ihre Zugangsdaten zu Google, Yahoo oder MobileMe ein.

Das Adressbuch kann auch mit Adressen bei MobileMe, Yahoo und Google synchronisiert werden.

Außerdem unterstützt das Adressbuch die verschiedenen Standards bei Adressbuchservern, so dass Sie etwa auf den Exchange-Server Ihrer Firma ebenfalls mit dem Adressbuch auf Ihrem Mac zugreifen können. Die entsprechenden Eingaben nehmen wieder Sie unter *Adressbuch > Einstellungen > Accounts* vor. Klicken Sie dort auf das Pluszeichen und tragen Sie die entsprechenden Serverdaten ein.

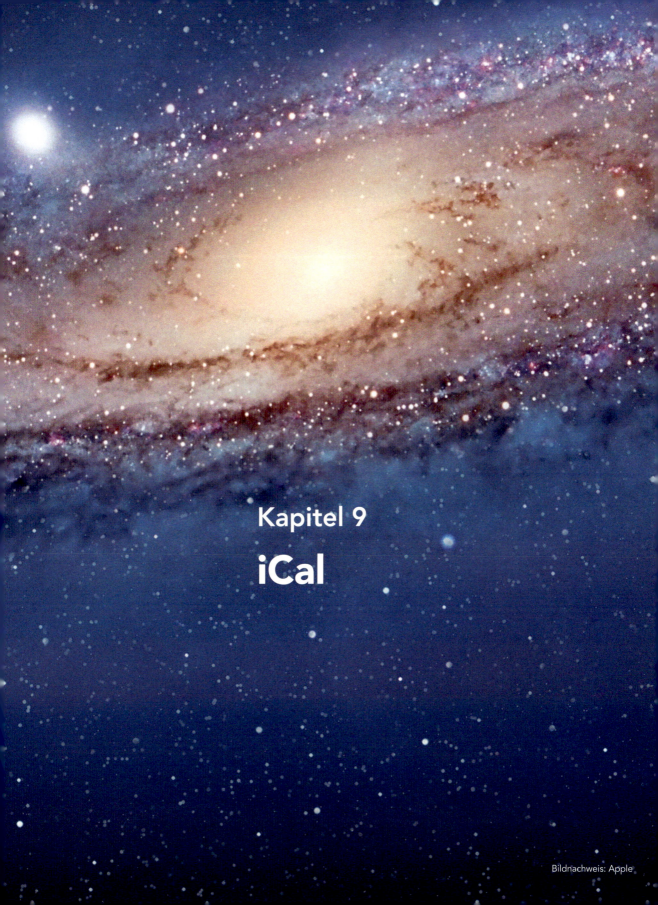

Kapitel 9

iCal

Bildnachweis: Apple

Kapitel 9: iCal

Das Kalenderprogramm iCal

Wie beim Adressbuch nimmt Apple es auch beim Kalenderprogramm iCal mit den eigenen Richtlinien zum Erscheinungsbild eines Fensters nicht ganz so genau. Auch das iCal-Fenster erinnert weniger an ein typisches Fenster unter OS X, sondern eher an einen Abreißkalender – inklusive animiertem Blättern beim Datumswechsel.

Viele Kalender Dabei führt die Bezeichnung „Kalender" ein wenig in die Irre, denn iCal ist nicht nur ein einziger Kalender, sondern bündelt so viele Kalender, wie Sie wollen. Ein Kalender besteht dabei aus Terminen (die hier „Ereignisse" heißen) und Aufgaben, die auch „Erinnerungen" genannt werden. Jeder Kalender kann gezielt ein- oder ausgeblendet werden.

So ist es zum Beispiel möglich, private Termine und Aufgaben von beruflichen nicht nur farblich zu trennen, sondern auch zwischen beiden zu wechseln oder sich beide gleichzeitig anzeigen zu lassen. Kalender können in Gruppen zusammengefasst und dann gemeinsam (de)aktiviert werden. Wie Sie eigene Kalender anlegen und Kalender gruppieren, erfahren Sie weiter unten in diesem Kapitel.

Die Liste der verfügbaren Kalender wird über die Taste *Kalender* links oben eingeblendet, wo Sie die Anzeige eines Kalenders per Mausklick ein- oder ausschalten können.

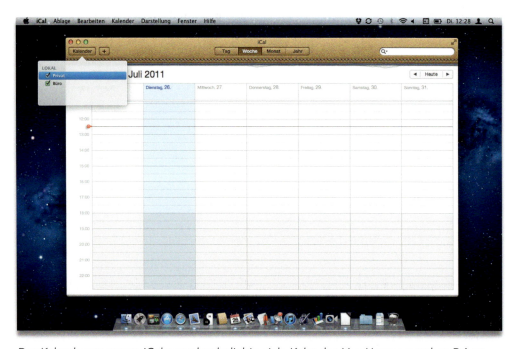

Das Kalenderprogramm iCal verwaltet beliebig viele Kalender. Von Haus aus stehen **Privat** und **Büro** zur Verfügung.

Ereignisse

Ansichten

Der Kalender bietet vier verschiedene Ansichten, die Sie über die entsprechenden Tasten in der Symbolleiste des iCal-Fensters auswählen. Mit einem Klick auf *Heute* – das in jedem Kalenderblatt rechts oben eingeblendet wird – landen Sie immer beim aktuellen Tagesdatum.

Mit einem Klick wechseln Sie zwischen den verschiedenen Ansichten von iCal.

- **Tag:** Hier sehen Sie auf der linken Seite das aktuelle Datum, eine Monatsübersicht, in der das aktuelle Tagesdatum und das angezeigte Datum markiert sind, und eine Übersicht über die kommenden Termine. Die rechte Fensterhälfte zeigt Ihnen die Ereignisse des gewählten Tages.
- **Woche:** Hier haben Sie die Termine einer Woche (beginnend mit Montag) im Überblick.
- **Monat:** Die Monatsübersicht zeigt Ihnen alle Einträge eines Monats.
- **Jahr:** Die Jahresübersicht schließlich bietet Ihnen einen Überblick über ein komplettes Jahr. Tage, an denen ein Eintrag vorliegt, werden farblich markiert (je mehr Termine eingetragen sind, desto röter wird die Markierung). Das aktuelle Tagesdatum wird blau hervorgehoben.

> **Vollbild:** iCal unterstützt die Vollbilddarstellung. Klicken Sie dazu auf den Doppelpfeil rechts oben.

Ereignisse

Um einen Termin bzw. ein Ereignis in einen Kalender einzutragen, stehen Ihnen verschiedene Möglichkeiten zur Verfügung.

Schnelleingabe

Am schnellsten geben Sie ein neues Ereignis durch einen Klick auf das Pluszeichen links oben oder mit der Tastenkombination ⌘ N ein.

Es wird zuerst eine einfache Eingabezeile eingeblendet, in der Sie eine Bezeichnung für das Ereignis eintragen. Nach einem Druck auf die ↵-Taste erscheint ein umfangreicheres Formular, in dem Sie alle Details (Datum, Uhrzeit, Ort, Stichpunkte, Kalender und so weiter) eingeben.

Dabei nimmt Ihnen iCal die Arbeit ein wenig ab, versteht das Programm doch Datums- und Zeitangaben. Tragen Sie zuerst etwa „28. Juli Besprechung 12.00" ein, wird ein Eintrag „Besprechung" am 28. Juli um 12.00 Uhr angelegt. Das funktioniert auch mit Tagesangaben. Eine Angabe wie „Mittwoch 12.00 Besprechung" fügt einen entsprechenden Termin am kommenden Mittwoch ein.

Kapitel 9: iCal

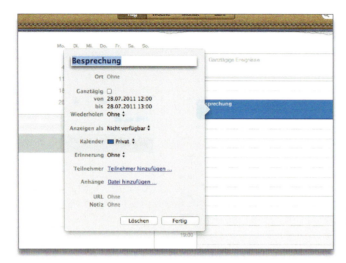

Bei der raschen Eingabe eines Termins bzw. Ereignisses erkennt iCal Datums- und Zeitangaben und übernimmt sie automatisch in den neuen Eintrag.

Im Kalender eintragen Alternativ dazu können Sie auch gleich im Kalender auf das gewünschte Datum bzw. die Uhrzeit doppelklicken. Der neue Eintrag lässt sich mit der Maus beliebig platzieren, durch Verschieben des oberen bzw. unteren Randes verändern Sie seinen Start- und Endzeitpunkt.

Möchten Sie es genauer haben, klicken Sie den Eintrag erneut doppelt an. Es öffnet sich nun ein Dialog, in dem Sie alle gewünschten Angaben eintragen können.

Ein neues Ereignis lässt sich auch direkt im Kalender eintragen.

Bearbeiten Um einen gespeicherten Eintrag nachträglich zu bearbeiten, klicken Sie ihn ebenfalls doppelt an und wählen anschließend *Bearbeiten*. Einfacher ist es, den Eintrag auszuwählen und sich mit ⌘ I die Details des Eintrags einblenden zu lassen. Auch hier können Sie die Details des Termins anpassen.

Ereignisse

*Ein Doppelklick zeigt Ihnen die wichtigsten Daten eines Ereignisses, ein Klick auf **Bearbeiten** öffnet das komplette Formular.*

Natürlich lassen sich auch wiederkehrende Termine eintragen, wobei Sie sich nicht nur zwischen „täglich", „wöchentlich", „monatlich" und „jährlich" entscheiden, sondern auch eigene Intervalle wie etwa „alle 3 Wochen", „jeden zweiten Sonntag" oder „am letzten Mittwoch im Monat" angeben können. Für die Definition eines individuellen Intervalls wählen Sie den Punkt *Angepasst*.

Wiederholungen

Bei regelmäßigen Terminen können Sie frei bestimmen, in welchen Intervallen ein Termin wiederholt wird.

Damit Sie keinen Termin und kein Ereignis verpassen, können Sie sich zu einem beliebigen Zeitpunkt vor einem Termin eine Nachricht (mit oder ohne Ton) einblenden oder sich auch eine E-Mail schicken lassen. Ebenfalls möglich ist die zeitgesteuerte Ausführung eines Scripts oder das automatische Öffnen einer Datei zu einem bestimmten Termin. Zur Nachbereitung eines Termins kann iCal Sie auch nachträglich an ein vergangenes Ereignis erinnern.

Erinnerungen

Sie können bis zu zwei Erinnerungen setzen, also zum Beispiel „2 Tage davor" und „1 Tag danach". Auch hier schlägt iCal Ihnen eine Frist vor, die sich aber nach Gutdünken anpassen und ändern lässt.

Kapitel 9: iCal

Die entsprechenden Einstellungen nehmen Sie in den Ereignisdetails (⌘I) vor.

Auch die Fristen, zu denen Sie iCal an ein kommendes Ereignis erinnern soll, lassen sich nach Belieben einstellen.

Teilen

Das Programm verwaltet seine Daten im ICS-Format. Dabei handelt es sich um einen Kalenderstandard, den nicht nur iCal beherrscht, sondern der auch von anderen Programmen auf anderen Plattformen verstanden wird. So lässt sich ein Ereignis problemlos an weitergeben, ohne dass alle Beteiligten nun partout mit iCal arbeiten müssen.

Um ein Ereignis zu teilen, gibt es verschiedene Möglichkeiten:

- **Einladung:** Sie tragen die Teilnehmer in den Ereignisdetails (⌘I) ein und klicken auf *Senden*. Die Teilnehmer erhalten eine Einladung per E-Mail und können sie mit einem Klick auf einen Link annehmen oder ablehnen. Das funktioniert allerdings nur, wenn Teilnehmer in einem Netzwerk arbeiten, das Kalendereinladungen unterstützt, also zum Beispiel Google, MobileMe oder Exchange. In diesem Fall werden Sie automatisch darüber informiert, ob ein Teilnehmer einen Termin akzeptiert hat oder nicht.

- **Per Mail:** Sie verschicken einen Termin als ICS-Anhang per Mail; die Empfänger können die Datei in ihr Kalendersystem übernehmen. In diesem Fall werden Sie nicht automatisch über die Annahme oder Ablehnung eines Termins informiert. Um einen Termin per Mail zu verschicken, klicken Sie den Eintrag mit der rechten Maustaste an und wählen *Ereignis senden*.

Ereignisse

Sie können zu einem Ereignis sowohl eine Einladung an die Teilnehmer verschicken, als auch das Ereignis als Dateianhang per E-Mail verschicken.

Das funktioniert natürlich auch in die Gegenrichtung. Wenn Sie eine Einladung oder einen Termin per Mail bekommen, können Sie ihn annehmen oder ablehnen bzw. mit einem Doppelklick auf die ICS-Datei im E-Mail-Anhang in Ihren Kalender übernehmen. Falls der Absender mit einem Netzwerk arbeitet, das Einladungen verschicken kann, wird der Termin zuerst mit einer gestrichelten Umrandung in Ihren Kalender übernommen, und oben links erscheint dann eine Benachrichtigung über die Einladung. Mit einem Klick können Sie einen Termin nun annehmen oder ablehnen. Mail informiert daraufhin automatisch den Absender über Ihre Entscheidung. Eine ICS-Datei wird dagegen sofort als Termin eingetragen, ohne dass der Absender informiert wird.

Einladungen werden oben links in iCal angezeigt, Ihre Entscheidung wird automatisch per Mail an den Absender geschickt.

171

Aufgaben/Erinnerungen

Neben Terminen können Sie in iCal auch Aufgaben notieren und sich an diese erinnern lassen, die von iCal mal „Erinnerungen", mal „Aufgaben" genannt werden. Wie die Termine werden auch Aufgaben jeweils einem bestimmten Kalender zugeordnet.

Neue Aufgaben Um eine Aufgabe anzulegen, wählen Sie *Ablage > Neue Erinnerung* oder drücken einfach ⌘ K . Geben Sie der neuen Aufgabe einen passenden Titel und drücken Sie die ↵-Taste.

Um Details zu einer Aufgabe einzutragen (etwa eine Notiz, den Kalender, zu dem sie gehört, oder einen Termin, an dem Sie iCal an die Erledigung der Aufgabe erinnern soll), klicken Sie die Erinnerung doppelt an.

Haben Sie eine Aufgabe erledigt, haken Sie sie mit einem Mausklick ab. Um einen Eintrag zu löschen, klicken Sie ihn an und drücken die ⌫-Taste.

Jedem Kalender lassen sich Erinnerungen bzw. Aufgaben zuweisen.

Die Seitenleiste Sobald Sie eine Aufgabe eingetragen haben, erscheint automatisch eine rechte Seitenleiste mit dem Titel *Erinnerungen*, in der Sie alle Aufgaben aus allen Kalendern angezeigt bekommen.

Klicken Sie auf den Titel *Erinnerungen* in der Seitenleiste, können Sie die Sortierreihenfolge der Einträge bestimmen und festlegen, ob erledigte Aufgaben weiterhin angezeigt werden sollen oder nach Abhaken aus der Ansicht verschwinden.

Über das kleine Feld mit den drei Strichen rechts neben einem Eintrag wird die Priorität (*Ohne*, *Gering*, *Mittel*, *Hoch*) einer Aufgabe festgelegt.

Die Seitenleiste lässt sich unter *Darstellung* ein- bzw. ausblenden.

Kalender

Suchen

Über das Suchfeld oben rechts können Sie jederzeit alle Einträge in allen Kalendern nach Stichwörtern durchsuchen. Die Suchergebnisse werden am unteren Rand des Kalenderfensters in einer Liste eingeblendet. Mit einem einfachen Klick wechseln Sie zu dem entsprechenden Eintrag, mit einem Doppelklick auf einen Treffer können Sie den Eintrag bearbeiten. Über *Darstellung* lassen sich die Suchergebnisse ein- bzw. ausblenden.

Über die Suchfunktion haben Sie schnellen Zugriff auf alle eingetragenen Ereignisse und Aufgaben.

Kalender

Wie schon eingangs erwähnt bietet iCal von Haus aus zwei Kalender für Ihre Termine und Aufgaben, die Sie über die Taste *Kalender* oben links ein- bzw. ausblenden: *Privat* und *Büro*. Um einen Kalender ein- bzw. auszublenden, setzen bzw. entfernen Sie das Häkchen vor dem entsprechenden Eintrag.

Weitere Kalender fügen Sie über *Ablage > Neuer Kalender* ein. Wenn Sie nur zwei oder drei Kalender haben, können Sie auch mit rechten Maustaste auf eine leere Stelle in die Kalenderübersicht klicken und *Neuer Kalender* wählen (sobald Sie vier Kalender angelegt haben, gibt es nicht mehr genügend freien Platz für einen Klick).

Neuer Kalender

173

Kapitel 9: iCal

Sie können in iCal beliebig viele Kalender einrichten und gezielt ein- oder ausblenden.

Die Kalender werden farblich markiert, wobei Sie die Farbe natürlich selbst festlegen können. Klicken Sie dazu den gewünschten Kalender mit der rechten Maustaste an und wählen Sie *Informationen*. Alternativ dazu markieren Sie den Kalender und drücken ⌘ I.

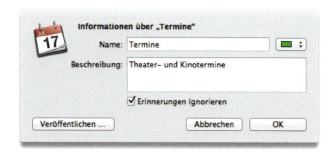

In den Informationen zu einem Kalender können Sie nicht Name und Farbe eines Kalenders bestimmen und ihm auch eine Beschreibung mit auf den Weg geben.

Der Name eines Kalenders lässt sich entweder in den Informationen des Kalenders festlegen, oder aber Sie klicken den entsprechenden Eintrag in der Kalenderliste doppelt an.

Um einen Kalender zu löschen, klicken Sie ihn mit der rechten Maustaste an und wählen *Löschen*. Alternativ dazu markieren Sie ihn in der Kalenderübersicht und drücken ⌘ ⌫.

Gruppen Wenn Sie mit sehr vielen unterschiedlichen Kalendern arbeiten, sorgt eine Gruppierung der Kalender für mehr Übersicht. Wählen Sie hierfür *Ablage > Neue Kalendergruppe* oder klicken Sie (falls noch Platz vorhanden ist) mit der rechten Maustaste in eine leere Stelle der Kalenderliste, wo Sie *Neue Gruppe* wählen. Anschließend verschieben Sie die Kalender mit der Maus in die gewünschten Gruppen.

Kalender

Gruppierte Kalender lassen sich mit einem Klick geschlossen ein- oder ausblenden.

Mit iCal können Sie auch mit mehreren Personen einen gemeinsamen Kalender führen. Voraussetzung ist hier, dass der Kalender auf einem CalDAV-Server abgelegt ist, was zum Beispiel mit Google oder MobileMe möglich ist.

Abonnieren

Ein solcher Kalender wird von iCal als „Abonnement" bezeichnet. Sobald sich ein Ereignis im abonnierten Kalender ändert, wird die Änderung automatisch auch von iCal übernommen. Dabei können Sie festlegen, in welchen Abständen iCal den abonnierten Kalender auf neue oder geänderte Einträge überprüfen soll.

Um einen Kalender zu abonnieren, benötigen Sie seine Adresse im Internet, die Ihnen vom Anbieter des Kalenders mitgeteilt wird. Wählen Sie *Kalender > Abonnieren* und geben Sie diese Adresse ein.

Bei einem Kalenderabo bezieht iCal regelmäßig aktuelle Ereignisdaten von einem Server im Internet.

Externe Kalender: Mit *Kalender > Abonnements suchen* zeigt Ihnen Safari eine Auswahl an verschiedenen Kalendern im Internet an, die Sie in iCal einbinden können, zum Beispiel einen Feiertagskalender, Kalenderwochen, Sonnen- und Mondaufgang, Sporttermine und ähnliches mehr.

Kapitel 9: iCal

Geburtstage Eine besondere Form der abonnierten Kalender ist der Geburtstagskalender. Damit werden die Geburtstage, die Sie im Adressbuch eingetragen haben, automatisch als Kalender in iCal eingebunden. Ändern Sie ein Datum im Adressbuch oder fügen Sie einen neuen Geburtstag hinzu, wird diese Änderung automatisch auch in iCal übernommen.

Um den Geburtstagskalender in iCal einzubinden, wählen Sie *iCal > Einstellungen* und aktivieren auf der Registerkarte *Allgemein* den Punkt *Geburtstagskalender einblenden*.

Für den Geburtstagskalender greift iCal auf die entsprechenden Einträge in Ihrem Adressbuch zu.

Veröffentlichen Falls Sie Zugriff auf einen Server haben, der Kalenderdateien bereitstellen kann – etwa MobileMe –, können Sie ebenfalls Kalender im Internet veröffentlichen. Klicken Sie dazu den Kalender mit der rechten Maustaste an und wählen Sie *Freigeben*.

Hier gibt es nun zwei Möglichkeiten:

- **Für alle:** Der Kalender ist für jedermann via Internet zugänglich, kann also von jedem abonniert werden. Allerdings dürfen diese Personen keine Einträge ändern oder neu anlegen.

- **Einladung:** Sie geben den Kalender nur für bestimmte Personen frei. Hier können Sie dann für jede Person die Lese- bzw. Schreibrechte festlegen.

Bei einer Einladung bekommen die eingeladenen Personen die benötigten Zugangsdaten in einer E-Mail und können den Kalender nun abonnieren. Bei einem für alle freigegebenen Kalender müssen Sie die Internetadresse des Kalenders selbst bekannt machen. Diese Adresse erhalten Sie, wenn Sie den freigegebenen Kalender mit der rechten Maustaste anklicken und den Punkt *URL in die Zwischenablage kopieren* wählen. Nun können Sie die URL zum Beispiel auf Ihrer Webseite veröffentlichen und so anderen Personen die Möglichkeit bieten, den Kalender zu abonnieren.

Ein freigegebener Kalender ist in der Kalenderliste durch ein kleines Antennensymbol gekennzeichnet. Um eine Freigabe zu beenden, klicken Sie den Kalender ebenfalls mit der rechten Maustaste an und wählen *Freigabe stoppen*.

Kalender-Accounts

Falls Ihr Onlineanbieter die Freigabe von Kalendern unterstützt, können Sie Ihre lokalen Kalender auch im Internet veröffentlichen.

Kalender-Accounts

Das Kalenderprogramm arbeitet mit dem Standardformat CalDAV, mit dem zum Beispiel auch Google oder Yahoo arbeiten. So ist es kein Problem, einen Kalender, den Sie etwa bei Google im Internet pflegen, auch lokal in iCal einzubinden. Auch die Einbindung von Exchange-Kalendern ist möglich.

Für MobileMe, Google und Yahoo bringt Mac OS X bereits alle benötigten Daten wie die Adresse des Kalenderservers mit, so dass Sie sich hier unkompliziert und schnell mit Ihren Accountdaten anmelden können.

Um einen externen Kalender einzubinden, wählen Sie *iCal > Einstellungen > Accounts*. Klicken Sie hier auf die Plustaste, wählen Sie den Accounttyp und geben Sie die benötigten Daten ein. Für die Einbindung eines Google-Kalenders etwa genügen die Daten Ihres Google-Accounts.

Neben den lokalen Kalendern können Sie auch Kalender von anderen Accounts (hier: Google) mit iCal an Ihrem Mac verwalten.

Kapitel 9: iCal

Kalender exportieren/importieren

Sie können jederzeit einen Kalender oder auch die gesamte iCal-Datei mit sämtlichen Kalendern als Datei exportieren und so eine Sicherungskopie Ihrer Termine und Aufgaben anlegen.

Exportieren

- **Einen Kalender:** Um einen einzelnen Kalender zu exportieren, markieren Sie ihn in der Kalenderliste und wählen anschließend *Ablage > Exportieren > Exportieren*. Der Kalender wird im ICS-Format gespeichert. Diese Datei kann von allen Programmen gelesen werden, die dieses Standardformat unterstützen.

- **Alle Kalender:** Den kompletten Datenbestand sichern Sie über *Ablage > Exportieren > iCal-Archiv*. Die Dateiendung lautet diesmal „.icbu" (was für „iCal Backup" steht). Diese Datei kann nur von iCal importiert werden.

Importieren Exportierte Kalender werden iCal über *Ablage > Importieren* hinzugefügt.

- **ICS-Datei:** Beim Import einer ICS-Datei bietet iCal an, die dort enthaltenen Einträge einem bereits vorhandenen Kalender hinzuzufügen. Möchten Sie stattdessen einen eigenen Kalender anlegen, wählen Sie im Import-Dialog die Option *Neuer Kalender*.

- **iCal-Archiv:** Importieren Sie nicht nur eine einfache ICS-Datei, sondern ein komplettes iCal-Archiv, werden beim Import sämtliche bereits vorhandenen Einträge in Ihrem Kalender überschrieben. Da dies unter Umständen gar nicht gewünscht ist, gibt iCal sicherheitshalber eine Warnung aus und fragt vor dem Import noch einmal nach.

Bei dem Import von Kalenderdaten fragt iCal sicherheitshalber noch einmal nach.

Kapitel 10
Apps für den Alltag

Bildnachweis: Apple

Kapitel 10: Apps für den Alltag

Die Textverarbeitung TextEdit

Auf den ersten Blick scheint TextEdit ein simpler Editor ohne Besonderheiten zu sein. Doch das täuscht, das kleine Programm entpuppt sich bei näherer Bekanntschaft als recht leistungsfähige Textverarbeitung, die für viele der alltäglichen Aufgaben durchaus genügen kann. Allerdings ist sie in der Bedienung ein wenig ungewöhnlich und hält sich nicht immer an die von OS X gewohnten Standards.

Schreiben Wie bei jeder Textverarbeitung können Sie nach dem Start von TextEdit sofort damit loslegen, Ihren Text zu schreiben. Formatiert wird der Text über die Symbolleiste (die, anders als bei anderen Programmen, fest vorgegeben ist und sich weder anpassen noch ausblenden lässt). Hier wählen Sie Schrift, Schriftschnitt, Größe, Vorder- und Hintergrundfarbe, Textausrichtung und Zeilenabstand. Über das Dropdown-Menü rechts außen können Sie verschiedene Listentypen einstellen.

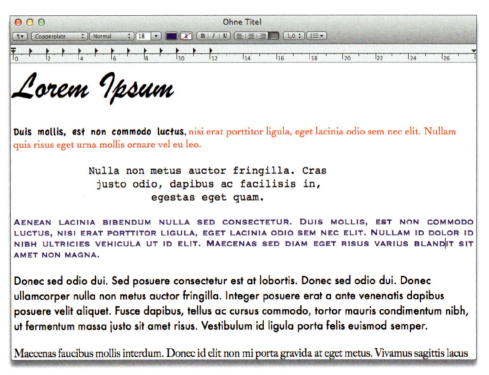

TextEdit ist eine einfache, aber recht leistungsstarke Textverarbeitung, die für viele alltägliche Aufgaben durchaus ausreicht.

Standardmäßig arbeitet TextEdit mit der Schrift Helvetica in 12 Punkt. Wenn Sie das ändern möchten, wählen Sie *TextEdit > Einstellungen > Neues Dokument* und legen hier die *Schrift für formatierten Text* fest.

Bilder TextEdit macht seinem Namen alle Ehre: es ist ein Programm zu Erfassung und Bearbeitung von Texten. Bilder, die von Text umflossen werden, lassen sich hier nicht einfügen. Allerdings ist es möglich, ein Bild als Anhang aufzunehmen. In diesem Fall

Die Textverarbeitung TextEdit

wird das Bild als eigener Absatz in das Dokument integriert, Sie können Text also vor und nach dem Bild platzieren, nicht aber neben das Bild. Sie können das Bild auch nicht skalieren: Wie groß ein Bild im Text erscheint, bestimmt TextEdit. Um ein Bild aufzunehmen, ziehen Sie es entweder mit der Maus an die gewünschte Position oder wählen *Ablage > Anhänge hinzufügen*.

TextEdit erfüllt unter OS X zwei Aufgaben. Zum einen ist es die kleine Textverarbeitung für jeden Zweck, zum anderen ein ASCII-Editor zur Bearbeitung reiner Textdateien. Standardmäßig arbeitet TextEdit mit Formaten und speichert im RTF-Format. Über *Format > In reinen Text umwandeln* bzw. *Format > In formatierten Text umwandeln* wechseln Sie zwischen den beiden Betriebsarten.

Reiner Text

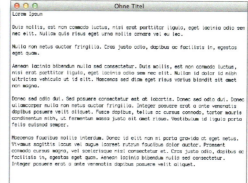

Beim Wechsel von formatiertem zu reinem Text gehen sämtliche Textauszeichnungen und Anhänge wie eingefügte Bilder verloren.

Möchten Sie TextEdit vor allem als ASCII-Editor einsetzen, dann aktivieren Sie unter *TextEdit > Einstellungen > Neues Dokument* die Option *Reiner Text*. Hier können Sie auch den Font einstellen, den TextEdit in diesem Modus standardmäßig benutzen soll.

Falls Sie dann doch einmal einen Text mit Auszeichnungen und Formaten schreiben möchten, wechseln Sie über das *Format*-Menü vorübergehend zu formatiertem Text.

Was bei einer ausgewachsenen Textverarbeitung die Formatvorlage, das sind bei TextEdit die „Stile". In einem Stil sind die verschiedenen Formatierungen von Zeichen und Absätzen gespeichert, die mit einem Mausklick auf den aktuellen Text angewandt werden können. Die verfügbaren Stile stehen in der Symbolleiste über das ¶-Symbol links außen zur Verfügung.

Stile

Um einen Stil zu definieren, formatieren Sie einen Textabschnitt in gewünschter Weise. Anschließend klicken Sie auf das ¶-Symbol und wählen *Stile einblenden*. Aktivieren Sie *Dokumentenstile* und blättern Sie mit den Steuertasten durch alle verfügbaren Stile im Dokument, bis Sie zu der von Ihnen gewünschten Formatierung gelangen. Nun können Sie den Stil mit *Als Favorit sichern* der Stilauswahl hinzufügen.

Kapitel 10: Apps für den Alltag

Textformatierungen lassen sich als Stil definieren und auf Mausklick einem Textbereich oder einem Absatz zuweisen.

Um einen Stil zu löschen, lassen Sie sich wieder die Stile anzeigen. Wählen Sie hier nun *Bevorzugte Stile* und dann den zu löschenden Stil. Mit *Von Favoriten entfernen* wird der Stil gelöscht.

Druckvorschau Üblicherweise passt TextEdit den Zeilenumbruch der Fenstergröße an. Ziehen Sie das Fenster auf, werden die Zeilen länger, schieben Sie es zusammen, werden die Zeilen kürzer. Das ist einerseits ganz praktisch, wird aber fatal, wenn Sie die Dokumente nicht nur am Bildschirm bearbeiten, sondern auch drucken wollen. Denn dann übernimmt TextEdit das Bildschirmformat auch für den Ausdruck.

Haben Sie auf einem breiten iMac-Bildschirm das Fenster zum Beispiel großzügig aufgezogen, wird der Ausdruck entsprechend unlesbar, da TextEdit automatisch zu einem sehr kleinen Font greift, um den Zeilenumbruch auf dem deutlich schmaleren Papier genau so hinzubekommen wie auf dem breiten Bildschirm.

Vor dem Ausdruck sollten Sie sich die Seitenränder einblenden lassen.

Versionen („Versions")

Um diese unschöne Überraschung zu verhindern und TextEdit anzuweisen, die Papierbreite als Formatierungsmaßstab zu benutzen, wählen Sie *Format > Seitenränder einblenden*. Das Programm zeigt nun die Seitenränder des aktuell eingestellten Papierformats an und passt den Text entsprechend ein.

TextEdit nutzt das Versionen-Feature von OS X. Standardmäßig müssen Sie sich dabei um (fast) nichts mehr kümmern, TextEdit sorgt schon dafür, dass keiner Ihrer Texte verlorengeht. Dabei handelt es sich um eine systemweite Funktion, die auch von anderen Programmen genutzt und daher in einem eigenen Abschnitt erläutert wird. **Speichern**

Versionen („Versions")

Vermutlich haben Sie schon verblüfft festgestellt, dass es bei TextEdit und anderen Programmen die bislang übliche *Speichern unter*-Funktion nicht mehr gibt. Vielleicht haben Sie sich auch schon gefragt, wie Sie ein aktuelle Dokument ohne diese Funktion umbenennen oder in einem anderem Format speichern können sollen.

Mit OS X Lion beschreitet Apple einen grundsätzlich neuen Weg und führt eine Funktion namens „Versionen" bzw. „Versions" in den Computeralltag ein, die den bislang vertrauten Umgang mit Dokumenten grundlegend ändert.

Doch der Reihe nach, beginnen wir mit der Frage, was eigentlich passiert, wenn Sie in TextEdit (oder einer anderen Applikation von Lion) ein Dokument speichern.

> **Systemweit:** Alle im Folgenden beschriebenen Funktionen stehen auch in anderen Programmen, die mit Versionen arbeiten, zur Verfügung.

Wenn Sie ein neues Dokument in TextEdit anlegen, dann finden Sie (wie zu erwarten) den Punkt *Ablage > Sichern*, über den Sie das Dokument speichern können. Dabei fragt TextEdit die üblichen Details ab: Name des Dokuments, Speicherort und das Format, in dem das Dokument abgelegt werden soll (TextEdit unterstützt unter anderem DOC, HTML, RTF und ODT). **Versionen speichern**

Sobald ein Dokument gespeichert wurde, wird der Menüpunkt jedoch in *Ablage > Eine Version sichern* umbenannt. Und genau das passiert hinfort auch: Jedes Mal, wenn Sie ein Dokument speichern, überschreiben Sie nicht (wie bisher üblich) die aktuelle Version, sondern TextEdit speichert lediglich die Unterschiede zwischen der aktuellen und der gespeicherten Fassung eines Dokuments. So kann TextEdit sämtliche Versionen des von Ihnen gespeicherten Dokuments gegebenenfalls rekonstruieren.

Kapitel 10: Apps für den Alltag

Sobald ein neues Dokument zum ersten Mal gespeichert wurde, sichern Programme, die Versionen unterstützen (hier: TextEdit), nur noch die Unterschiede zwischen den verschiedenen Varianten eines Dokuments.

Automatisches Sichern: Wenn Sie selbst nicht sichern, sichert TextEdit alle fünf Minuten den jeweiligen Zustand eines Dokuments.

Mit Versionen arbeiten Sobald Sie mehr als eine Version gespeichert haben, können Sie durch alle gespeicherten Versionen blättern. Klicken Sie dazu auf den Titel des Dokumentenfensters und wählen Sie *Alle Versionen durchsuchen*.

Alle gespeicherten Versionen eines Dokuments lassen sich wiederherstellen.

Damit ändert sich das Aussehen des Schreibtischs vollständig. Menüleiste und Dock verschwinden, der Hintergrund wird durch ein animiertes Weltallfoto ersetzt, vor diesem Hintergrund schwebt links die aktuelle Fassung Ihres Dokuments. Rechts daneben sehen Sie, in Form eines Stapels, der sich in den Weiten des Weltalls verliert, alle früheren Versionen.

Versionen („Versions")

Sie können nun durch die früheren Versionen blättern. Klicken Sie dazu den jeweiligen Titel der Version an. Bei sehr vielen Fassungen kann Ihnen die Zeitleiste am rechten Rand helfen, die gesuchte Version zu finden. Unterhalb des Dokumentenstapels wird das Datum des obersten Eintrags eingeblendet.

Wenn Sie die gesuchte Fassung gefunden haben, genügt ein Klick auf *Wiederherstellen*, um zu der früheren Version zurückzukehren. Keine Sorge, Sie überschreiben damit nicht die aktuelle Fassung – die wird einfach als weitere Version dem Stapel hinzugefügt.

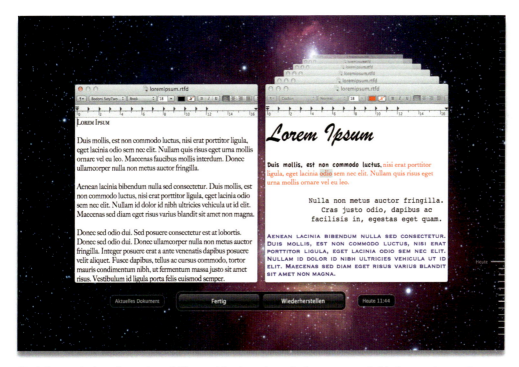

Sie können jederzeit zu einer früheren Version eines Dokuments zurückkehren oder auch nur Teile aus früheren Fassungen in die aktuelle Version übernehmen.

Falls Sie nur einen Teil (etwa einen Absatz) aus einer früheren Fassung benötigen, ist auch das kein Problem. Denn Sie können in den verschiedenen Versionen beliebige Bereiche markieren, kopieren und in das aktuelle Dokument einfügen.

Mit *Fertig* verlassen Sie diese spezielle Form einer Dokumentenzeitmaschine.

Versionen hin, automatisches Sichern her: Irgendwann ist ein Dokument abgeschlossen und sollte nicht mehr geändert werden. In diesem Fall schließen Sie die aktuelle Fassung ab und schützen sie so vor versehentlichen Bearbeitungen.

Schützen

Dazu klicken Sie in den Dateinamen im Titelfenster und wählen *Schützen*. Sobald das Dokument nun bearbeitet werden soll, erscheint ein Hinweis auf diesen Schutz. Sie haben dann die Möglichkeit, den Schutz wieder aufzuheben oder lieber mit einer Kopie des Dokuments weiterzuarbeiten.

185

Kapitel 10: Apps für den Alltag

Ein Dokument lässt sich jederzeit vor versehentlicher Bearbeitung schützen.

> **Automatischer Schutz:** Ein Dokument, das längere Zeit nicht bearbeitet wird, wird von OS X automatisch geschützt.

Duplizieren Die Versionen sind außerordentlich praktisch und schützen Sie mit hoher Zuverlässigkeit vor Daten- und Dokumentenverlust.

Allerdings scheint es keine Möglichkeit zu geben, nachträglich den Namen eines Dokuments oder sein Format zu ändern. Sobald diese Angaben beim ersten Speichern einmal festgelegt wurden, bleibt TextEdit dabei und bietet scheinbar keine Möglichkeit, daran etwas zu ändern. Doch keine Sorge: Möchten Sie ein Dokument lieber unter einen anderen Namen oder statt in RTF lieber als DOC speichern, dann legen Sie ein Duplikat des aktuellen Dokuments an. Auch das geht mit einem Klick in die Titelleiste des Fensters. Wählen Sie hier *Duplizieren*.

Das Duplikat ist für TextEdit ein neues, noch ungespeichertes Dokument und, entsprechend fragt TextEdit die erforderlichen Parameter wie Name, Speicherort und Dateiformat ab.

Versionen löschen Natürlich können Sie eine Version auch gezielt löschen. Lassen Sie sich dazu die Versionen eines Dokuments anzeigen, blättern Sie bis zur gewünschten Version und klicken Sie auf den Dateinamen in der Titelleiste. Hier können Sie nun mit einem Klick auf *Diese Version löschen* die angezeigte Version dauerhaft entfernen.

Gespeicherte Versionen lassen sich problemlos dauerhaft löschen.

Systemweite Schreibhilfen

> **Weitergeben:** Wenn Sie ein Dokument weitergeben, dann übergeben Sie immer nur die letzte, aktuelle Versionen. Der Empfänger Ihres Dokuments bekommt also nicht alle Versionen, und es besteht auch nicht die Gefahr, dass Sie versehentlich Vorstufen oder Varianten eines Dokumentes weitergeben, die Sie lieber für sich behalten wollten.

Systemweite Schreibhilfen

Neben den Versionen gibt OS X noch weitere Hilfestellungen beim Umgang mit Texten bzw. Dokumenten, die von allen Programmen unter OS X genutzt werden können: eine systemweite Rechtschreibprüfung und eine ebenfalls systemweite Symbol- und Textersetzung.

Die systemweite Rechtschreibprüfung hat den Vorteil, dass Wörter, die Sie in der einen Applikation dem Wörterbuch hinzugefügt haben, auch in einem anderen Programm erkannt werden – vorausgesetzt, das Programm greift auf diesen Service von OS X zurück.   **Rechtschreibung**

Standardmäßig ist bei TextEdit und ähnlichen Programmen die sofortige Prüfung und Korrektur während des Schreibens aktiviert:

- **Prüfung:** Erkennt die Rechtschreibprüfung ein Wort als falsch, so wird es mit einer roten gepunkteten Linie markiert. Um es zu korrigieren, klicken Sie es mit der rechten Maustaste an und wählen den passenden Korrekturvorschlag. Wenn das Wort korrekt geschrieben, aber als vermeintlicher Fehler markiert ist, können Sie es mit *Schreibweise lernen* dem Wörterbuch von OS X hinzufügen.

Als falsch erkannte Wörter werden rot markiert und können per Mausklick korrigiert werden.

- **Korrektur:** Die automatische Rechtschreibkorrektur blendet während des Tippens eine mögliche Wortergänzung ein. Möchten Sie diese Ergänzung oder Korrektur übernehmen, geben Sie ein Leer- oder ein Satzzeichen ein. Das Wort wird korrigiert und bis zur nächsten Eingabe blau markiert.

Kapitel 10: Apps für den Alltag

Automatisch korrigierte Wörter werden kurzfristig blau markiert.

Sollten Sie einmal versehentlich eine Fehlschreibung als korrekt gelernt haben, lässt sich dieser Fehler mit einem kleinen Trick beheben: Markieren Sie das falsch geschriebene Wort im Text, klicken Sie es mit der rechten Maustaste an und wählen Sie im Kontextmenü den Eintrag *Rechtschreibung verlernen*.

Die automatische Prüfung und Korrektur ist mitunter hilfreich, oft aber stört sie nur und lenkt von der Arbeit am Text ab. Hier ist besonders die automatische Korrekturfunktion eher lästig als hilfreich.

Möchten Sie Ihre Texte erst ohne diese etwas ablenkenden Markierungen schreiben und nachträglich korrigieren, dann deaktivieren Sie unter *Bearbeiten > Rechtschreibung und Grammatik* den Punkt *Während der Texteingabe prüfen* und *Rechtschreibung autom. korrigieren*.

Um zum Abschluss der Textarbeit den kompletten Text zu überprüfen, wählen Sie *Bearbeiten > Rechtschreibung und Grammatik > Rechtschreibung und Grammatik einblenden*.

Dabei ist die Rechtschreibprüfung multilingual, die jeweilige Sprache wird automatisch erkannt, lässt sich aber auch über ein Dropdown Menü einstellen. Die Option *Grammatik prüfen* funktioniert leider nur bei englischen Texten, nicht bei deutschen. Schade eigentlich.

Diese Änderungen gelten nur für das aktuelle Programm bzw. das aktuelle Dokument. Möchten Sie die automatische Korrektur systemweit deaktivieren, so rufen Sie die Systemeinstellungen auf, wählen dort *Sprache & Text > Text* und entfernen das Häkchen bei *Rechtschreibung automatisch korrigieren*.

*Die automatische Korrektur ist oft wenig hilfreich und stört eher.
In den Systemeinstellungen lässt sie sich systemweit ausschalten.*

Systemweite Schreibhilfen

Was mit der Rechtschreibung geht, geht auch mit der automatischen Ersetzung von Texten, Kürzeln, Symbolen und Zeichen. So wird die Eingabe von „(c)" automatisch in das Copyrightzeichen („©") umgewandelt oder aus „geraden" Anführungszeichen werden „typographische".

Symbol- und Textersetzung

Natürlich können Sie auch eigene Kürzel definieren und in Zukunft einfach mit „mfg" unterschreiben, damit ein „Mit freundlichen Grüßen" im Text erscheint.

Sie bearbeiten die Ersetzungstabellen unter > *Systemeinstellungen* > *Sprache & Text* auf der Registerkarte *Text*. Mit einem Klick auf das Pluszeichen fügen Sie eine neue Ersetzung hinzu, mit dem Minuszeichen löschen Sie einen Eintrag.

Die Symbol-und Textersetzung kann Ihnen so manche überflüssige Tipparbeit ersparen.

Normalerweise müssen Sie in einem Programm den Rückgriff auf die Symbol- und Textersetzung explizit aktivieren. Das erledigen Sie unter *Bearbeiten > Ersetzungen*.

Ein Standardeintrag im *Bearbeiten*-Menü, der in vielen Programmen auftaucht, ist der Punkt *Transformationen*. Damit ist es möglich, bei einem markierten Text die Groß-/Kleinschreibung zu normieren:

Transformationen

- **Großschreibung:** Der markierte Text wird in Großbuchstaben geschrieben: „DAS IST EIN TEST".
- **Kleinschreibung:** Der markierte Text wird vollständig klein geschrieben: „das ist ein test".
- **Großschreiben:** Jedes Wort wird gemischt geschrieben: „Das Ist Ein Test".

Kapitel 10: Apps für den Alltag

Notizzettel

Bei der täglichen Arbeit am Mac ist ein Notizblock fast unverzichtbar. Sei es, um sich einen Geistesblitz zu notieren; sei es, um den Einkaufszettel nicht aus dem Blick zu verlieren.

Oft stößt man auch im Internet auf interessante Informationen, die man sich gern dauerhaft notieren möchte, oder man will sich schnell eine Telefonnummer aufschreiben. Hier hilft das kleine, aber flexible Programm Notizzettel.

Neue Notiz Beim Start öffnet das Programm alle vorhandenen Notizen, beim ersten Aufruf sind dies zwei (farbige) Notizzettel mit Informationen zum Programm. Eine neue Notiz legen Sie am schnellsten mit ⌘ N an.

Wenn Sie eine Notiz schließen werden Sie gefragt, ob Sie den Notizzettel speichern möchten. Falls Sie dies ablehnen, wird die Notiz gelöscht. Beenden Sie das Programm, werden dagegen alle Notizen gespeichert und beim nächsten Start wieder geöffnet.

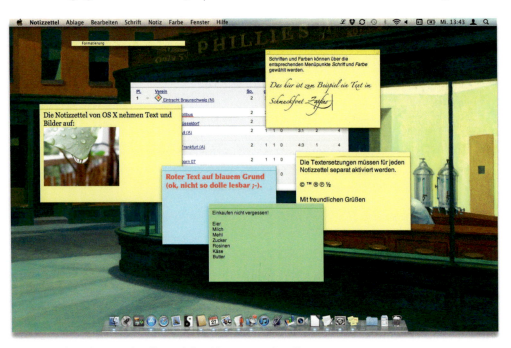

Notizzettel sind eine schnelle und flexible Lösung für alle Arten von Notizen.

Notizendienst Notizzettel steht auch als Dienst zur Verfügung und kann markierten Text aus Dokumenten und Webseiten automatisch in eine Notiz übernehmen (mit dem Thema „Dienste in OS X" beschäftigen wir uns in Kapitel 15).

Notizzettel

Stoßen Sie etwa bei einer Webseite auf eine interessante Stelle, die Sie sich notieren möchten, gehen Sie folgendermaßen vor:

1. Markieren Sie die Passage, die Sie sich notieren möchten.
2. Wählen Sie *Safari > Dienste > Neuen Notizzettel erstellen*. (Den Eintrag *Dienste* finden Sie in fast allen Programm-Menüs.)
3. Die markierte Passage landet automatisch in einer neuen Notiz, ohne dass Sie Notizzettel explizit hätten aufrufen müssen.

*Über das Menü **Dienste** (das Sie in fast allen Applikationen finden) können Sie markierte Textpassagen sofort in einen neuen Notizzettel übernehmen.*

Über das Menü *Schrift* können Sie Ihre Notizen beliebig formatieren, unter *Farbe* legen Sie die Hintergrundfarbe fest. Bilder fügen Sie mit Drag & Drop ein, mit einem Doppelklick auf die Titelleiste lassen Sie den Notizzettel platzsparend zusammenschrumpfen oder entfalten ihn wieder zur vollen Größe. Alternativ dazu können Sie auch ⌘ M drücken. Außerdem lassen sich mit ⌘ F die Notizzettel durchsuchen oder auch bestimmte Begriffe und Formulierungen automatisch ersetzen.

Formatierungen

Soll ein Notizzettel nicht den Bildschirminhalt komplett verdecken, lässt er sich mit *Notiz > Transparentes Fenster* durchsichtig machen. Möchten Sie jedoch, dass ein Zettel immer sichtbar bleibt, wählen Sie *Notiz > Immer im Vordergrund*.

Wer seinen Desktop nicht in der Zettelwirtschaft umkommen lassen will, der kann alle Zettel über *Fenster > Ausrichten* nach verschiedenen Kriterien fein säuberlich in der linken oberen Ecke anordnen lassen, wobei jeweils nur die erste Zeile einer Notiz angezeigt wird.

Zu jedem Notizzettel merkt sich das Programm Erstellungszeit und den Zeitpunkt der letzten Bearbeitung. Um sich diese Informationen anzeigen zu lassen, genügt es, den Mauszeiger etwas länger über die Notiz zu halten.

Kapitel 10: Apps für den Alltag

Die Vorschau

Ein hilfreiches, oft benutztes und ebenso oft unterschätztes Programm ist die Vorschau. Das Programm wir automatisch gestartet, wenn Sie eine Grafik, ein Foto oder eine PDF-Datei per Doppelklick öffnen. Dann tut das Programm genau das, was sein Name sagt: Es gibt Ihnen eine Vorschau über den Inhalt der entsprechenden Datei. Sie können Fotos und Bilder betrachten und PDF-Dateien lesen und gegebenenfalls auch durchsuchen.

Die Vorschau ist in erster Linie ein Programm zum Öffnen von Grafiken und PDF-Dateien. Es kann allerdings noch sehr viel mehr.

Aber der Name des Programms ist auch irreführend, bietet es doch sehr viel mehr als nur einen raschen Einblick in eine Datei.

> **Bilder importieren:** Mit Vorschau lassen sich auch Bilder von einer digitalen Kamera oder einem Scanner importieren. Mehr dazu in Kapitel 13.

Standardmäßig zeigt Ihnen Vorschau einfach und unkompliziert den Inhalt einer Datei an. Für die verschiedenen Bearbeitungsmöglichkeiten stehen allerdings weitere Ansichten zur Verfügung, die Sie im Menü *Darstellung* oder über die Symbolleiste wählen.

Ansichten

Haben Sie mehrere Bilder gleichzeitig in Vorschau geöffnet, können Sie es sich mit *Darstellung > Diashow* vor dem Mac gemütlich machen und sich die Bilder der Reihe nach in voller Bildschirmgröße ansehen. Das funktioniert übrigens auch mit mehrseitigen PDF-Dateien.

Möchten Sie ein Detail eines Bildes genauer betrachten, können Sie es mit *Werkzeuge > Vergrößerungswerkzeug einblenden* pixelgenau und wortwörtlich unter die Lupe nehmen. Mit `esc` blenden Sie die Lupe wieder aus.

Außerdem unterstützt Vorschau die Vollbilddarstellung.

Mit Vorschau können Sie Bilder und Grafiken nicht nur betrachten, sondern auch bearbeiten:

Bildbearbeitung

- **Konvertieren:** Um ein Bild in einem anderen Format zu speichern – etwa statt als TIFF in PNG – öffnen Sie die Datei mit einem Doppelklick in Vorschau, wählen *Ablage > Duplizieren* und können nach *Ablage > Sichern* das gewünschte Format angeben.

- **Skalieren:** Die Größe eines Bildes lässt sich über *Werkzeuge > Größenkorrektur* ändern. So wird aus einem sehr großen 12-Megapixel-Foto in voller Auflösung rasch ein webtaugliches Bild.

- **Drehen und Spiegeln:** Im *Werkzeuge*-Menü finden Sie auch entsprechende Einträge zum Drehen oder Spiegeln eines Bildes.

- **Farbkorrektur:** Mit *Werkzeuge > Farbkorrektur* können Sie Farben, Belichtung, Sättigung und andere Parameter eines Bildes bearbeiten.

- **Ausschnitt:** Möchten Sie nur einen Ausschnitt des Bildes speichern, klicken Sie in der Symbolleiste auf *Auswählen*, markieren mit der Maus den gewünschten Ausschnitt und beschneiden das Bild mit `⌘`+`K`. Über den kleinen Pfeil rechts neben *Auswählen* legen Sie fest, welche Auswahlform Sie benutzen möchten. Halten Sie die `⇧`-Taste gedrückt, wird aus der rechteckigen bzw. elliptischen Auswahl ein Quadrat bzw. ein Kreis. Mit *Lasso* lassen sich beliebige Bereiche markieren, das *Intelligente Lasso* erleichtert Ihnen die Markierung, indem Vorschau die Farbinformationen auswertet und zusammengehörige Teile erkennt. Diese Funktion eignet sich also recht gut zum Freistellen von Objekten.

- **Kopieren, Ausschneiden und Einfügen:** Einen markierten Bereich können Sie mit `⌘`+`C` und `⌘`+`X` kopieren bzw. ausschneiden und mit `⌘`+`V` an anderer Stelle oder in ein anderes Bild einfügen. Der eingefügte Bereich lässt sich wiederum skalieren. Mit `⌘`+`N` wird aus dem kopierten Teil eine neue Grafik erzeugt.

Kapitel 10: Apps für den Alltag

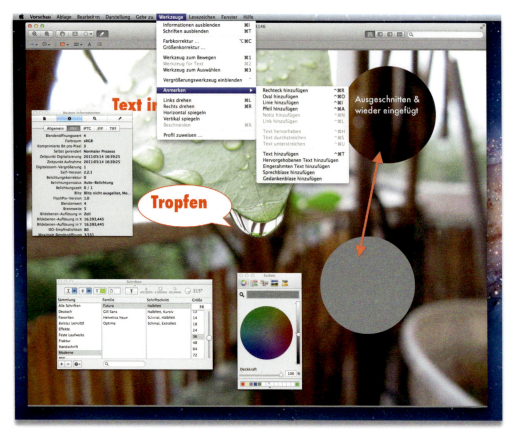

Vorschau bietet eine ganze Reihe an Funktionen für die Bearbeitung von Bildern.

- **Anmerkungen:** Mit einem Klick auf die Schaltfläche *Anmerken* in der Symbolleiste wird eine weitere Leiste eingeblendet. Hier können Sie nun Pfeile, Rechtecke, Ellipsen, Textkästen und ähnliches in das Bild montieren. Dabei lassen sich Strichstärke, Farbe und natürlich auch der Font bestimmen. Mit einem Klick auf das Listensymbol blenden Sie eine Übersicht über sämtliche Anmerkungen ein. Hier können Sie eine Anmerkung markieren und zum Beispiel mit der ⌫-Taste löschen.

Mit diesen Bearbeitungsfunktionen entpuppt sich die Vorschau schon als ein ganz erstaunlich vielseitiges und ungemein nützliches Programm – aber Sie wissen immer noch nicht alles.

PDF-Dateien in Vorschau

Auch eine PDF-Datei wird standardmäßig in der Vorschau geöffnet und angezeigt. Hier hat Vorschau erstaunliche viele Bearbeitungsmöglichkeiten zu bieten. Zu den obligatorischen Standards gehört, dass Sie Text kopieren und in eigene Dokumente übernehmen können.

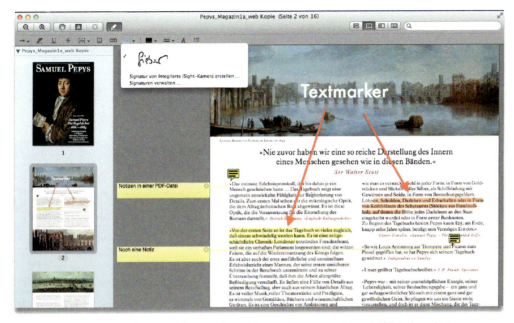

PDF-Dateien lassen sich in Vorschau nicht nur betrachten, sondern vielfältig bearbeiten.

Aber dabei lässt es Vorschau noch lange nicht bewenden.

- **Lesezeichen:** Damit Sie sich in längeren PDF-Dokumenten zurecht finden, können Sie Lesezeichen hinzufügen. Wählen Sie dazu *Lesezeichen > Lesezeichen hinzufügen*. Über das Menü *Lesezeichen* können Sie die Lesezeichen in einem Dokument auch gezielt ansteuern.

- **Anmerkungen:** Über *Werkzeuge > Anmerken* bzw. einen Klick auf das entsprechende Symbol – den Stift – können Sie Notizen, Markierungen wie Pfeile oder Linien oder Links hinzufügen. Text in einer PDF-Datei kann durch- oder unterstrichen werden, farbige Markierungen sind ebenfalls möglich.

- **Signaturen:** Mit *Vorschau > Einstellungen > Signaturen* können Sie Ihre Unterschrift direkt über die iSight-Kamera, die jeder Mac besitzt, fotografieren. Vorschau vektorisiert Ihre Unterschrift und fügt sie auf Wunsch in ein PDF-Dokument ein. Die Unterschrift kann skaliert und an das Dokument angepasst werden.

Kapitel 10: Apps für den Alltag

- **Leere Seite einfügen:** Mit *Bearbeiten > Leere Seite einfügen* fügen Sie in ein PDF-Dokument eine neue, leere Seite ein.

- **Verschieben/Löschen:** In der Seitenleiste lassen sich die Seiten eines PDF-Dokuments beliebig verschieben. Markieren Sie eine Seite und drücken Sie die ⌫-Taste, so wird die Seite gelöscht.

- **Dokumente aufteilen:** Mehrseitige PDF-Dokumente können problemlos geteilt werden. Es ist auch möglich, gezielt einzelne Seiten aus einem Dokument in ein neues zu kopieren. Markieren Sie dazu in der Seitenleiste die Seiten, die in das neue PDF übernommen werden sollen. Kopieren Sie sie dann mit ⌘ C und drücken Sie anschließend ⌘ N. Vorschau erzeugt nun ein neues PDF-Dokument mit den gewünschten Seiten.

- **Seiten zwischen PDFs austauschen:** Öffnen Sie zwei mehrseitige PDF-Dokumente, können Sie über die Seitenleiste die Seiten der Dateien beliebig zwischen den beiden PDFs verschieben.

Lexikon

Zu den unscheinbaren, aber hilfreichen Programmen von OS X gehört auch ein Lexikon, das Sie entweder direkt als Programm oder, was wohl häufiger vorkommen wird, auch über die Dienste oder das Kontextmenü aufrufen können.

Stolpern Sie etwa auf einer Webseite oder in einem Dokument über einen Begriff, der Ihnen nicht geläufig ist, markieren Sie ihn, klicken ihn mit der rechten Maustaste an und wählen *Suche nach ...*. OS X schlägt nun im Lexikon nach und blendet die gefundenen Informationen ein.

> **Fingertipp:** Beim Trackpad können Sie auch mit drei Fingern doppelt auf einen Begriff tippen, um diesen im Lexikon nachschlagen.

Das ist eine feine Sache, hat aber leider einen kleinen Haken. Denn von Haus aus greift das Programm nur auf wenige Quellen zu:

- **New Oxford American Dictionary:** englisches Standardwörterbuch
- **Oxford American Writer's Thesaurus:** englischer Thesaurus, also ein Lexikon, das verwandte Wörter verzeichnet
- **Apple-Lexikon:** ein (allerdings nicht allzu aktuelles) Nachschlagewerk rund um Apple
- **Wikipedia:** Via Internet greift das Lexikon auch auf die Wikipedia zu

Lexikon

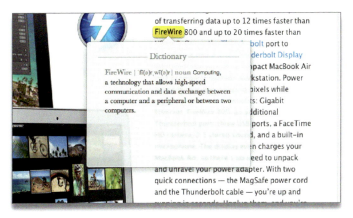

Das Lexikon kann direkt innerhalb eines Dokuments (oben: Apple-Webseite) oder als eigenständige Applikation (unten) aufgerufen werden.

Außerdem lassen sich unter *Lexikon > Einstellungen* noch Japanisch-Englische Wörterbücher oder ein japanisches Synonym-Wörterbuch einbinden.

So richtig sinnvoll ist das für den deutschen Markt alles leider nicht. Doch es gibt immerhin die Möglichkeit, das Lexikon über Plugins um weitere Nachschlagewerke zu erweitern, etwa um ein Deutsch-Englisches-Wörterbuch. Schauen Sie zum Beispiel einmal bei www.tekl.de vorbei oder suchen Sie im Internet nach „OS X Lexikon Plugins".

Kapitel 10: Apps für den Alltag

Rechner

Ein Taschenrechner darf natürlich auch unter OS X nicht fehlen. Zwar stehen Ihnen für einfache Rechenoperationen der Taschenrechner im Dashboard oder die Rechenfunktionen mit Spotlight zur Verfügung (dazu mehr in Kapitel 16), aber manchmal darf's ruhig ein wenig mehr sein als die vier Grundrechenarten.

Hier setzt das kleine Programm Rechner ein. Das Tool funktioniert genauso wie ein normaler Taschenrechner, beherrscht aber einige Tricks. So ist es zum Beispiel möglich, die durchgeführten Berechnungen unter dem Menüpunkt *Ablage* als Beleg in einer Textdatei zu sichern bzw. zu drucken.

Umrechnen Darüber hinaus kann das Programm auch Maße, Gewichte und andere Einheiten von einem in ein anderes System umrechnen. Ein kleines Beispiel: Sie möchten 15 US-Dollar in Euro umrechnen. Geben Sie dazu zuerst den umzurechnenden Wert ein – also 15 –, und wählen Sie dann *Umrechnen > Währung*. Legen Sie die Ausgangs- und die Zielwährung fest (also *US-Dollar* und *Euro*), und klicken Sie anschließend auf *Umrechnen*. Voilà: am 6. Juli 2011 entsprachen 15 US-Dollar 10,45 Euro.

> **Aktualisieren:** Währungskurse ändern sich ständig und müssen regelmäßig aktualisiert werden. Bevor Sie eine Währung umrechnen, sollten Sie also auf die Taste *Aktualisieren* im Umrechnungsdialog klicken.

Viele Rechner Seine Stärken entfaltet der kleine Rechner, wenn Sie einmal das Menü *Darstellung* öffnen. Das nämlich ist ein wenig irreführend benannt, denn hier ändern sich nicht einfach nur das Erscheinungsbild, sondern die Funktionalität des Taschenrechners und können ihn vom einfachen Taschenrechner in einen wissenschaftlichen Rechner oder in ein hilfreiches Werkzeug für Programmierer verwandeln. Auch die Umstellung auf die Umgekehrte Polnische Notation (UPN) ist möglich.

Ein Programm, drei Gesichter: Der Rechner kennt verschiedenen Betriebsmodi.

Schriften

Zum Lieferumfang von OS X gehören nicht nur zahlreiche Programme, sondern viele hochwertige Zeichensätze. Das ist natürlich eine feine Sache, doch die Fülle ist auch störend, wenn man vor lauter Schriften den passenden Font nicht findet. Hier hilft das Programm Schriftsammlung weiter, das zur Verwaltung und Organisation der Schriften auf Ihrem Mac dient.

Schriften verwalten

Schriftsammlung erlaubt die Installation neuer Fonts, die Deaktivierung oder auch Deinstallation unbenötigter Schriften und bietet Ihnen umfassende Informationen zu den einzelnen Schriften. So können Sie sich etwa eine Schrift mit einem Beispieltext in unterschiedlichen Größen anzeigen lassen, um einen Eindruck von der Wirkung der Schrift zu bekommen, oder den kompletten Zeichensatz überprüfen, ob alle benötigten Zeichen vorhanden sind. Außerdem lassen sich umfassende technische Informationen einblenden.

Wenn Sie das Programm erstmals aufrufen, zeigt es Ihnen als Schriftmuster nur das Alphabet ohne Umlaute und Sonderzeichen, was für die Praxis oft nichtssagend ist. Doch das lässt sich über die Symbolleiste bzw. das Menü *Vorschau* ändern.

- **Beispiel:** Es werden die Groß- und Kleinbuchstaben von A bis Z und die Ziffern von 1 bis 0 angezeigt.
- **Repertoire:** Schriftsammlung zeigt den kompletten Zeichensatz an.
- **Eigene:** Geben Sie Ihren eigenen Text ein, um die Wirkung des gewählten Fonts zu überprüfen.
- **Schriftinformationen:** Dieser Punkt zeigt Ihnen alle Details eines Fonts, von seinem Namen über die Copyright-Information bis hin zum Speicherplatz auf der Festplatte.

> **Speicherort:** Um direkt auf eine Schriftdatei auf der Festplatte zuzugreifen, drücken Sie ⌘R. Es öffnet sich ein Finderfenster, in dem die entsprechende Datei markiert ist.

Kapitel 10: Apps für den Alltag

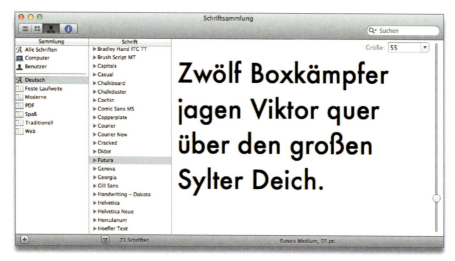

Schriftsammlung dient der Verwaltung und Organisation der verschiedenen Schriften auf Ihrem Mac.

Fonts installieren Einen neuen Font fügen Sie der Schriftsammlung mit einem Klick auf das Pluszeichen in der Schriftenübersicht hinzu.

Sie können einen Font aber auch ohne Aufruf des Programms installieren. Doppelklicken Sie dazu auf die Fontdatei. Es öffnet sich ein Vorschaufenster, das Ihnen den Font anzeigt. Mit einem Klick auf *Installieren* fügen Sie ihn dem System hinzu.

> **Typen:** OS X unterstützt OpenType-, PostScript- und TrueType-Schriften, Sie können also zum Beispiel bei einem Umstieg von Windows auf OS X Ihre Fonts problemlos weiterbenutzen.

Deaktivieren Alle Fonts, die Sie in Schriftsammlung verwalten, werden normalerweise in den entsprechenden Schriftenmenüs der Programme angezeigt. Fonts, die Sie nur selten benötigen, können da schon mal für ein wenig Unordnung sorgen. Hier bietet es sich an, diese Fonts in Schriftsammlung zu deaktivieren und nur bei Bedarf wieder hervorzuholen.

Um einen Font auszublenden, wählen Sie ihn in der Schriftenliste an und wählen *Bearbeiten > (Fontname) deaktivieren*. Alternativ dazu klicken Sie in der Schriftenliste unten auf das Häkchen. Nach einer Sicherheitsabfrage wird der Font deaktiviert und steht erst dann wieder zur Verfügung, wenn Sie ihn erneut aktivieren. So lassen sich auch ganze Schriftfamilien vorübergehend ausblenden.

Löschen Wenn Sie mit einem von Ihnen installierten Font nicht zufrieden sind, können Sie ihn auch komplett löschen. Markieren Sie dazu den gewünschten Font und wählen Sie *Ablage > (Fontname) entfernen*.

Doch Vorsicht, ein unbedachtes Löschen kann seltsame Nebeneffekte haben und dafür sorgen, dass etwa bestimmte Dokumente oder Webseiten nicht mehr korrekt angezeigt werden. Da Fontdateien in der Regel sehr klein sind und kaum Speicherplatz belegen, ist das Deaktivieren nicht benötigter Fonts allemal die bessere Lösung als ein radikaler Schritt wie das Löschen.

Sammlungen

Eines der hilfreichsten Features von Schriftsammlung ist die Möglichkeit, Schriften in eigenen Sammlungen zusammenzufassen. Das sorgt für mehr Überblick. Von Haus aus sind bereits einige Sammlungen aufgeführt (Feste Laufweite, PDF, Spaß, Web …), aber das sollte Sie nicht daran hindern, diese Sammlungen nach Ihrem Gusto zu ändern, neue Sammlungen anzulegen und andere zu löschen.

Eine neue Sammlung legen Sie über das Pluszeichen an, die gewünschten Fonts werden einfach aus der Gesamtliste auf den Ordnereintrag der neuen Sammlung gezogen. Sie können auch zuerst die Fonts markieren und diese anschließend in die Spalte *Sammlung* ziehen.

Duplikate

OS X verwaltet eine Vielzahl von Fonts in unterschiedlichen Ordnern. Hinzu kommen die Schriften, die von anderen Programmen installiert werden. Das kann dazu führen, dass einige Schriften mehrfach vertreten sind. Diese doppelten Einträge werden in der Schriftenübersicht mit einem Punkt markiert. Um diese überflüssigen Dopplungen auszublenden, markieren Sie mit ⌘ A alle Schriften in der Schriftenliste und wählen anschließend *Bearbeiten > Duplikate auflösen*. Dabei werden die doppelten Schriften deaktiviert, aber nicht von der Festplatte gelöscht.

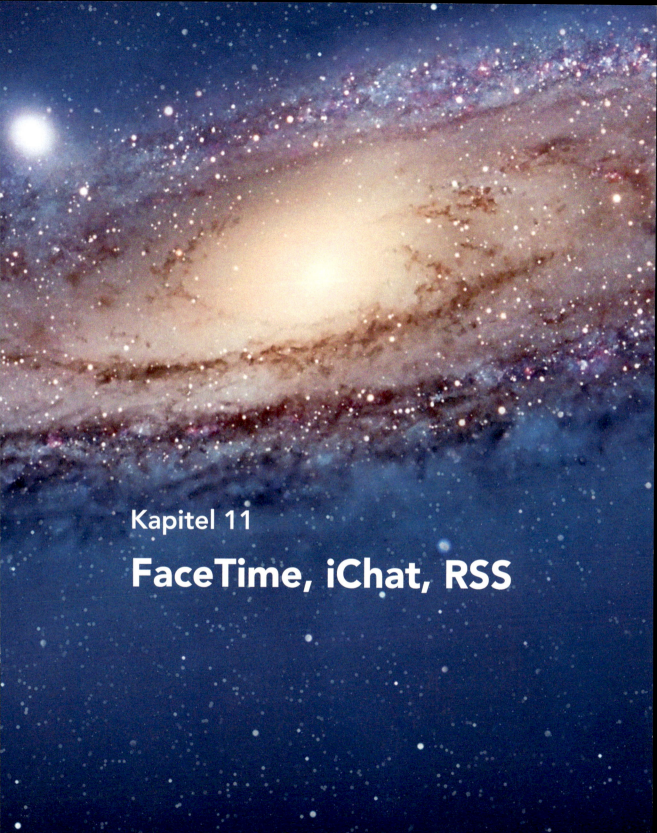

Kapitel 11

FaceTime, iChat, RSS

Kapitel 11: FaceTime, iChat, RSS

FaceTime

Mit FaceTime bietet Ihr Mac die Möglichkeit, kostenlose Videotelefonate via Internet rund um den Globus zu führen. Allerdings ist das an zwei Bedingungen geknüpft:

- **Nur Apple:** FaceTime funktioniert nur zwischen Geräten, die FaceTime unterstützen. Zwar will Apple FaceTime auch für andere Anbieter zugänglich machen, doch bislang wird dieses Protokoll ausschließlich von Apple-Geräten genutzt. Neben dem Mac sind dies auch das iPhone, der iPod touch und das iPad.
- **Nur WLAN:** Beide FaceTime-Geräte müssen in einem WLAN eingebucht sein, da die Bild- und Tonübertragung via WLAN erfolgt.

Bei einem FaceTime-Telefonat werden Ton und Bild vom Mac via Internet an Ihren Gesprächspartner übertragen und vom Gerät des Empfängers angezeigt bzw. wiedergegeben. Da jeder Mac über eine integrierte Kamera und ein Mikro verfügt, benötigen Sie keine weitere Hardware.

FaceTime aktivieren Zur Kontaktaufnahme via FaceTime dient Ihre E-Mail-Adresse. Beim ersten Start von FaceTime werden Sie aufgefordert, Ihre Apple-ID – die ja eine E-Mail-Adresse ist – für FaceTime zu aktivieren, was Sie mit der Eingabe Ihres Kennworts und einem Klick auf *Anmelden* erledigen. Anschließend sind Sie von anderen FaceTime-Geräten über diese E-Mail-Adresse zu erreichen. Wenn Sie eine andere Adresse benutzen möchten, klicken Sie auf *Neuen Account erstellen*.

Bevor Sie FaceTime nutzen können, müssen Sie sich mit Ihrer Apple-ID anmelden.

FaceTime

Anrufen

Ein Videotelefonat ist denkbar einfach: Starten Sie die FaceTime-App, klicken Sie unten rechts auf *Kontakte* und wählen Sie den gewünschten Eintrag. Mit einem Tipp auf die Telefonnummer bzw. E-Mail-Adresse, über die der Kontakt via FaceTime zu erreichen ist, starten Sie den Anruf.

Alternativ dazu können Sie auch im Adressbuch auf das Etikett vor einer Telefonnummer/E-Mail-Adresse klicken und *FaceTime* wählen.

Um Ihre wichtigsten Kontakte schnell verfügbar zu haben, markieren Sie sie als Favoriten. Klicken Sie dazu entweder unter *Favoriten* auf das Pluszeichen oder beim entsprechenden Eintrag auf *Als Favorit sichern*.

Ein Telefonat

Sobald der Angerufene das Gespräch angenommen hat, sehen Sie ihn im Fenster der FaceTime-App auf dem Mac und können sich nun mit ihm unterhalten. Gleichzeitig sieht Ihr Gesprächspartner das, was die Kamera Ihres Macs an ihn überträgt.

Damit Sie wissen, was Ihr Gegenüber auf seinem FaceTime-Gerät zu sehen bekommt, wird eine Miniatur eingeblendet, in der das Bild zu sehen ist, das Ihr Mac überträgt. Diese Miniatur können Sie mit der Maus verschieben.

Mit einem Klick auf den Pfeil in der Miniatur wechseln Sie zwischen Hoch- und Querformat des Bildes. Möchten Sie Ihr Gegenüber bildschirmfüllend sehen, klicken Sie auf den Doppelpfeil.

Möchten Sie vorübergehend die Tonübertragung unterbrechen, tippen Sie auf das durchgestrichene Mikrofon. Mit einem erneuten Tipp auf das Symbol schalten Sie den Ton wieder ein.

Die Steuerleiste für FaceTime wird eingeblendet, sobald Sie mit der Maus auf das FaceTime-Fenster zeigen.

Angerufen werden

Wenn Sie über FaceTime angerufen werden, startet FaceTime automatisch, aktiviert die Frontkamera und weist Sie auf eine FaceTime-Einladung hin. Im oberen Bildschirmbereich sehen Sie die Telefonnummer/E-Mail-Adresse des Anrufers. Falls der Anrufer im Adressbuch gespeichert ist, zeigt FaceTime den Namen des Anrufers an.

Sobald FaceTime aktiviert ist, startet es bei eintreffenden Anrufen automatisch.

Kapitel 11: FaceTime, iChat, RSS

Über zwei große Tasten können Sie die Einladung *Ablehnen* oder *Annehmen*. Nach dem Ende des Telefonats (bzw. wenn Sie es ablehnen) wechselt OS X wieder zu der Applikation, die vor dem Anruf aktiv war.

Mehr Adressen für FaceTime Sie können mehr als eine Mailadresse für FaceTime freischalten. Rufen Sie dazu *FaceTime > Einstellungen* auf und klicken Sie auf *Weitere E-Mail hinzufügen*. Geben Sie die gewünschte Adresse ein und bestätigen Sie mit einem Druck auf die ⏎-Taste.

Sie können unter mehreren E-Mail-Adressen für ein FaceTime-Telefonat erreichbar sein.

Es wird nun eine Überprüfungsmail an die eingegebene Adresse geschickt. Rufen Sie also Ihre Mails ab und klicken Sie auf den Link, den Apple Ihnen geschickt hat. Im Browser öffnet sich nun ein Webformular, in dem Sie sich mit Ihrer Apple-ID anmelden und so die neue E-Mail-Adresse bestätigen.

> **Adressen löschen:** Um eine FaceTime-Adresse zu löschen, rufen Sie *FaceTime > Einstellungen* auf. Klicken Sie auf die Adresse, die Sie löschen möchten, und wählen Sie *Diese E-Mail-Adresse entfernen*.

FaceTime deaktivieren Sobald Sie FaceTime aktiviert haben, können Sie via Internet über Ihre E-Mail-Adresse für ein Videotelefonat angerufen werden – und zwar auch dann, wenn Sie das Programm FaceTime gar nicht gestartet haben.

Das ist natürlich nicht immer erwünscht, manchmal möchte man auch einmal nicht erreichbar sein. In diesem Fall können Sie FaceTime natürlich auch einfach deaktivieren.

iChat

Rufen Sie dazu *FaceTime > FaceTime deaktivieren* auf. Keine Sorge, Ihre Kontaktdaten werden dabei nicht gelöscht. Sobald Sie FaceTime erneut aktivieren, sind Sie wieder unter den eingegebenen Adressen zu erreichen.

Möchten Sie an Ihrem Mac nicht von FaceTime-Anrufen gestört werden, deaktivieren Sie FaceTime.

iChat

Mit iChat bietet OS X ein mächtiges Chat-Programm, das nicht nur für ein Plauderstündchen zwischendurch, sondern auch für Videokonferenzen eingesetzt werden kann.

Damit Sie die Fähigkeiten von iChat nutzen können, brauchen Sie Zugang zu einem Chat-Netzwerk. Dabei haben Sie zwei Möglichkeiten: **Account**

- **AIM/MobileMe:** Sie können das AOL-Chatnetzwerk benutzen. Damit haben Sie Kontakt zu allen AIM-Anwendern (AIM = AOL Instant Messenger). Um das Netzwerk zu nutzen, benötigen Sie einen (kostenlosen) AOL-Account, den Sie unter *www.aol.de* registrieren können. Alternativ dazu können Sie sich auch mit einem Account bei Apples Onlinedienst MobileMe anmelden, um auf das AIM-Netzwerk zuzugreifen.

- **Jabber/Google Talk:** Bei Jabber handelt es sich um eine Open-Source-Lösung, die unter anderem von Google unterstützt wird. Jeder Benutzer eines Googlemail-Accounts besitzt automatisch auch einen Jabber-Account

Um iChat zu nutzen, müssen Sie lediglich Ihren Account eintragen. Falls Sie noch keinen Account besitzen, können Sie über *iChat Account anfordern* einen kostenlosen Account bekommen.

Kapitel 11: FaceTime, iChat, RSS

Apples Chat-Programm unterstützt verschiedene Chat-Netzwerke. Ein Account ist in der Regel kostenlos.

Um einen Kontakt in Ihre Kontaktliste aufzunehmen, klicken Sie im iChat-Fenster auf das Pluszeichen und geben die entsprechenden Daten ein. Sobald Ihr Gesprächspartner Ihre Kontaktanfrage bestätigt hat, kann es losgehen.

Text, Bild, Ton, Video

- **Text/Bild:** Markieren Sie Ihren Gesprächspartner in der Kontaktliste und klicken Sie unten auf das A. Es öffnet sich ein Chat-Fenster. Geben Sie Ihre Meldung ein und schicken Sie sie mit der ⏎-Taste auf die Reise. Falls Ihr Kontakt ebenfalls online und gesprächsbereit ist, erscheint Ihre Meldung automatisch auf dem Computer Ihres Gegenübers, das nun seinerseits eine Meldung schreiben kann, die bei Ihnen erscheint. Möchten Sie ein Bild mitschicken, ziehen Sie die Datei einfach in das Eingabefeld des Chatfensters.

- **Telefon:** Falls Ihr Gegenüber einen Computer mit Mikrofon benutzt, verbindet Sie ein Klick auf den Telefonhörer zu einem Gespräch.

- **Video:** Entsprechend startet ein Klick auf das Kamerasymbol einen Videochat. Dabei sehen Sie Ihren Gesprächspartner ähnlich wie bei FaceTime fensterfüllend, während Ihr eigenes Bild (also das, was Ihr Gegenüber sieht) verkleinert angezeigt wird. Dieses kleine Fenster lässt sich verschieben und skalieren. Beim Video-Chat können Sie auch Dateien, Webseiten oder iPhoto im iChat Theater freigeben (dazu gleich mehr).

iChat

Mit iChat lassen sich nicht nur Texte, sondern auch Bilder übertragen.

Bei einem Videochat ist es möglich, Texte und Bilder freizugeben, die dann im Chat-Fenster angezeigt werden. Eine Bearbeitung ist dabei zwar nicht möglich, aber so kann man schnell und unkompliziert Fotos präsentieren, PDF-Dateien zeigen oder über Layoutentwürfe diskutieren. Klicken Sie dazu auf das Pluszeichen im Chat-Fenster und wählen Sie *Datei für iChat Theater freigeben*. Ebenfalls möglich ist die Freigabe von Webseiten, die Sie aktuell in Safari aufgerufen haben, oder für Fotos aus iPhoto.

iChat Theater

Während eines Videochats können Sie Ihrem Gesprächspartner auch Dateien, Fotos oder Webseiten zeigen, indem Sie die entsprechenden Dateien freigeben.

Kapitel 11: FaceTime, iChat, RSS

Bildschirm- Beim iChat Theater sieht Ihr Gegenüber nur Dateien, Webseiten oder Fotos, die Sie
freigabe ihm explizit zeigen. Die Bildschirmfreigabe von iChat geht einen großen Schritt weiter: Denn damit sieht Ihr Gegenüber auf seinem Mac den kompletten Bildschirminhalt Ihres Macs. Und nicht nur das: Er kann sogar an seinem Mac zu Ihrem Mac umschalten, sieht dann auf seinem Bildschirm Ihren Bildschirm und ist in der Lage, von seinem Mac aus Ihren Mac fernzusteuern. Das ist zum Beispiel sinnvoll, wenn Ihnen Ihr Gesprächspartner bei der Lösung eines Problems helfen soll und er Ihnen die Lösung direkt an Ihrem Bildschirm zeigt.

Das Ganze funktioniert natürlich nur mit Ihrer Zustimmung; eine erteilte Freigabe lässt sich jederzeit beenden. Da Ihr Gegenüber nach der Bildschirmfreigabe via Internet auf Ihrem Mac schalten und walten kann, als säße er davor, sollten Sie die Bildschirmfreigabe nur bei Personen aktivieren, denen Sie vertrauen.

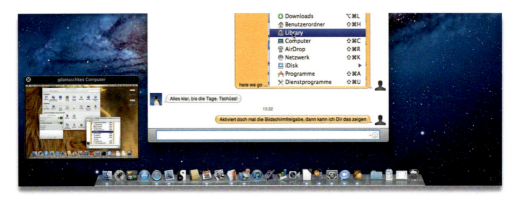

Bei der Bildschirmfreigabe sehen Sie den Bildschirm Ihres Gesprächspartners in einer kleinen Vorschau und können mit einem Mausklick darauf den Inhalt Ihres Bildschirms mit dem Ihres Gegenübers wechseln.

Um die Bildschirmfreigabe zu aktivieren, klicken Sie im iChat-Fenster unten rechts auf das Symbol mit den beiden Rechtecken. Nach der Freigabe erscheint in der Menüleiste oben rechts ein rotes Symbol, über das Sie die Freigabe auch wieder beenden können.

Die Bildschirmfreigabe lässt sich jederzeit beenden.

Dateiaustausch Sie können jedem Kontakt via iChat auch rasch eine Datei zukommen lassen. Markieren Sie den Kontakt und öffnen Sie mit einem Klick auf das *A* ein Chat-Fenster. Rufen Sie *Kontakte > Datei senden* auf und wählen Sie die gewünschte Datei. Nun erscheint links in der Eingabezeile des Chat-Fensters ein Dateisymbol, und Sie können Ihre begleitende Nachricht eintippen. Haben Sie es sich anders überlegt, löschen Sie das Dateisymbol mit der ⌫-Taste.

Es ist auch möglich, eine Datei einfach auf das Chat-Fenster zu ziehen, um sie per iChat auf die Reise zu schicken. Dabei werden Grafiken, Bilder und Fotos direkt in der Chat-Meldung angezeigt. Der Empfänger kann sie dann mit Drag & Drop aus dem Chat-Fenster auf den Schreibtisch ziehen.

RSS mit Safari und Mail

Viele Nachrichtenseiten und Blogs aktualisieren mehrfach am Tag ihre Inhalte. Damit die Leser wissen, wann es auf einer Webseite neue Meldungen gibt, wurde ein Verfahren namens RSS entwickelt.

> **Kuddelmuddel:** Wofür die Abkürzung RSS steht, ist nicht eindeutig klar. Einerseits wird sie mit „Really Simple Syndication", aber auch mit „Rich Site Summary" oder „RDF Site Summary" aufgelöst, wobei das Kürzel RDF („Ressource Description Framework") gleich für neue Verwirrung sorgt.

RSS bezeichnet ein spezielles Dateiformat, das den aktuellen Inhalt einer bestimmten Webseite in Kurzform enthält, also etwa die Überschriften und Vorspänne der letzten zehn Artikel. Sobald ein neuer Artikel zu einer Webseite hinzugefügt wird, wird die entsprechende RSS-Datei aktualisiert.

Das kann RSS

RSS-Dateien lassen sich mit speziellen Programmen – den RSS-Readern – anzeigen und abonnieren (bei OS X können sowohl Safari als auch Mail als Reader eingesetzt werden).

Das meint nichts anderes, als dass der RSS-Reader in regelmäßigen Abständen die jeweils aktuelle Version einer RSS-Datei lädt. Und was mit einer Datei geht, geht auch mit nahezu beliebig vielen. So kann man mit einem RSS-Reader problemlos 50, 100 und mehr Webseiten und Blogs im Auge behalten, ohne diese selbst regelmäßig abklappern zu müssen.

Klingt eine Zusammenfassung interessant genug, um den ganzen Artikel lesen zu wollen, genügt ein Klick auf den Eintrag im Reader und der Webbrowser lädt die entsprechende Webseite mit der aktuellen Meldung.

Ursprünglich war RSS nur die Sache einer Handvoll Blogs, inzwischen gibt es kaum noch eine Nachrichtenseite, die auf diesen Informationsservice verzichtet. Auch Unternehmen verteilen ihre Pressemitteilungen und Informationen zu neuen Dienstleistungen und Produkten als RSS-Datei. Man spricht in diesen Fällen auch davon, dass eine Seite einen RSS- oder, allgemeiner, einen Newsfeed anbietet.

Kapitel 11: FaceTime, iChat, RSS

Das Standardformat für RSS-Feeds ist heute RSS 2.0, es gibt aber auch andere Formate, deren Unterschiede Sie allerdings ignorieren können. Falls eine Webseite den Newsfeed in verschiedenen Formaten anbietet, wählen Sie einfach das erste Format, das Safari Ihnen vorschlägt.

Safari als RSS-Reader Man kann sich einen RSS-Reader auch als eine Art automatischen Browser vorstellen, der die aktuellen Informationen für Sie zwischenspeichert. Was liegt also näher, als einen Webbrowser wie Safari um die Funktion eines RSS-Readers zu ergänzen? Und genau das haben die Entwickler getan.

Webseiten mit RSS-Feed erkennen Sie am blaugrauen RSS-Symbol, das Safari in der Adressleiste rechts einblendet. Bei manchen Webseiten wird das RSS-Symbol allerdings vom Reader-Symbol überlagert. Klicken Sie in diesem Fall etwas länger auf das Reader-Symbol, es wird dann eine Liste der möglichen RSS-Feeds angezeigt.

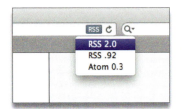

Ob eine Webseite einen RSS-Feed anbietet, sehen Sie rechts oben in der Adresszeile.

Feed abonnieren Klicken Sie auf das RSS-Symbol, öffnet Safari den Feed wie eine normale Webseite. Falls die Webseite mehrere Feeds anbietet, wird zuvor eine Auswahlliste eingeblendet. Der Feed wird wird von Safari wie eine normale Webseite behandelt, die Sie Ihren Lesezeichen hinzufügen können.

Wenn Sie mehr als einen RSS-Feed abonnieren – und die Wahrscheinlichkeit, dass Sie das tun, ist sehr hoch –, dann empfiehlt es sich, die Feeds in einem eigenen Ordner zu verwalten.

Nachdem Sie einen Feed auf diese Weise abonniert haben, zeigt Ihnen Safari hinter dem Lesezeichen die Anzahl der noch nicht gelesenen (also neuen) Artikel im Feed an.

Um sich einen Überblick über die aktuellen Inhalte einer Webseite zu verschaffen, deren RSS-Feed Sie abonniert haben, können Sie sich nun über das neu angelegte Lesezeichen den aktuellen Stand der RSS-Datei anzeigen lassen.

RSS mit Safari und Mail

Die verschiedenen RSS-Feeds werden in Safari etwas schmucklos und wenig attraktiv dargestellt.

Neben Safari kann auch Mail als RSS-Reader eingesetzt werden. Dabei stellt Mail die RSS-Datei nicht als Webseite, sondern als speziellen Ordner dar, in dem die Einträge der RSS-Datei wie eine normale E-Mail angezeigt werden. Das Abonnieren eines Feeds funktioniert wie gewohnt in Safari, aber der Browser übergibt die Feed-Adresse anschließend an Mail.

Mail als RSS-Reader

Mail stellt abonnierte RSS-Feeds wie normale E-Mails dar.

213

Kapitel 11: FaceTime, iChat, RSS

Damit das funktioniert, wählen Sie unter *Mail > Einstellungen > RSS*, welches Programm Sie als RSS-Reader benutzen möchten.

Um die Übersicht zu behalten, können Sie die Feeds in Ordnern samt Unterordnern verwalten.

RSS im Posteingang RSS-Artikel lassen sich nicht nur im RSS-Abschnitt, sondern auch im Posteingang anzeigen. So sind Sie über aktuelle Meldungen in Ihren wichtigsten Feeds informiert, ohne ständig die komplette RSS-Rubrik in der Seitenleiste geöffnet zu halten.

Um einen RSS-Feed im Posteingang anzeigen zu lassen, markieren Sie den Feed und klicken anschließend auf den kleinen Pfeil, der nach oben zeigt und rechts eingeblendet wird. Ebenso können Sie einen Feed aus dem Posteingang entfernen: Markieren Sie dazu den Feed und klicken Sie auf den kleinen Pfeil nach unten.

Kapitel 12

Musik, Foto, Video

Bildnachweis: Apple

Kapitel 12: Musik, Foto, Video

Die Medienzentrale von OS X: iTunes

Apple stellte iTunes erstmals 2001 vor. Seither hat sich das Programm von einem bescheidenen Musikplayer zur zentralen Medienplattform in OS X entwickelt. Seine wichtigste Aufgabe ist zwar nach wie vor die Verwaltung und Wiedergabe von Musik, doch daneben versorgt es iPhone, iPod, iPad und Apple TV mit Inhalten und ist die zentrale Schnittstelle zu Apples iTunes Store, über den man Musik, Filme und TV-Serien kaufen oder als digitale Kopie mit beschränkter Lebensdauer auch ausleihen kann. Zudem organisiert iTunes Podcasts, die Sie im iTunes Store kostenlos abonnieren können.

Die Mediathek Das Herzstück von iTunes ist die Mediathek. Hier verwaltet das Programm alle Inhalte – Musik, Podcasts, Filme, Hörbücher, Apps fürs iPhone & Co und mehr. Auf die verschiedenen Bereiche dieser Mediendatenbank greifen Sie über die entsprechenden Einträge im Abschnitt Mediathek in der Seitenleiste zu. Welche Einträge iTunes hier zeigt, legen Sie unter iTunes > Einstellungen > Allgemein fest.

Mit iTunes verwalten Sie auf Ihrem Mac nicht nur Musik, sondern auch Filme, TV-Serien und mehr.

CD importieren Die einfachste Methode, die Mediathek mit Musik zu füllen besteht darin, eine Musik-CD einzulegen, ein wenig abzuwarten, bis iTunes alle Einstellungen vorgenommen hat, und anschließend die Frage, ob die CD in die Mediathek importiert werden soll, zu bejahen. Falls Sie die Nachfrage für den Import deaktiviert haben, klicken Sie in der Seitenleiste unter Geräte auf den Namen der CD und wählen CD importieren.

Die Medienzentrale von OS X: iTunes

Nach dem Einlegen einer CD fragt iTunes standardmäßig nach, ob die CD importiert werden soll.

Dabei importiert iTunes die komplette CD. Möchten Sie nur bestimmte Songs in Ihre Mediathek aufnehmen, entfernen Sie das Häkchen bei den Songs, die nicht importiert werden sollen.

CD einlegen: Unter *iTunes > Einstellungen > Allgemein* legen Sie fest, wie iTunes auf das Einlegen einer CD reagieren soll.

Um einzelne Musikdateien im MP3- oder AAC-Format oder auch ganze Ordner zu importieren, wählen Sie *Ablage > Zur Mediathek hinzufügen*.   **Musikdateien**

Möchten Sie größere Mengen in iTunes importieren, etwa von einem USB-Stick, dann geht es schneller, wenn Sie die Dateien bzw. Ordner mit Musik nach *Automatisch zu iTunes hinzufügen* kopieren. Sie finden diesen Ordner im Finder, wenn Sie in der Seitenleiste auf den Eintrag *Musik* klicken und anschließend *iTunes > iTunes Media* öffnen.

MP3- oder AAC-Dateien können Sie entweder über das iTunes-Menü oder direkt über den Finder importieren.

Videos: Anders als bei den Musik-CDs ist iTunes aus rechtlichen Gründen nicht in der Lage, eine DVD direkt einzulesen. Es ist aber möglich, Videos, die als MPEG, MOV oder H.264 vorliegen, in die Mediathek zu importieren.

Standardmäßig importiert iTunes Musik von CD mit 256 Kbit/s im AAC-Format. Das   **Import-**
ist ein sehr guter Kompromiss zwischen Dateigröße und Audio-Qualität. Unter *iTunes*   **einstellungen**
> Einstellungen > Allgemein lässt sich das Kodierungsverfahren in den Importeinstel-

Kapitel 12: Musik, Foto, Video

lungen ändern. Die Einstellungen betreffen lediglich den Import von CDs; importieren Sie MP3- oder AAC-Dateien, dann wird deren Format nicht geändert.

> **AAC und anderes:** Die Qualität digitaler Musik hängt entscheidend davon ab, wie viele Informationen pro Sekunde kodiert werden. Je größer diese Datenrate (die in Kbit/s gemessen wird), desto besser ist die Audioqualität. Ein Musikstück, das mit 96 Kbit/s importiert wurde, klingt hörbar schlechter als eines, das mit 192 Kbit/s eingelesen wurde. Allerdings dauert der Import der Daten mit steigender Bitrate länger und die erzeugten Dateien werden deutlich größer. Auch die Wahl des Kodierungsverfahrens spielt eine Rolle. Ein Musikstück, das mit 128 Kbit/s im MP3-Format importiert wurde, klingt etwas undifferenzierter als beim Import mit der gleichen Bitrate im AAC-Format. Die optimale Qualität bringt eine 1:1-Kopie der CD-Daten im WAV-Format, allerdings bekommen Sie dann auch riesige Dateien, die in Windeseile Ihre Festplatte füllen. Die gleiche Qualität, bei etwa halber Dateigröße, bietet die verlustfreie Komprimierung im Apple-Lossless-Format. Allerdings belegt ein einziger Song auch hier schon mal 50 bis 100 MB – also genau so viel Platz, wie Sie bei einer Kodierung mit AAC oder MP3 für eine komplette CD benötigen.

Informationen Für die Verwaltung Ihrer Musik in iTunes spielen die sogenannten Tags – also die verschiedenen Informationen zu Album, Interpret, Genre, Name und so weiter – eine entscheidende Rolle. Je besser und ausführlicher Sie einen Song in iTunes mit zusätzlichen Informationen ausstatten, desto besser kann iTunes damit umgehen und desto schneller finden Sie mit dem Programm genau den Song, den Sie hören möchten. Um die Informationen eines Musikstücks in iTunes festzulegen, markieren Sie den entsprechenden Eintrag und drücken ⌘I.

Auf den verschiedenen Registerkarten des Datei-Informationen können Sie einen Song in iTunes detailliert klassifizieren.

218

Die Medienzentrale von OS X: iTunes

Damit Sie komfortabel auf die Inhalte Ihrer Mediathek zugreifen können, bietet iTunes verschiedene Darstellungsmethoden, die Sie über das Menü *Darstellung* oder die Symbole rechts in der Kopfleiste von iTunes wählen.

Darstellung

Die verschiedenen Darstellungen in iTunes legen Sie am einfachsten über die Symbolleiste fest (hier: Gitter sortiert nach Genres).

- **Titelliste:** Wie der Name schon sagt, werden hier die einzelnen Einträge der Reihe nach aufgelistet. Nach welchem Kriterium sortiert wird, legen Sie durch einen Klick auf den entsprechenden Spaltenkopf fest. Klicken Sie mit der rechten Maustaste in einen Spaltenkopf, können Sie die Spalten auswählen, die iTunes anzeigen soll.

- **Albenliste:** Die Songs werden nach Alben sortiert und als Liste zusammen mit Cover, Titel und Interpreten des Albums angezeigt.

- **Gitter:** Hier werden die verschiedenen Einträge zu passenden Gruppen zusammengefasst, die durch ein Cover aus der jeweiligen Gruppe repräsentiert werden. Die Cover sind in einem Raster angeordnet. Nach welchen Kriterien iTunes dabei die Musik gruppiert, legen Sie über *Darstellung > Rasterdarstellung* fest. Mit *Darstellung > Rasterdarstellung > Kopfbereich einblenden* lassen Sie sich eine weitere Symbolleiste anzeigen, über die Sie zum Beispiel die Größe der angezeigten Cover einstellen können.

- **Cover Flow:** Diese Darstellung kombiniert die Albumcover mit der Listendarstellung. Im oberen Bereich sehen Sie die Cover, durch die Sie mit der Maus blättern, darunter eine Liste der entsprechenden Einträge.

- **Spaltenbrowser:** Der Spaltenbrowser ist eine Option für die Listendarstellung, der Ihnen dabei hilft, sich in umfangreichen Beständen zurechtzufinden. Über den Spaltenbrowser lässt sich die Listendarstellung nach verschiedenen Kriterien filtern. Hier wählen Sie etwa zuerst das Genre, anschließend den Interpreten und dann das gewünschte Album. Der Spaltenbrowser kann sowohl oberhalb der Liste als auch seitlich angezeigt werden. Sie aktivieren ihn über *Darstellung > Spaltenbrowser anzeigen*. Über *Darstellung > Spaltenbrowser* definieren Sie die angezeigten Spalten.

Kapitel 12: Musik, Foto, Video

Ping Mit Ping können Sie sich mit Freunden und Bekannten über Ihre Musik unterhalten, sich gegenseitig auf interessante Songs und Alben hinweisen und ähnliches mehr. Ping ist allerdings eine Einbahnstraße. Sie können ausschließlich Songs kommentieren, die im iTunes Store vorhanden sind, Links auf externe Webseiten sind nicht möglich.

- **Aktivieren:** Um Ping nutzen zu können, müssen Sie es einmalig aktivieren. Klicken Sie dazu in der Seitenleiste auf *Ping* und anschließend auf *Ping aktivieren*.

- **Deaktivieren:** Möchten Sie Ping nicht nutzen, klicken Sie in iTunes oben rechts auf Ihren Account bzw. die Schaltfläche *Anmelden* und deaktivieren es in Ihren Accountdaten. Dabei wird Ping in der Seitenleiste von iTunes allerdings weiterhin angezeigt. Um Ping vollständig aus iTunes zu verbannen, deaktivieren Sie es zusätzlich unter *iTunes > Einstellungen > Kindersicherung*.

Um Ping vollständig aus iTunes zu entfernen, deaktivieren Sie es in der Kindersicherung.

Wiedergabelisten in iTunes

Über den Eintrag *Mediathek* in der Seitenleiste von iTunes haben Sie vollen Zugriff auf sämtliche Inhalte. Allerdings wird Ihre Musik hier nach Alben, Interpreten und Genres sortiert, Sie können sich also nicht Ihre eigene Musikmischung zusammenstellen, sondern sind an die Reihenfolge in den verschiedenen Kategorien gebunden.

Hier helfen die Wiedergabelisten weiter, in denen Sie die Inhalte nach Ihren Vorstellungen zusammenstellen und sich Musik für bestimmte Anlässe und Stimmungen mixen. Bei den Einträgen in einer Wiedergabeliste handelt es sich nicht um physikalische Kopien der entsprechenden Musikdateien, sondern lediglich um Verweise auf die in der Mediathek gespeicherten Daten. Sie können Einträge in einer Liste also problemlos hinzufügen und löschen, ohne befürchten zu müssen, die entsprechende Datei gleich mit zu entsorgen.

Neue Wiedergabelisten Um eine Wiedergabeliste anzulegen, klicken Sie links unten auf das Pluszeichen und ziehen anschließend alle Songs, die Sie hier aufnehmen möchten, aus der Mediathek auf den Listeneintrag in der Seitenleiste. Die Reihenfolge der Songs legen Sie in der Wiedergabeliste mit der Maus fest.

Wiedergabelisten in iTunes

Wiedergabelisten in iTunes lassen sich einfach mit Drag & Drop anlegen oder auch befüllen.

Alternativ dazu können Sie die gewünschten Alben oder Songs in der Mediathek markieren und *Ablage > Neue Wiedergabeliste von Auswahl* wählen. Schließlich ist es auch möglich, die gewünschten Songs direkt in die Seitenleiste ziehen und so umstandslos eine neue Wiedergabeliste anlegen.

Die Listen lassen sich jederzeit neu organisieren. Um neue Songs hinzuzufügen, ziehen Sie die gewünschten Einträge auf die Wiedergabeliste in der Seitenleiste. Einen Song löschen Sie aus der Liste mit einem Druck auf die ⌫-Taste. Wie gesagt: Dabei löschen Sie lediglich den Eintrag in der Liste – nicht den Song selbst.

> **Ordner:** Wiedergabelisten lassen sich auch in Ordnern organisieren, die Sie mit *Ablage > Neuer Wiedergabeliste-Ordner* erzeugen.

Mit den intelligenten Wiedergabelisten können Sie Listen erstellen, die iTunes automatisch aktualisiert. Das funktioniert so, wie Sie es von den intelligenten Ordnern im Finder kennen. Sie definieren eine Reihe von Bedingungen, die erfüllt sein müssen, damit ein Song hier auftaucht: iTunes kümmert sich in Zukunft darum, dass der Inhalt der Liste zu dem von Ihnen vorgegebenen Muster passt. Eine solche Liste legen Sie über *Ablage > Neue intelligente Wiedergabeliste* an. Intelligente Listen werden durch ein Zahnrad symbolisiert.

Intelligente Listen

So können Sie etwa Listen mit Titeln erstellen, die Sie als gut bewertet haben. Oder mit Songs, die erst einmal oder noch gar nicht gespielt wurden. Oder auch Listen mit Songs eines bestimmten Interpreten aus einem bestimmten Zeitraum. Und so weiter und so fort: Die Möglichkeiten sind praktisch unbegrenzt.

Kapitel 12: Musik, Foto, Video

Mit einer intelligenten Wiedergabeliste können Sie verschiedene Bedingungen definieren, die ein Song erfüllen muss, um in dieser Liste aufzutauchen.

Genius-Listen

Eine spezielle Form der Wiedergabelisten sind die Genius-Listen. Bei einer solchen Liste stellt iTunes auf Basis eines bestimmten Songs automatisch eine Liste mit zueinanderpassenden Songs zusammen. So erhalten Sie mit einem Mausklick eine in sich stimmige Zusammenstellung von Musik aus Ihrer Mediathek und stoßen so oftmals auch auf Songs, an die Sie vielleicht längere Zeit nicht mehr gedacht haben.

Generell gilt: je umfangreicher Ihre Musiksammlung und je sorgfältiger Sie die Informationen zu Songs und Alben eingetragen haben, desto erfolgreicher und treffsicherer ist das Verfahren. Dabei analysiert Genius Ihren Medienbestand, die Statistiken, Bewertungen und ähnliche Daten und schickt diese Informationen – natürlich anonymisiert – via Internet an Apple. Dort werden die Daten einem riesigen Datenpool mit den Informationen von Millionen anderer iTunes-Nutzer weltweit hinzugefügt. Auf der Analyse dieses Datenpools basieren die Empfehlungen und Zusammenstellungen der Genius-Funktion.

Damit Sie Genius nutzen können, müssen Sie diese Funktion unter *Store > Genius aktivieren* einschalten. Nun können Sie eine Genius-Liste erstellen, indem Sie den Basissong auswählen und anschließend auf das Genius-Symbol (das Atomzeichen) unten rechts klicken.

Songs von Listen ausnehmen

Nicht alle Titel und Songs in der Mediathek eignen sich dazu, in einer automatisch oder von Genius zusammengestellten Liste aufzutauchen. In diesem Fall nehmen Sie den Song von der Zufallsauswahl aus.

Markieren Sie dazu die gewünschten Titel und rufen Sie mit ⌘I die Informationen auf. Wechseln Sie hier zur Registerkarte *Optionen* und kicken Sie *Bei zufälliger Wiedergabe überspringen* auf *Ja*.

222

Wiedergabelisten werden auch benötigt, um Musik aus iTunes auf eine CD oder DVD zu brennen. Legen Sie zuerst eine Wiedergabeliste mit den gewünschten Titeln an und bringen Sie die Titel in die Reihenfolge, in der sie auf der CD/DVD erscheinen sollen.

CDs/DVDs brennen

Anschließend legen Sie einen CD/DVD-Rohling ein, markieren die Wiedergabeliste, die Sie brennen möchten und wählen *Ablage > Wiedergabeliste auf Medium brennen*.

Wiedergabelisten lassen sich problemlos via iTunes auf eine CD/DVD brennen.

DVD-Player

Zählen wir doch mal eins und eins zusammen. Eins: Jeder Mac hat ein DVD-Laufwerk. Und eins: MacBooks und iMacs haben brillante Displays. Das ergibt in Summe: Jeder Mac bringt gute Voraussetzungen mit, um bei einem gemütlichen DVD-Abend im Mittelpunkt zu stehen. Da fehlt nur noch das passende Abspielprogramm, das heißt: das fehlt natürlich nicht, sondern gehört in Form des Programms DVD-Player zum Lieferumfang von OS X.

Sobald Sie eine Video-DVD einlegen, startet automatisch das Programm DVD-Player und macht aus Ihrem Mac ruck, zuck ein Gerät zur Wiedergabe von Filmen auf DVD.

DVDs wiedergeben

Sollte das Programm ausnahmsweise einmal nicht starten, genügt es, DVD-Player aus dem Programmverzeichnis aufzurufen; es sucht automatisch nach eingelegten DVDs und spielt sie ab.

Kapitel 12: Musik, Foto, Video

Ob DVD-Player automatisch starten soll oder nicht, legen Sie in den Einstellungen fest.

Möchten Sie nicht, dass der Player automatisch mit der Wiedergabe einer eingelegten DVD startet, so können Sie dies unter *DVD-Player > Einstellungen > DVD-Player* ausschalten.

Die Wiedergabegeschwindigkeit bestimmen Sie im Menü *Steuerung*. Hier legen Sie das Tempo für den schnellen Vorlauf fest (*Suchgeschwindigkeit*) oder bestimmen die *Zeitlupenrate*.

Darstellung

Das Programm kann in verschiedenen Modi betrieben werden, wobei es standardmäßig bildschirmfüllend startet und so die gesamte Bildschirmfläche zur Filmwiedergabe nutzt. Um zwischen Vollbild- und Fenstermodus zu wechseln, klicken Sie doppelt in das Bild. Alternativ dazu können Sie auch die Menüleiste einblenden, indem Sie den Mauszeiger an den oberen Bildschirmrand bewegen und dort auf die Pfeiltasten klicken. Über das Menü *Darstellung* können Sie das Fenster zudem auf verschiedene Größen bringen.

Zoom und Farben

Aber natürlich kann das Programm ein wenig mehr, als einfach nur eine DVD abspielen. So ist es zum Beispiel möglich, das Bild beliebig zu dehnen oder zu stauchen, Helligkeit und Farben anzupassen oder die Tonwiedergabe zu manipulieren. Die entsprechenden Punkte finden Sie im Menüpunkt *Fenster*.

Zoom, Audio und Farbe können in DVD-Player manuell gesteuert werden.

224

Photo Booth

Um eine bestimmte Position auf der DVD anzusteuern, bietet DVD-Player den üblichen Zugriff auf die Kapitel. Darüber hinaus können Sie mit *Steuerung > Neues Lesezeichen* beliebige Positionen unabhängig von der vorgegebenen Kapitelstruktur markieren.

Lesezeichen

Lassen Sie eine DVD im Fenster wiedergeben, erreichen Sie Ihre gespeicherten Lesezeichen (und natürlich auch die Kapitel der DVD) über das Menü *Gehe zu*.

In der Vollbilddarstellung wird eine entsprechende Steuerleiste eingeblendet, wenn Sie mit der Maus an den oberen Bildschirmrand fahren.

Zusätzlich zu den Kapiteln können Sie bei einer DVD auch über eigene Lesezeichen bestimmte Passagen ansteuern.

Photo Booth

Jedes MacBook und jeder iMac besitzt eine eingebaute Kamera. Damit kann man Videochats realisieren, Fotos machen oder einfach auch nur allerlei Unfug anstellen. Dabei hilft Ihnen das Programm Photo Booth, mit dem Sie nicht nur einfache Schnappschüsse und kleine Filme aufnehmen können, sondern auch dank einiger Effektfilter ausgesprochen alberne Ergebnisse hinbekommen.

> **Externe Kamera:** Wenn Sie eine externe Kamera angeschlossen haben, können Sie diese Kamera für Photo Booth benutzen. Im Menü *Kamera* wechseln Sie zwischen den verschiedenen Kameras.

Photo Booth startet standardmäßig im Vollbildmodus und präsentiert sich als Kinoleinwand – mit Ihnen als Start. Das Programm kann Sie auf drei verschiedene Arten aufnehmen, die Sie über das Steuerrad unten links wählen:

Foto und Videos

- **Einfaches Foto:** Ein einfaches Foto wählen Sie mit der Mittelstellung des Schalters.
- **Vierfachbild:** Wählen Sie die linke Position, schießt Photo Booth vier Fotos in rascher Folge.
- **Video:** Stellen Sie den Schalter nach rechts, zeichnet Photo Booth ein Video auf.

225

Kapitel 12: Musik, Foto, Video

Photo Booth wird über drei einfache Schalter gesteuert.

Mit einem Klick auf den großen roten Auslöser in der Mitte starten Sie die Aufnahme. Dabei zählt Photo Booth von eins bis drei und benutzt einen kurzfristig auf Weiß gestellten Bildschirm als Blitz. Das können Sie auch verhindern:

- **Zähler ausschalten:** Halten Sie beim Klick auf den Auslöser die `alt`-Taste gedrückt, löst ein Klick ohne Verzögerung sofort eine Aufnahme aus.

- **Blitz ausschalten:** Bei gedrückter `⇧`-Taste verzichtet Photo Booth auf den Blitz. Möchten Sie den Blitz dauerhaft ausschalten, schalten Sie *Kamera > Bildschirm-Blinken aktivieren* aus.

> **Spieglein, Spieglein …** Photo Booth macht alle Aufnahmen von Haus aus spiegelverkehrt. Diese Funktion lässt sich über *Bearbeiten > Neue Fotos automatisch spiegeln* aufheben.

Effekte Auf der rechten Seite finden Sie die Schaltfläche *Effekte*, über die Sie die verschiedenen Verzerrungsfilter auswählen können. Dabei wechselt die Anzeige in Photo Booth und zeigt Ihnen jeweils acht Effekte in einem 3×3-Gitter. In der mittleren Position steht der ungefilterte Normalzustand. Mit einem Klick auf das entsprechende Vorschaubild wählen Sie den gewünschten Filter aus.

Insgesamt stehen 32 Filter zur Verfügung, zusätzlich können Sie acht eigene Filter definieren. Zwischen den Effekten wechseln Sie entweder mit einem Zwei-Finger-Wisch oder über die Steuerleiste am unteren Bildschirmrand.

Die ersten Filter arbeiten mit einer Gesichtserkennung und verformen gezielt erkannte Gesichtspartien, ganz gleich, an welcher Stelle im Bild Sie sich befinden. Wenn OS X kein Gesicht erkennt, passiert hier überhaupt nichts. Die nächsten 16 Filter setzen diverse Verzerrungen und Farbfilter ein, die auf die Mitte des Bildes oder das gesamte Bild angewandt werden. Bei einigen Filtern können Sie über einen Regler die Intensität des Filters einstellen. Über *Darstellung > Effekte zurücksetzen* lässt sich der Ausgangszustand sämtlicher Effekte wieder herstellen.

In Photo Booth können Sie Fotos und Videos durch allerlei Effekte verfremden. Sie können natürlich auch ganz normale Aufnahmen machen.

Schließlich bietet Photo Booth noch Videoeffekte. Hier besteht die Möglichkeit, Ihr Foto in eines von acht unterschiedlichen kurzen Videos zu kopieren. Das Ganze ist in seiner aktuellen Form technisch zwar erstaunlich genug, kommt aber über den Spiel-&-Spaß-Effekt nicht hinaus. Mit diesen Tricks werden Sie wohl kaum jemanden davon überzeugen können, dass Sie vor dem Eiffelturm stehen, an einer lauschigen Südseeküste oder gar auf dem Mond. (Am besten funktioniert das Verfahren übrigens, wenn Sie vor einem gleichmäßig ausgeleuchteten, neutralem Hintergrund fotografiert werden.)

Montage

Reizvoll ist auch die Möglichkeit, auf der letzten Seite eigene Hintergründe (Foto oder Film) zu benutzen. Dazu wechseln Sie über einen Druck auf die *esc*-Taste in den Fenstermodus und ziehen den gewünschten Hintergrund an seine Position.

Um einen so hinzugefügten Hintergrund zu löschen, wählen Sie ihn zuerst aus, warten kurz, bis Photo Booth wieder im Aufnahmemodus ist, und drücken anschließend die ⌫-Taste.

Der Zugriff auf alle Bilder und Filme, die Sie mit Photo Booth aufgenommen haben, erfolgt über die Bilderleiste am unteren Rand, die Sie mit der Maus nach links bzw. rechts schieben können.

Aufnahmen

Ein Foto löschen Sie durch einen Klick auf das schwarze X, das eingeblendet wird, sobald Sie es markieren. Um ein Foto zu kopieren, ziehen Sie es im Fenstermodus einfach auf den Schreibtisch. Klicken Sie ein Foto mit der rechten Maustaste an, können Sie es aus Photo Booth exportieren. Im Fenstermodus lässt sich ein Foto auch einfach auf den Schreibtisch ziehen.

Kapitel 12: Musik, Foto, Video

Im Fenstermodus lassen sich alle Aufnahmen über die entsprechenden Tasten per *E-Mail* versenden, als *Benutzerbild* oder als *Kontaktbild* verwenden.

Betreiben Sie Photo Booth im Fenster lassen sich die Fotos sehr einfach exportieren, per Mail verschicken oder in anderer Form verwenden.

Der QuickTime Player

QuickTime ist die zentrale Komponente von OS X wenn es um die Wiedergabe multimedialer Daten geht. Eine ganze Reihe von Programmen nutzt die QuickTime-Architektur, als Anwender bekommt man davon allerdings kaum etwas mit. Hier reduziert sich QuickTime fast immer auf Videos und die Software, mit der man diese Videos abspielen kann: den QuickTime Player.

Wie bei Vorschau (s. Kapitel 10) ist auch der Name des QuickTime Players eine tiefstapelnde Irreführung. Denn das Programm gibt nicht nur Video- und Tonaufnahmen wieder, sondern kann sie auch aufzeichnen. Doch der Reihe nach.

Abspielen Sobald Sie eine Filmdatei doppelt anklicken, startet der QuickTime-Player und spielt sie ab. Dabei unterstützt der Player Dateien im MOV-, MP4- und AVI-Format. Die Wiedergabe erfolgt vollständig randlos, es gibt also keine Symbolleisten und auch keine Steuerelemente. Die werden erst eingeblendet, wenn Sie mit der Maus auf den Film zeigen.

Die Steuerelemente werden erst eingeblendet, wenn Sie mit der Maus aufs Bild zeigen.

Der QuickTime Player

Bei der Aufnahme mit dem QuickTime Player haben Sie mehrere Möglichkeiten, die Sie über das *Ablage*-Menü erreichen:

Aufnehmen

- **Video-Aufnahme:** Der Player zeichnet Ton und Bild mit der integrierten iSight-Kamera auf.
- **Audio-Aufnahme:** Der Player zeichnet lediglich den Ton auf.
- **Bildschirmaufnahme:** Der Player nimmt auf, was auf dem Bildschirm passiert. Dabei können Sie entweder den kompletten Bildschirminhalt oder nur einen Teilbereich aufzeichnen. So lassen sich sogenannte Screencasts aufnehmen, um etwa ein Demo- oder auch Schulungsvideo zu erstellen.

Die Aufzeichnung wird automatisch im Ordner *Filme* gesichert.

Der QuickTime Player kann nicht nur Audio- und Video abspielen, sondern diese auch aufzeichnen.

Videos lassen sich im Player teilen, trimmen (also am Anfang und Ende zurechtstutzen) und zusammensetzen.

Bearbeiten

- **Trimmen:** Wählen Sie *Bearbeiten > Trimmen* und legen Sie mit der Maus Anfang und Ende des Clips fest.
- **Teilen:** Blenden Sie die Steuerelemente des Clips ein, indem Sie mit der Maus auf ihn zeigen. Ziehen Sie den Playhead (das ist die kleine Raute in der Zeitleiste) an die gewünschte Position und wählen Sie *Bearbeiten > Clip teilen*.
- **Zusammensetzen:** Wählen Sie *Bearbeiten > Clip am Ende hinzufügen*. Anschließend können Sie den hinzugefügten Clip mit der Maus an die gewünschte Position schieben. Eingefügte Clips lassen sich natürlich ebenfalls trimmen und teilen.

Sobald Sie einen bearbeiteten Clip schließen, fragt der Player nach, in welchem Format und in welchem Ordner Sie ihn speichern möchten.

Kapitel 12: Musik, Foto, Video

Videoclips lassen sich im QuickTime Player auf vielfache Weise bearbeiten und anschließend als neuer Film speichern.

Exportieren Sie können jeden Clip nicht nur abspielen oder bearbeiten, sondern ihn auch für die Wiedergabe auf iPhone, iPad und Co optimiert speichern oder im Internet bei YouTube, Flickr & Co veröffentlichen.

- **Exportieren:** Wählen Sie *Ablage > Exportieren*. Je nach Qualität des Clips bietet Ihnen der QuickTime Player verschiedene Optionen wie den Export als HD-Video oder für iPod oder iPhone 4. Möglich ist es auch, lediglich die Tonspur zu sichern. Möchten Sie den Film später im Internet etwa auf Ihrer Homepage anbieten, wählen Sie *Ablage > Für das Internet exportieren*. Hier können Sie nun festlegen, für welche Bandbreite das Video optimiert werden soll.

- **iTunes:** Möchten Sie den Clip direkt in Ihre iTunes-Mediathek übernehmen, wählen Sie *Bereitstellen > iTunes*.

- **Veröffentlichen:** Möchten Sie den Clip sofort veröffentlichen oder per Mail verschicken, wählen Sie *Bereitstellen*. Hier können Sie den Clip nun für *YouTube*, *Vimeo*, *Flickr* oder *Facebook* vorbereiten oder auch als Dateianhang per Mail verschicken.

Videos lassen sich auf vielfältige Weise aus dem Player heraus exportieren oder auch direkt im Internet veröffentlichen.

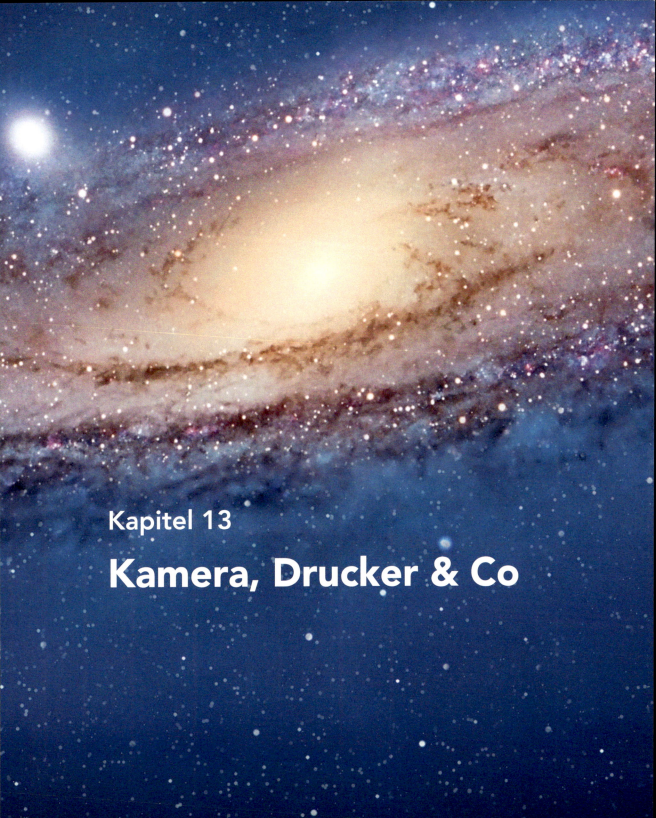

Kapitel 13

Kamera, Drucker & Co

Kapitel 13: Kamera, Drucker & Co

Fotos importieren

Wer seine Fotos von der digitalen Kamera auf den Mac kopieren will, der benötigt dazu keine Zusatzsoftware oder iPhoto, denn OS X bringt mit dem Programm *Digitale Bilder* alles mit, was Sie zum Import von Fotos Ihrer digitalen Kamera benötigen. Auch die Ansteuerung eines Scanners ist möglich.

> **Kamerasoftware:** Viele Hersteller legen ihren Kameras eigene Software bei. Das ist ehrenvoll, vielfach aber auch überflüssig und obendrein sind diese Dreingaben nicht selten auch noch recht lieblos programmiert. OS X bringt eigentlich von Haus aus alles mit, was Sie zur Steuerung der Kamera benötigen. Bevor Sie die Herstellersoftware installieren, sollten Sie es einfach mal mit den Bordmitteln von OS X versuchen. Vielleicht stellen Sie dann fest, dass Sie auf die zusätzlichen Programme gut verzichten können.

Bilder einlesen Schließen Sie Ihre Kamera an den Mac an und schalten Sie sie ein. Normalerweise startet daraufhin das Programm Digitale Bilder automatisch. Falls das nicht der Fall ist, starten Sie es über das Launchpad. Die angeschlossene Kamera wird in der Seitenleiste unter *Geräte* aufgeführt.

Über die Symbolleiste, die ausnahmsweise einmal am unteren Fensterrand platziert ist, können Sie nun Fotos importieren oder auch direkt von der Kamera löschen, ohne sie auf die Festplatte zu kopieren.

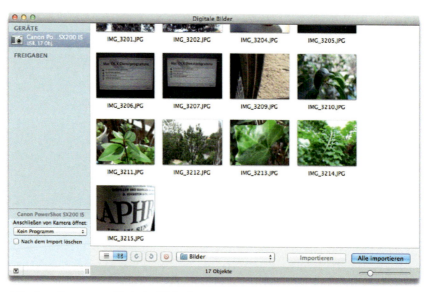

Mit dem Programm Digitale Bilder können Sie gezielt Fotos importieren oder von der Kamera löschen.

Fotos importieren

Kartenleser: Alle neueren Macs sind mit einem Kartenleser ausgestattet. Sie können die Speicherkarte Ihrer Kamera also auch direkt in den Mac stecken, um die darauf gespeicherten Fotos einzulesen, und müssen nicht erst die Kamera über ein USB-Kabel anschließen.

Die Seitenleiste

In der Seitenleiste von Digitale Bilder wählen Sie nicht nur die angeschlossene Kamera aus, sondern legen auch das Verhalten des Programms fest. Möchten Sie die Fotos von der Kamera nicht nur importieren, sondern anschließend auch gleich von der Speicherkarte der Kamera löschen, aktivieren Sie hier den Punkt *Nach dem Import löschen*.

Außerdem bestimmen Sie hier, wie OS X auf den Anschluss einer Kamera reagieren soll. Klappen Sie das Dropdown-Menü auf, zeigt Ihnen OS X alle Programme, die etwas mit einer Kamera anfangen können. Natürlich können Sie hier auch festlegen, dass OS X eine angeschlossene Kamera vorerst ignoriert und überhaupt kein Programm starten soll.

Wie OS X auf den Anschluss einer Kamera reagieren soll, legen Sie in der Seitenleiste von Digitale Bilder fest.

Bilder mit Vorschau importieren: Sie können die Fotos auch mit der Vorschau importieren und gleich bearbeiten. Starten Sie dazu die Vorschau und wählen Sie *Ablage > Importieren von {Gerätename}*. Möchten Sie die Vorschau als Standardprogramm für den Fotoimport festlegen, wählen Sie den entsprechenden Eintrag in der Seitenleiste von Digitale Bilder aus.

AutoImporter

Sie können den Import von Bilder noch beschleunigen, wenn Sie in der Seitenleiste von Digitale Bilder festlegen, dass beim Anschluss einer Kamera der AutoImporter starten soll. Schließen Sie in diesem Fall die Kamera an, werden ohne weitere Rückfragen sämtliche Bilder auf der Kamera sofort in den Ordner *Bilder > AutoImport* in Ihrem Benutzerverzeichnis kopiert.

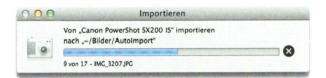

Wählen Sie den AutoImporter, lädt OS X beim Anschluss einer Kamera alle Bilder automatisch auf Ihren Mac herunter.

Kapitel 13: Kamera, Drucker & Co

Drucken & Scannen

Drucken unter OS X ist ausgesprochen einfach: Drucker anschließen, fertig. Da OS X von Haus aus eine riesige Menge an Druckertreibern mitbringt, müssen Sie sich bei praktisch allen handelsüblichen Druckern um nichts kümmern, das Gerät funktioniert einfach, sobald es angeschlossen ist.

Nur in seltenen Fällen meldet OS X, dass kein Treiber verfügbar ist. Nur in diesem Fall müssen Sie dann auf die Treiber-CD des Herstellers zurückgreifen, die in der Regel mit dem Drucker geliefert wird.

Drucker löschen/ hinzufügen
OS X merkt sich alle Drucker, die Sie jemals angeschlossen haben. Um einen überflüssigen Druckereintrag wieder zu entfernen, rufen Sie *Systemeinstellungen > Drucken & Scannen* auf. Markieren Sie hier den gewünschten Eintrag und klicken Sie auf die Minustaste. Nach einer Sicherheitsabfrage wird der Drucker gelöscht.

Falls Sie versehentlich Ihren Standarddrucker gelöscht haben, lässt er sich sehr einfach wieder hinzufügen (vorausgesetzt, er ist aktuell an Ihren Mac angeschlossen):

- **Der Drucker ist ausgeschaltet:** Schalten Sie den Drucker ein. OS X erkennt ihn automatisch und trägt ihn sofort wieder ein.

- **Der Drucker ist eingeschaltet:** Klicken Sie auf das Pluszeichen. OS X sucht nach neuen Druckern und zeigt Ihnen alle gefundenen Geräte (auch Netzwerkdrucker) in einem Fenster an. Wählen Sie den gesuchten Drucker aus und klicken Sie auf *Hinzufügen*.

Alle angeschlossenen Drucker werden in den Systemeinstellungen verwaltet.

Drucken & Scannen

Mit *Ablage > Drucken* bzw. ⌘P öffnen Sie bei praktisch jeder Applikation, die drucken kann, den Druckdialog, der sich je nach Programm zwar unterscheidet, in der Regel aber sehr ähnlich aussieht.

Der Druckdialog

Der Dialog startet in einer Kurzfassung, in der Sie lediglich den Drucker, Anzahl der Kopien und die Seiten (*Alle* bzw. *Bereich*) angeben. Außerdem sehen Sie eine Druckvorschau. Ist alles so, wie Sie es sich vorstellen, schicken Sie mit einem Klick auf *Drucken* schicken die Daten an den Drucker ab.

In der Praxis bedeutet das fast immer, dass Sie nach dem Aufruf des Druckdialogs noch genau einen Mausklick benötigen, um ein Dokument komplett auszudrucken. Möchten Sie es allerdings etwas differenzierter haben, müssen Sie ins Detail der Druckersteuerung gehen und folgerichtig auf *Details einblenden* klicken.

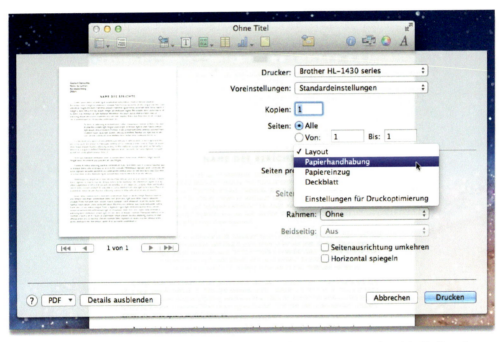

Um alle Optionen der Druckersteuerung einstellen zu können, müssen Sie sich die Details einblenden lassen.

Nun können Sie etwa Papierformat und Ausrichtung festlegen oder den Seiteninhalt skalieren. Außerdem sehen Sie ein Dropdown-Menü, in dem standardmäßig der Name des Programms steht. Klicken Sie dieses Menü an, können Sie zwischen den Punkten *Layout*, *Papierhandhabung*, *Papiereinzug*, *Deckblatt* und *Einstellungen für Druckoptimierung* wählen.

Kapitel 13: Kamera, Drucker & Co

Unter *Layout* legen Sie etwa fest, wie viele Seiten pro Blatt gedruckt werden sollen, einen beidseitigen Druck können Sie unter *Papierhandhabung* einstellen. Hier wählen Sie unter *Zu druckende Seiten* entweder *Nur ungerade* oder *Nur gerade*. Nachdem der Drucker die ungeraden oder geraden Seiten ausgegeben hat, nehmen Sie das Papier aus dem Drucker, drehen es herum, legen es wieder ein und drucken nun die geraden bzw. ungeraden Seiten. In welcher Reihenfolge Sie hier vorgehen und wie herum die Seiten gedreht werden müssen, hängt vom Druckermodell ab, hier gibt es leider keinen echten Standard. Am besten probieren Sie das einmal mit einem vier-, fünfseitigen Dokument aus.

Als PDF drucken Eine Besonderheit von OS X ist die Integration von PDF. Sie benötigen weder für die Anzeige noch für die Erzeugung PDF-Dateien spezielle Software. Für die Anzeige ist die Vorschau zuständig (s. dazu Kapitel 10), für die Erzeugung werden die Druckroutinen von OS X genutzt, die auch dann funktionieren, wenn Sie keinen Drucker angeschlossen haben. Denn damit werden nicht nur Dokumente an den Drucker geschickt, sondern auf Wunsch auch zum PDF-Modul von OS X. Sie „drucken" also gewissermaßen in eine PDF-Datei statt auf ein Blatt Papier. Kurz gesagt: Jede Applikation, die unter OS X drucken kann, kann Dokumente auch als PDF speichern.

Manche Programme bringen bereits einen Menüeintrag für den Export nach PDF mit, bei allen anderen Programmen können Sie über den Druckdialog eine PDF-Datei erzeugen. Rufen Sie dazu mit ⌘ P den Druckdialog auf und klicken Sie darin auf die Taste *PDF*.

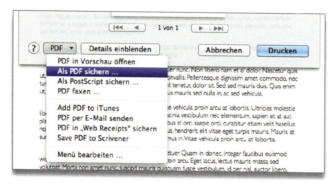

Über den Druckdialog lassen sich Dokumente auch als PDF speichern.

Scanner Scanner werden von OS X genauso behandelt wie Drucker: Sobald ein Scanner angeschlossen ist, wird er kurzerhand dem System hinzugefügt und steht sofort zur Verfügung. Wie bei Druckern können Sie auch Scanner unter *Systemeinstellungen > Drucken & Scannen* löschen und manuell hinzufügen.

236

Drucken & Scannen

Scanner werden in den Systemeinstellungen gemeinsam mit Druckern verwaltet.

Auch bei Scannern bietet OS X von Haus die Möglichkeit, das Gerät anzusteuern. Sie müssen also keine Extrasoftware des Herstellers installieren.

Um ein Dokument einzuscannen, gibt es verschiedene Möglichkeiten:

- **Vorschau:** Wählen Sie im Programm Vorschau den Menüpunkt *Ablage > Aus Scanner importieren*.
- **Digitale Bilder:** Klicken Sie in der Seitenleiste von Digitale Bilder auf den Eintrag für den Scanner.
- **Systemeinstellungen:** Wählen Sie unter *Systemeinstellungen > Drucken & Scannen* den Scannereintrag und klicken Sie auf *Scanner öffnen*.

Klicken Sie im Scandialog auf Scannen, wird das aktuelle Dokument in voller Größe eingelesen. Möchten Sie nur einen Ausschnitt scannen, die Auflösung und Farbe und Dateiformat des Scans einstellen, klicken Sie im Dialog auf *Details einblenden*.

Kapitel 13: Kamera, Drucker & Co

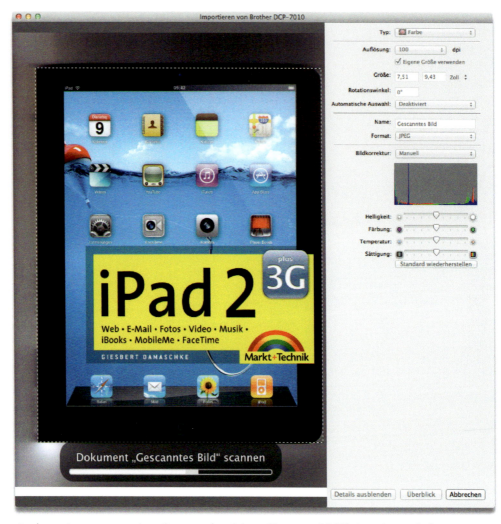

Auch zur Ansteuerung eines Scanners benötigen Sie unter OS X keine eigene Software, es genügen die systemeigenen Tools.

USB-Sticks und Festplatten

 Externe Laufwerke wie USB-Sticks oder Festplatten sind aus dem Computeralltag nicht wegzudenken. Sie dienen zum Datenaustausch mit anderen Anwendern ebenso wie als Backupmedium für eigene Dateien.

USB-Sticks und Festplatten

> **Festplatten-Dienstprogramm:** Zur Verwaltung, Partitionierung und Formatierung eines Laufwerks dient das Festplatten-Dienstprogramm. Sie finden es im Launchpad im Ordner *Dienstprogramme*.

Ein angeschlossenes externes Laufwerk erscheint im Finder unter *Geräte*. Falls das nicht der Fall sein sollte, müssen Sie unter *Finder > Einstellungen > Seitenleiste* den Punkt *Externe Festplatten* aktivieren.

Laufwerk anschließen

*Ob (externe) Festplatten im Finder angezeigt werden sollen, legen Sie unter **Finder > Einstellungen** fest.*

Sie können sich ein angeschlossenes Laufwerk auch auf dem Schreibtisch zeigen lassen. Aktivieren Sie dazu unter *Finder > Einstellungen > Allgemein* im Abschnitt *Diese Objekte auf dem Schreibtisch zeigen* den Punkt *Externe Festplatten*.

Wenn Sie eine externe Platte oder einen USB-Stick vom Mac trennen möchten, sollten Sie das Laufwerk nicht einfach abziehen. Das ist zwar möglich, birgt aber immer die Gefahr des Datenverlusts.

Laufwerk trennen

Kapitel 13: Kamera, Drucker & Co

Stattdessen sollten Sie das Laufwerk auswerfen. Klicken Sie dazu in der Seitenleiste des Finders auf das Auswurfsymbol neben dem Laufwerkseintrag. Sobald das Laufwerk im Finder nicht mehr angezeigt wird, können Sie es vom Mac trennen.

Sie können externe Laufwerke kurzerhand abziehen – aber das sollten Sie besser nicht tun, dabei besteht immer die Gefahr, dass Daten verloren gehen.

Formatieren

Um eine Festplatte oder einen USB-Stick zu formatieren (also den Inhalt komplett zu löschen und unter Umständen ein anderes Speicherformat festzulegen), schließen Sie das Laufwerk an den Mac an und starten das Festplatten-Dienstprogramm

In der Seitenleiste sehen Sie nun das Laufwerk und die darauf enthaltenen Partitionen. In der Regel werden Sie hier nur einen Eintrag sehen. Klicken Sie diesen Eintrag an und wechseln Sie zur Registerkarte *Löschen*.

Hier legen Sie nun das gewünschte Format fest, geben der Partition einen passenden Namen und klicken auf *Löschen*.

Nach einer Sicherheitsabfrage wird die Partition mit den neuen Werten überschrieben, ihr bisheriger Inhalt also komplett gelöscht.

Mit dem Formatieren von Datenträgern sollten Sie vorsichtig umgehen, denn dabei werden sämtliche gespeicherte Daten gelöscht.

USB-Sticks und Festplatten

Eine neue Festplatte oder ein USB-Stick ist üblicherweise mit dem Microsoft-Format FAT16 oder FAT32 vorformatiert. Das hat den Vorteil, dass Sie etwa einen USB-Stick sofort nach dem Auspacken an praktisch allen Computern einsetzen und so Daten zwischen Windows-, Linux- und OS-X-Computern austauschen können.

Partitionieren

Nun kommt Ihr Mac zwar problemlos mit FAT16/32 zurecht, doch so richtig wohl fühlt sich OS X erst mit dem Mac-eigenen Dateiformat. Wenn Sie ein externes Laufwerk also nur an Ihrem Mac benutzen, spielt dieser Aspekt keine Rolle und Sie sollten das externe Laufwerk optimal an Ihren Mac anzupassen.

Schließen Sie dazu das Laufwerk an Ihren Mac an und starten Sie das Festplatten-Dienstprogramm.

1. Wählen Sie das Laufwerk in der Seitenleiste aus und klicken Sie auf *Partition*.
2. Unter *Partitionslayout* wählen Sie *1 Partition*.
3. Klicken Sie auf *Optionen*, wählen Sie *GUID-Partitionstabelle* und klicken Sie auf *OK*.
4. Unter *Partitionsinformationen* geben Sie der neuen Partition einen Namen und wählen als *Format* den Eintrag *Mac OS X Extended (Journaled)*.
5. Nach einem Klick auf *Anwenden* und der Bestätigung einer Sicherheitsabfrage nimmt das Programm seine Arbeit auf, löscht alle eventuell bestehenden Partitionen und legt die gewünschte Partition im angegebenen Format an.

Neue Laufwerke sind fast immer für den Einsatz unter Windows ausgelegt. Im Festplatten-Dienstprogramm passen Sie sie für den optimalen Einsatz unter OS X an.

Kapitel 13: Kamera, Drucker & Co

Mehrere Partitionen Sie können ein Laufwerk auch in mehrere Partitionen unterteilen, die im Finder dann als eigene Laufwerke angezeigt werden. So können Sie etwa auf der Festplatte Platz für ein zweites Betriebssystem schaffen. Auch in diesem Fall kommt das Festplatten-Dienstprogramm zum Einsatz.

1. Schließen Sie das Laufwerk an, wählen Sie es in der Seitenleiste des Festplatten-Dienstprogramms aus und klicken Sie auf *Partitionieren*.
2. Unter *Partitionslayout* wählen Sie die gewünschte Anzahl an Partitionen, also z.B. *2 Partition*.
3. Die Größe der Partitionen legen Sie fest, indem Sie die Trennlinie zwischen den Partitionen mit der Maus verschieben oder eine Partition anklicken und im Feld *Größe* den gewünschten Wert eintragen.
4. Legen Sie für alle Partitionen einen Namen und das gewünschte Format fest und klicken Sie auf *Anwenden*.
5. Das Festplatten-Dienstprogramm informiert nun über die geänderten Werte und macht sich nach einer Bestätigung an die Arbeit.

Sie können auf jedem Laufwerk problemlos mehrere Partitionen in unterschiedlichen Formaten anlegen.

Image-Dateien

Eine Image-Datei ist ein virtuelles Laufwerk, also eine Datei, die vom System wie eine externe Festplatte behandelt wird. Eine solche Datei eignet sich sehr gut dazu, um allerlei Daten und Dokumente zu speichern oder weiterzugeben.

Es gibt drei Typen von Image-Dateien:

Image-Typen

- **Beschreibbares Image:** Eine solche Datei hat das Dateikürzel „dmg". Sie ist so groß wie die Kapazität des virtuellen Laufwerks. Erzeugen Sie zum Beispiel ein virtuelles Laufwerk mit 100 MB maximaler Kapazität, dann ist die DMG-Datei 100 MB groß. Auch dann, wenn das virtuelle Laufwerk keine Daten enthält.

- **Mitwachsendes Image:** Die Dateiendung lautet hier „sparseimage". Bei einem mitwachsenden Image wird die Dateigröße dem tatsächlich benötigten Speicherplatz angepasst. Die Kapazität des virtuellen Laufwerks gibt zwar die maximale Größe an – etwa 100 MB –, wenn aber zum Beispiel nur 20 MB auf dem virtuellen Laufwerk belegt sind, ist das Sparseimage auch nicht sehr viel größer als 20 MB.

- **Mitwachsendes Bundle-Image:** Hier lautet die Dateiendung „sparsebundle". Es gilt das, was zu Sparseimage gesagt wurde; der Unterschied besteht darin, dass ein Sparsebundle auf die Zusammenarbeit mit Time Machine optimiert ist. Normalerweise sichert Time Machine immer die komplette Image-Datei, bei einem Sparsebundle werden im Idealfall nur die Daten des virtuellen Laufwerks gesichert, die sich tatsächlich verändert haben.

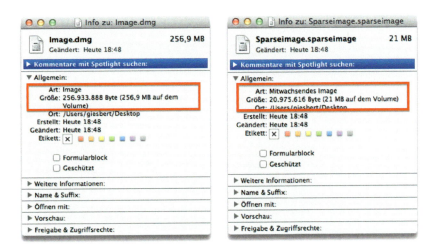

Zwei leere Image-Dateien mit einer Kapazität von jeweils 250 Mbyte. Das DMG-Image belegt immer rund 250 MB, das Sparseimage wächst mit der Menge der auf dem virtuellen Laufwerk gespeicherten Daten.

243

Kapitel 13: Kamera, Drucker & Co

Übrigens gilt für virtuelle Laufwerke das, was auch für physikalische Festplatten und Speichersticks gilt: Die Kapazität des Laufwerks steht nicht vollständig für die Datenspeicherung zur Verfügung, weil ein paar MB für die Verwaltung benötigt werden. Wenn Sie also sicher sein wollen, dass Ihr virtuelles Laufwerk für Ihre Zwecke ausreicht, dimensionieren Sie es ruhig ein wenig großzügiger. Wählen Sie ein mitwachsendes Image-Format, müssen Sie sich auch keine Sorgen machen, realen Speicherplatz mit einer zu üppig angelegten Image-Datei zu verschwenden.

Datei erzeugen Eine Image-Datei erzeugen Sie mit dem Festplatten-Dienstprogramm.

1. Klicken Sie in der Seitenleiste auf eine leere Stelle, wählen Sie *Neues Image* und legen Sie einen Namen und Speicherort für die Image-Datei fest.
2. Tragen Sie unter *Name* den Namen des Laufwerks ein, mit dem es im Finder angezeigt wird, und definieren Sie *Größe* und *Format* (hier empfiehlt sich *Mac OS Extended (Journaled)*).
3. Unter *Partitionen* wählen Sie *Einfache Partition – GUID-Partitionstabelle*.
4. Als *Image-Format* wählen Sie *Mitwachsendes Bundle-Image*.

Diese Datei lässt sich nun durch einen Doppelklick im Finder als virtuelles Laufwerk öffnen.

Ein virtuelles Laufwerk legen Sie mit wenigen Mausklicks im Festplatten-Dienstprogramm an.

CDs/DVDs brennen

Da jeder Mac mit einem CD-/DVD-Brenner ausgestattet ist, ist es natürlich auch möglich, beliebige Daten auf die Silberscheiben zu brennen, ohne dass Sie dafür spezielle Software benötigten.

> **Musik-CDs:** Mit den Brennfunktionen von OS X erzeugen Sie reine Daten-CDs/DVDs. Musik-CDs, die Sie in jedem CD-Player abspielen können, erzeugen Sie mit iTunes, das in Kapitel 12 beschrieben wird.

Rohling einlegen

Sobald Sie einen CD-/DVD-Rohling einlegen, erscheint ein Dialog, in dem Sie gefragt werden, wie das System beim Einlegen eines Rohlings reagieren soll. Standardmäßig wird er im Finder angezeigt, Sie können aber auch festlegen, dass stattdessen iTunes geöffnet oder der Rohling im Festplatten-Dienstprogramm angezeigt werden soll. Am einfachsten legen Sie die Standardaktion unter *Systemeinstellungen > CDs & DVDs* fest. Hier können Sie Ihre Entscheidung auch nachträglich revidieren.

Wie OS X auf das Einlegen eines Rohlings reagieren soll, legen Sie in den Systemeinstellungen fest.

Daten brennen

Wenn es nur darum geht, einen Ordner (oder eine Datei) zu brennen, dann klicken Sie die gewünschte(n) Datei(en) mit der rechten Maustaste an und wählen *(Name) auf CD/DVD brennen*. Sie werden nun aufgefordert, eine beschreibbare, leere CD/DVD einzulegen. Anschließend brennt OS X die Daten wie gewünscht auf CD/DVD.

Das Brennen beliebiger Ordner auf CD/DVD ist unter OS X nur einen Mausklick entfernt.

Kapitel 13: Kamera, Drucker & Co

Brennordner

Beim direkten Brennen müssen Sie die Daten bereits zusammenkopiert haben, die Sie brennen möchten. Doch es geht auch anders: Legen Sie einen Brennordner an, so können Sie dort in aller Ruhe die Daten zusammenstellen, bevor Sie sich tatsächlich an Brennen machen.

Der Vorteil gegenüber einem normalen Ordner besteht darin, dass die zu brennenden Dateien nicht physikalisch als Kopie in einem Brennordner abgelegt werden, sondern lediglich Verweise auf die zu brennenden Daten gespeichert sind.

Sie können also sehr schnell Dateien hinzufügen, schließlich ist ein Verweis im Nu erzeugt. Die Kopie einer großen Datei kann sich allerdings mehrere Minuten hinziehen. Natürlich können Sie Einträge in einem Brennordner auch problemlos löschen, ohne dass die Originaldatei, auf die verwiesen wird, davon betroffen ist.

Ein solcher Brennordner kann auf zwei Arten angelegt werden:

- **Rohling einlegen:** Legen Sie einen Rohling ein und ziehen Sie die zu brennenden Daten im Finder auf den entsprechenden Eintrag. Entnehmen Sie den Rohling, ohne die Daten gebrannt zu haben, bleibt der Eintrag bestehen und der Inhalt des Ordners kann weiterhin bearbeitet werden.

- **Neuer Brennordner:** Noch einfacher geht es im Finder über das Kommando *Ablage > Neuer Brennordner*.

Um einen Überblick über den Umfang des Brennordners zu behalten, wählen Sie *Darstellung > Statusleiste einblenden*.

Nach einem Klick auf *Brennen* werden Sie aufgefordert, einen Rohling mit der passenden Kapazität einzulegen. Anschließend startet OS X den Brennvorgang.

Die Statusleiste verrät Ihnen, wie viele Daten im Brennordner vorhanden sind. Mit einem Klick auf den runden Pfeil rechts wird die Anzeige aktualisiert.

Bluetooth-Geräte

Ein ISO-Image ist ein genaues Abbild des Inhalts einer CD/DVD, das exakt so wieder auf eine CD/DVD gebrannt werden kann. Manche sehr umfangreichen Programme oder auch komplette Linux-Distributionen werden in Form von ISO-Images weitergegeben.

ISO-Image brennen

Um ein solches Image zu brennen, benötigen Sie das Festplatten-Dienstprogramm. Rufen Sie hier *Images > Brennen* auf und wählen Sie die ISO-Datei.

Bluetooth-Geräte

Standardmäßig werden bei einem neuen iMac Tastatur und Trackpad/Maus via Bluetooth mit dem Mac verbunden. Natürlich können Sie auch andere Geräte auf diese Weise mit dem Mac koppeln.

Damit Ihr Mac sich mit Bluetooth-Geräten verbinden kann, muss Bluetooth natürlich aktiviert sein. Das ist bei neueren Macs, die mit Bluetooth-Peripherie ausgeliefert werden, standardmäßig der Fall. Normalerweise erkennen Sie dies am Bluetooth-Symbol in der Menüleiste oben rechts.

Bluetooth ein/aus

Falls das ausnahmsweise einmal nicht der Fall sein sollte, rufen Sie *Systemeinstellungen > Bluetooth* auf und wählen dort *Aktiviert* und *Bluetooth-Status in der Menüleiste anzeigen*.

Die Option *Sichtbar* müssen Sie nur aktivieren, wenn Sie möchten, dass Ihr Mac von einem Bluetooth-Gerät automatisch erkannt werden soll. Das muss zur Verbindungsaufnahme nicht unbedingt der Fall sein, die Kontaktaufnahme kann auch von Ihrem Mac (und nicht vom Bluetooth-Gerät) aus erfolgen.

In den Systemeinstellungen legen Sie fest, ob Bluetooth aktiviert und in der Menüleiste angezeigt werden soll.

Kapitel 13: Kamera, Drucker & Co

Wenn Sie an Ihrem Mac mit einer Bluetooth-Maus und -Tastatur arbeiten, können Sie Bluetooth nicht ausschalten, weil Sie ansonsten Ihren Mac nicht mehr steuern können. OS X informiert Sie darüber und lässt Bluetooth aktiviert.

Geräte koppeln Sobald der Mac ein Bluetooth-Gerät erkennt, wird es häufig automatisch verbunden („gekoppelt"). Mitunter müssen Sie diesen Prozess allerdings explizit starten, weil das Bluetooth-Gerät wie etwa ein Smartphone über einen Code freigegeben werden muss.

In diesem Fall rufen Sie *Systemeinstellungen > Bluetooth* auf und klicken unten links auf die Plustaste. Ihr Mac sucht nun nach neuen Bluetooth-Geräten und zeigt eventuelle Treffer an. Nun können Sie das neue Gerät mit dem Mac koppeln.

Beim Koppeln von Geräten wie etwa einem Smartphone müssen Sie oftmals einen Code auf dem zu koppelnden Gerät eingeben, um den Verbindungsaufbau zu bestätigen.

Geräte trennen Ein einmal gekoppeltes Gerät wird von OS X automatisch erkannt und verbunden, sobald es verfügbar ist. Möchten Sie ein Gerät explizit nicht (mehr) mit OS X verbinden, gibt es zwei Möglichkeiten:

- **Trennen:** Markieren Sie den Geräte-Eintrag, klicken Sie unten auf das Zahnradsymbol und wählen Sie *Trennen*. Hier können Sie das Gerät bei Bedarf auch erneut verbinden.

- **Löschen:** Markieren Sie den Geräte-Eintrag und klicken Sie auf das Minuszeichen. Damit werden sämtliche Informationen zu diesem Gerät gelöscht. Möchten Sie es später doch noch einmal mit Ihrem Mac benutzen, müssen Sie beide erneut koppeln.

Kapitel 14
Sicherheit

Bildnachweis: Apple

Kapitel 14: Sicherheit

Time Machine

Jeder weiß, wie wichtig es ist, aber kaum jemand tut es: nämlich seine Daten in Form eine Backups regelmäßig in Sicherheit zu bringen. Denn auch wenn es monate- oder jahrelang gut geht – irgendwann löscht man eine Datei, die man nicht hätte löschen dürfen, überschreibt ein Dokument, dessen Originalversion man braucht, oder verliert gar seine Daten bei einem Hardwarefehler. Da ist guter Rat teuer. Teurer jedenfalls als ein rettendes Backup. Denn das kostet Sie nur eine externe Festplatte. Um alles andere kümmert sich Time Machine.

Mit der Zeitmaschine gegen Datenverlust

Time Machine ist eine „Einmal einschalten und vergessen"-Lösung, die Ihnen alle Entscheidungen in Sachen Backup abnimmt:

- **Automatische Backups:** Bei Time Machine müssen Sie sich nicht mehr darum kümmern, dass ein Backup angelegt wird, denn das passiert nach dem Anschließen einer externen Festplatte hinfort automatisch.

- **Keine Konfiguration:** Sie müssen sich auch nicht mit der Konfiguration des Programms herumschlagen, weil man Time Machine nicht konfigurieren muss (und es auch kaum kann, selbst wenn man es wollte).

- **Alles sichern:** Sie müssen sich keine Gedanken darüber machen, welche Ordner und Dateien gesichert werden sollen, weil Time Machine einfach alles sichert, was es an Daten auf der Festplatte findet. Sie können allerdings Ausnahmen definieren, aber dazu weiter unten mehr.

- **Inkrementelle Backups:** Sie müssen sich auch nicht für die richtige Strategie entscheiden, denn Time Machine legt inkrementelle Backups auf Stunden-, Tages- und Wochenbasis an. Inkrementell bedeutet, dass Time Machine beim Start einmal alles komplett sichert und in Zukunft nur noch die Veränderung im Datenbestand protokolliert. Das macht das Programm für die letzten 24 Stunden stündlich, für den letzten Monat im Tagesrhythmus und für alles, was älter als vier Wochen ist, im Wochenabstand. Die Wochenbackups werden so lange aufgehoben, solang Time Machine Speicherplatz zur Verfügung hat. Wird der Platz auf der Platte eng, informiert Sie Time Machine und beginnt damit, die ältesten Backups zu löschen.

Worauf Sie achten sollten

Auch wenn Time Machine so einfach wie nur möglich ist, sollten Sie vor dem ersten Backup auf drei Dinge achten:

- **Formatierung:** Eine frisch gekaufte Festplatte kommt fast immer mit einer DOS-Partitionstabelle („Master Boot Record") und einer Partition im MS-DOS-Format FAT. Zwar kann OS X damit problemlos umgehen, aber die optimale Leistung erzielen Sie mit Mac-eigenen Formaten. Daher sollten Sie eine neue Festplatte vor dem Einsatz von Time Machine mit dem Festplatten-Dienstprogramm auf die GUID-Partitionstabelle ändern und eine Partition im Format OS X Extended (Journaled) anlegen. Wie das geht, erfahren Sie weiter vorne im Abschnitt „USB-Sticks und Festplatten".

- **Das erste Backup braucht etwas Zeit:** Bei der ersten Sicherung Ihres Systems wird der Ist-Zustand gespeichert. Das kann, je nach Datenmenge, einige Zeit dauern. Sie sollten damit also nicht unbedingt beginnen, wenn Sie Ihren Mac eigentlich gerade ausschalten wollten. (Keine Sorge, später werden nur noch die Daten gespeichert, die sich tatsächlich verändert haben, dann dauert ein Durchlauf nur ein paar Minuten oder nicht einmal das.)

- **Mehr ist mehr:** Die externe Festplatte kann gar nicht groß genug sein. Hier gilt die einfache Faustregel, dass mehr ganz einfach mehr ist. Sie sollten allerdings nicht unbedingt die billigste Platte kaufen, die Sie kriegen können. Denn was nutzt Ihnen das schönste Backup, wenn die Festplatte nach kurzer Zeit ihren Geist aufgibt?

Das Backup liegt auf dem Backuplaufwerk in einem Ordner namens *Backups.backupdb*. Außerhalb dieses Ordners können Sie das Laufwerk natürlich auch für andere Zwecke nutzen, etwa um sehr umfangreiche Mediendaten auszulagern. Allerdings werden diese Daten nicht von Time Machine gesichert.

Daten sichern mit Time Machine

Alles, was Sie tun müssen, um in Zukunft vor Datenverlust – nun, natürlich nicht völlig, aber doch sehr ordentlich – gefeit zu sein, ist, eine externe Festplatte an Ihren Mac anzuschließen.

Bei einer neu angeschlossenen Festplatte meldet sich Time Machine und fragt nach, ob das neue Laufwerk für Backups benutzt werden soll(natürlich können Sie dies auch später entscheiden). Unter *Systemeinstellungen > Time Machine* können Sie nach einem Klick auf *Volume auswählen* ein Backuplaufwerk bestimmen und die Zeitmaschine anwerfen.

Sobald Sie Time Machine erlaubt haben, ein Laufwerk als Backupmedium zu benutzen, beginnt das Programm mit der Sicherung Ihrer Daten. Damit Sie jederzeit wissen, welches externe Laufwerk Ihr Backuplaufwerk ist, wird es durch ein grünes Icon symbolisiert.

Die Konfiguration von Time Machine ist ausgesprochen einfach: Laufwerk anschließen genügt.

Kapitel 14: Sicherheit

Verschlüsseln Normalerweise speichert Time Machine alle Daten unverschlüsselt im Klartext. Das ist am schnellsten und auch bequemsten, aber nicht am sichersten. Jeder, der Zugriff auf Ihr Backuplaufwerk hat, kann anhand von Time Machine Ihren kompletten Mac rekonstruieren. Wenn Sie auf Nummer Sicher gehen wollen, dann aktivieren Sie nach einem auf Klick *Volume auswählen* den Punkt *Backup-Volume verschlüsseln*.

Auf Wunsch kann Time Machine das Backup verschlüsseln und so vor fremdem Zugriff schützen.

Manuelles Backup Falls die letzte Speicherung erst wenige Minuten her ist und Sie just im Moment einige Dokumente und Dateien gespeichert haben, für deren Sicherung Sie nicht auf den nächsten Durchgang warten möchten, dann können Sie den Sicherungsvorgang manuell anstoßen.

Klicken Sie dazu auf das Time-Machine-Symbol in der Menüleiste und wählen Sie den Eintrag *Backup jetzt erstellen*.

Time Machine sichert einmal in der Stunde Ihre Daten. Sie können die Zeitmaschine aber auch manuell starten.

Bereiche vom Backup ausnehmen Das Grundkonzept von Time Machine sieht vor, kurzerhand alles zu sichern, was dem Programm vor die Nase kommt. Das ist im Grunde auch ein sehr sinnvoller Ansatz, aber es gibt, wie immer, natürlich auch Ausnahmen.

So möchte man vielleicht nicht, dass ein bestimmter Ordner mit sensiblen Daten auch im Backup auftaucht. Es ist auch wenig sinnvoll, temporäre Ordner, in denen man vorübergehend umfangreiche Dateien zwischenlagert, ins Backup aufzunehmen.

In solchen Fällen empfiehlt es sich, bestimmte Ordner oder Laufwerke explizit vom Backup auszunehmen. Dazu rufen Sie *Systemeinstellungen > Time Machine* auf und klicken auf *Optionen*. Es öffnet sich ein Dialog, in dem Sie festlegen, welche Laufwer-

Daten zurückholen mit Time Machine

ke oder Ordner nicht gesichert werden sollen. Um einen neuen Eintrag hinzuzufügen, klicken Sie auf die Plustaste und fügen die Ordner oder Laufwerke hinzu, die Time Machine ignorieren soll.

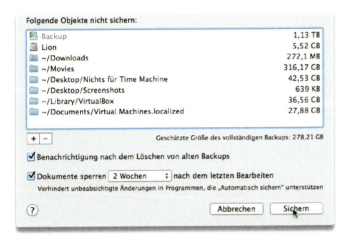

Sie können jederzeit bestimmte Ordner oder ganze Laufwerke vom Backup ausnehmen.

Daten zurückholen mit Time Machine

Die regelmäßige, bequeme Sicherung von Daten ist nur die halbe Miete. Denn was nützt Ihnen das schönste und einfachste Backup, wenn der Zugriff auf die gesicherten Daten wieder mit Mühen und Plagen verbunden ist? Da würde wieder die Bequemlichkeit siegen und man auf ein Backup gleich ganz verzichten.

Hier hat sich Apple etwas Besonderes einfallen lassen. Sobald Sie das Programm Time Machine starten, verändert sich das komplette Aussehen des Desktops: Der aktuelle Inhalt rutscht nach unten aus dem Bildschirm hinaus und macht einem Weltall Platz, in dessen Mitte gestaffelte Fenster sich in der Unendlichkeit verlieren. Am rechten Rand ist eine Zeitleiste, unten befinden sich einige Tasten.

Zeitreise

Die ganze Anmutung wirkt ein wenig wie ein Computerspiel – und das ist natürlich Absicht. Denn so erreicht man zweierlei:

- **Zugänglichkeit:** Das mit allerlei unangenehmen Erfahrungen und Vorurteilen belastete Thema Backup verliert durch den eher spielerischen Zugang seinen Schrecken, was dazu führt, dass das Time-Machine-Backup von den Anwendern tatsächlich benutzt wird.

- **Zeitreise:** Die radikale Veränderung der Oberfläche macht unmissverständlich deutlich, dass man sich jetzt nicht mehr im normalen Arbeitsbetrieb, sondern auf eine Zeitreise in die Datenvergangenheit des Macs macht.

Die sich in der Ferne verlierenden Fenster stellen den Systemzustand des Macs zu den verschiedenen Sicherungszeitpunkten dar. Über die Pfeile rechts kann man in der Zeit vor- und zurückblättern, wobei man immer zum nächsten Zeitpunkt springt, an dem sich der Inhalt des aktuell gezeigten Ordners verändert hat. Über die Zeitleiste am rechten Rand lässt sich aber auch jeder Zeitpunkt gezielt ansteuern.

Nach dem Aufruf von Time Machine ändert sich das Aussehen des Schreibtischs grundlegend.

Eine Datei zurückholen Eine Standardsituation für den Einsatz von Time Machine sieht ungefähr so aus: Sie stellen bei der täglichen Arbeit fest, dass ein Dokument (etwa eine PDF-Datei aus dem Internet), das Sie in einem bestimmten Ordner vermutet haben (etwa im Download-Verzeichnis), nicht mehr vorhanden und auch mit Spotlight nicht zu finden ist, also vermutlich versehentlich gelöscht wurde. In diesem Fall gehen Sie folgendermaßen vor:

1. Öffnen Sie den Ordner, in dem Sie das Dokument zuletzt gespeichert haben, klicken Sie auf das Time-Machine-Symbol in der Menüleiste und wählen Sie *Time Machine öffnen*.

Time Machine lässt sich am einfachsten über die Menüleiste aufrufen.

2. Der Bildschirm ändert sich und zeigt nun den aktuellen Inhalt des gewählten Ordners im Finder vor dem Time-Machine-Himmel an.

3. Klicken Sie sich so lange über die Pfeiltasten in die Vergangenheit, bis das gesuchte Dokument auftaucht. Das Datum des Backups wird am unteren Bildschirmrand angezeigt.

Daten zurückholen mit Time Machine

4. Auch in Time Machine funktioniert die Übersicht. Sie können also ein Dokument oder eine Datei markieren und sich mit einem Druck auf die Leertaste den Inhalt zeigen lassen. So können Sie rasch feststellen, ob es sich um die gesuchte Datei handelt.

5. Wenn Sie die gesuchte Datei gefunden haben, klicken Sie auf die Taste *Wiederherstellen* rechts unten.

6. In einer schicken Animation wird die markierte Datei zurück in die Gegenwart geholt. Gleichzeitig kehren Sie zurück zum gewohnten Schreibtisch. Die gesuchte Datei befindet sich jetzt in dem Ordner, von dem aus Sie die Zeitreise unternommen haben.

Suchen in der Vergangenheit: Sollte die gesuchte Datei nicht in einer früheren Version des aktuell gewählten Ordners zu finden sein, können Sie mit Spotlight natürlich auch die Vergangenheit durchsuchen und nach der vermissten Datei fahnden.

In Time Machine funktionieren die Übersicht und auch die Suchfunktion mit Spotlight. Das Datum des aktuellen Backups wird unten angezeigt.

Backups sind in der Regeln dazu da, Dateien, die Sie versehentlich gelöscht haben, wieder hervorzuzaubern. Das ist gut und schön, aber manchmal soll eine Datei, die gelöscht wird, auch wirklich gelöscht bleiben und nicht unverhofft über das Backup wieder im unpassendsten Moment auftauchen.

Backups löschen

255

Kapitel 14: Sicherheit

In solchen Fällen kann man eine Datei oder auch gleich ein ganzes Backup vom Time-Machine-Laufwerk löschen. Diese Daten lassen sich dann nicht mehr via Time Machine rekonstruieren.

Starten Sie dazu Time Machine, lokalisieren Sie im Backup die Datei, die Sie nicht mehr sehen möchten, und klicken Sie auf die Aktionstaste (das Zahnrad). Hier wählen Sie *Alle Backups von {Dateiname} löschen*. Nach einer Sicherheitsabfrage wird die Datei vollständig entfernt.

Damit sensible Daten, die Sie sicher löschen wollen, nicht im Backup vor sich hin schlummern, können Sie sie auch vollständig aus dem Backup löschen.

Systemwiederherstellung mit (und ohne) Time Machine

Time Machine eignet sich nicht nur zur Wiederherstellung einzelner Dateien, sondern kann auch dazu benutzt werden, ein komplettes System zu rekonstruieren. Es kommt zwar sehr, sehr selten vor, dass OS X komplett neu installiert werden muss, aber es ist doch beruhigend, dass man selbst für diesen Ausnahmefall mit Time Machine gut gerüstet ist.

Denn OS X legt bei der Installation eine Rettungspartition auf der Festplatte an. Von dieser Partition lässt sich das System komplett neu installieren bzw. aus dem Time-Machine-Backup rekonstruieren.

Von Recovery HD starten Die Rettungspartition bzw. die Recovery HD (wie sie offiziell heißt) wird vom System komplett versteckt und ist von Lion aus nicht erreichbar. Um von dieser Partition zu booten, müssen Sie Ihren Mac neu starten und dabei einen kleinen Trick anwenden.

Systemwiederherstellung mit (und ohne) Time Machine

Wählen Sie also > *Neustart*. Sobald alle aktiven Programme geschlossen wurden und der Mac kurz herunterfährt (anders gesagt: wenn der Bildschirm schwarz wird), drücken Sie die ⌥-Taste und halten sie so lange gedrückt, bis Ihnen Ihr Mac zwei große Festplattensymbole zeigt. Steuern Sie mit den Pfeiltasten *Recovery HD* an und drücken Sie die ↵-Taste.

Nach dem Start von der Recovery HD können Sie OS X komplett neu installieren.

Anschließend bootet der Mac, zeigt aber nicht den vertrauten Schreibtisch, sondern ein großes Fenster namens *Mac OS X Dienstprogramme*.

Neuinstallation

Hier können Sie nun Ihren Mac aus einem vorhandenen Backup wieder herstellen, aber auch das System auch komplett neu aufsetzen und von vorn anfangen.

Es ist auch möglich, im Internet nach Hilfe für Probleme mit Ihrem Mac zu suchen oder das Festplatten-Dienstprogramm zu starten, um zum Beispiel das Startlaufwerk Ihres Macs zu überprüfen.

Die Dienstprogramme auf der Recovery HD helfen Ihnen bei (schweren) Fehlern im System.

OS X und seine Kennwörter

Ein Kennwort schützt Daten, Dateien und Ihr gesamtes System vor unbefugtem Zugriff. Dabei kennt OS X verschiedene Arten von Kennwörtern. Die beiden wichtigsten sind:

- **Benutzerkennwort:** Dieses Kennwort legen Sie in der Regel beim ersten Einschalten zusammen mit dem Benutzernamen fest. Es schützt Ihr Benutzerverzeichnis und muss von Ihnen – falls die automatische Anmeldung (dazu gleich mehr) deaktiviert ist – bei der Anmeldung am System angegeben werden.

- **Administratorkennwort:** Dieses Kennwort wird verlangt, wenn Sie etwas tun wollen, was über die Befugnisse eines normalen Anwenders hinausgeht. Üblicherweise betrifft dies Zugriffe auf Systemebene.

Als erster (und oftmals auch einziger) Benutzer eines Macs sind Sie automatisch der Herr und Meister über schlechterdings alles, was auf Ihrem Computer vor sich geht. Kurz: Sie sind Benutzer und Admin des Systems.

Ihr Kennwort ist damit automatisch das Administratorkennwort und damit der Schlüssel zum gesamten System. Wann immer etwas in den Systemtiefen verändert werden soll, das ein einfacher Benutzer normalerweise nicht ändert, wann immer ein Programm versucht, auf Daten und Verzeichnisse zuzugreifen, auf die üblicherweise kein Programm zugreift: Dann öffnet sich ein Fenster und Sie werden aufgefordert, den Vorgang durch die Eingabe Ihres Kennworts zu legitimieren. Erst dann werden Daten verändert oder ausgelesen.

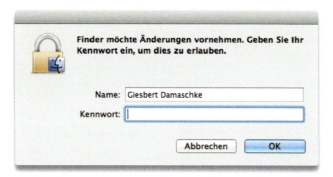

Bei systemnahen Eingriffen verlangt OS X zuvor das Adminkennwort.

> **Vorsicht!** Wann immer Sie mit einer solchen Dialogbox konfrontiert werden, ist Vorsicht angesagt. Füllen Sie sie nicht leichtsinnig aus, sondern vergewissern Sie sich, dass die Eingabe Ihres Kennworts auch tatsächlich zu einem von Ihnen ausgelösten Arbeitsschritt gehört.

OS X und seine Kennwörter

Wenn man seinen Mac zum ersten Mal einschaltet, ist man mitunter viel zu neugierig und mit anderen Dingen beschäftigt, als allzu viele Gedanken an die Wahl seines Benutzerkennwortes zu verschwenden. Später nagt dann der Verdacht, dass „schatzi" vielleicht doch etwas zu simpel gewesen ist. Vielleicht ist Ihr Kennwort aber auch übertrieben kompliziert und Sie können es sich selbst nicht merken. Wie dem auch sei: Natürlich besteht die Möglichkeit, das Kennwort nachträglich zu ändern.

Das Kennwort ändern

Dazu rufen Sie *Systemeinstellungen > Benutzer & Gruppen* auf. Wählen Sie in der linken Spalte Ihren Benutzernamen und klicken Sie auf der Registerkarte *Kennwort* auf *Kennwort ändern*. Wenn Sie sich von OS X ein Kennwort vorschlagen lassen möchten, rufen Sie mit einem Klick auf das kleine Schlüsselsymbol rechts neben dem Feld *Neues Kennwort* den *Kennwortassistent* auf.

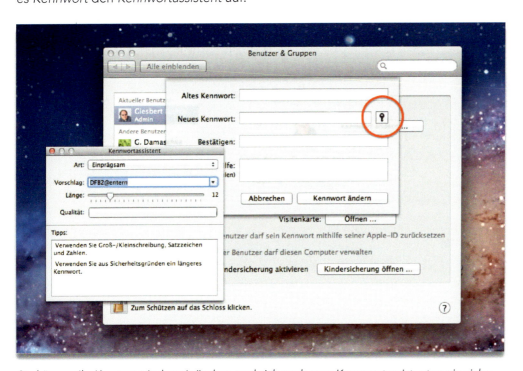

Sie können Ihr Kennwort jederzeit ändern und sich auch vom Kennwortassistenten ein sicheres Kennwort vorschlagen lassen.

Die Wahl des richtigen Kennworts ist keine triviale Angelegenheit. Natürlich sind alle persönlichen Begriffe wie Vor- oder Nachname, Lieblingsfarben, Geburtsdaten, Personen- und Kosenamen, Filmtitel, populäre Zitate und ähnliches als Kennwort völlig ungeeignet. Dergleichen lässt sich mit ein wenig Kenntnis der Person und etwas Zeit problemlos erraten.

Sicher und doch leicht zu merken

Es reicht auch nicht, sich ein besonders obskures oder seltsames Wort auszusuchen – mit einem geeigneten Programm und einer sogenannten „Lexikonattacke" ist es in Sekundenschnelle geknackt. Dabei probiert ein Programm einfach sturheil alle Wörter eines Lexikons durch, bis es auf das magische „Sesam, öffne dich ..." stößt.

Das beste Kennwort ist daher eines, das aus einem bunten Mix aus Buchstaben, Satzzeichen und Ziffern besteht und nicht zu kurz ist. Ein solches Kennwort lässt sich weder erraten noch durch Ausprobieren herausbekommen (auf jeden Fall nicht von einem Menschen, Computer sind da mitunter durchaus erfolgreich).

Leider ist das bestmögliche Kennwort auch zugleich das schlechteste. Denn was sich schwer erraten lässt, lässt sich auch nur schwer merken. Ein Kennwort wie etwa „A\7to:e]Hm.cb" ist zwar schön sicher – aber möchten Sie so etwas auswendig lernen? Um diesen Zeichenmix nicht zu vergessen, müsste man ihn aufschreiben. Doch damit ist die Sicherheit des Kennworts schon wieder zuschanden geworden, braucht ein potenzieller Datendieb Ihnen einfach nur Ihren Notizzettel zu mopsen, um an Ihre Daten zu kommen.

Der Trick bei der Erzeugung eines sicheren Kennworts besteht darin, sich nicht das Kennwort selbst, sondern die Methode zu merken, wie man es gebildet hat. Dann lässt es sich bei Bedarf einfach neu ableiten, ohne dass Sie es sich aufschreiben müssen. Kombinieren Sie zum Beispiel Ihren Namen mit Ihrem Geburtsdatum und setzen Sie noch ein Satzzeichen zwischen Vor- und Nachname. Bei mir sähe das zum Beispiel so aus: „19Giesbert!Damaschke61". Das Verfahren lässt sich natürlich beliebig ausbauen, Sie müssen nur darauf achten, dass die Bildungsregel selbst nicht zu kompliziert wird.

Die Schlüsselbundverwaltung

Neben Ihrem Benutzerkennwort werden Sie im Laufe der Zeit noch etliche andere Kennwörter eingeben müssen – beim Zugriff auf geschützte Webseiten, beim Abruf Ihrer E-Mails, beim Lesen verschlüsselter Daten und ähnlichem mehr.

Nun wäre es sehr aufwendig und inkonsistent, wenn jedes Programm die benutzten Kennwörter selbst verwalten müsste. Zudem gibt es Fälle, in denen mehrere Programme auf ein und dasselbe Kennwort zugreifen müssen, was bei einer separaten Verwaltung zu lästigen Mehrfacheingaben führt.

Eine Datei für alle Daher verwaltet OS X sämtliche Kennwörter, die Sie an Ihrem Mac eingeben, in einer zentralen Schlüsselbunddatei. Sobald Sie in einem Programm oder beim Zugriff auf eine Webseite ein Kennwort eingeben, werden Sie gefragt, ob das neue Kennwort im Schlüsselbund gespeichert werden soll. Beim nächsten Zugriff wird das gespeicherte Kennwort automatisch ausgelesen – Sie müssen sich um nichts mehr kümmern.

Dabei kann der Mac mehrere Schlüsselbunddateien verwalten, von Haus aus sind das drei: *Anmeldung*, *System* und *System-Roots*. Ihre Kennwörter und Daten sind im Schlüsselbund *Anmeldung* gespeichert.

Die Schlüsselbundverwaltung

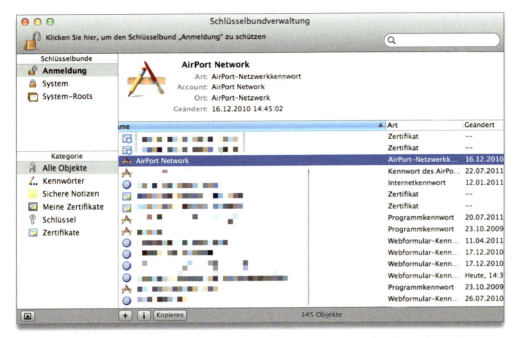

Die Schlüsselbundverwaltung speichert alle möglichen Kennwörter, die Sie an Ihrem Mac eingeben.

Die Schlüsselbundverwaltung

Der Schlüsselbund wird von OS X im Großen und Ganzen autonom verwaltet. Das ist auch gut so, schließlich soll Ihnen das Verfahren Arbeit abnehmen und nicht neue Aufgaben aufbürden.

Doch manchmal ist es notwendig, gezielt auf einzelne Schlüssel im Schlüsselbund zuzugreifen. Sei es, weil Sie einen Eintrag löschen, sei es, weil Sie ein Kennwort vergessen haben und es nun nachschlagen wollen.

In solchen und anderen Fällen schlägt die Stunde der Schlüsselbundverwaltung, die Sie im Launchpad im Ordner *Dienstprogramme* finden.

- **Löschen:** Klicken Sie den Eintrag doppelt an, um sich zu vergewissern, dass Sie den richtigen Eintrag löschen wollen. Schließen Sie das Informationsfenster und löschen Sie den Eintrag mit der ⌫-Taste.

- **Einsehen:** Klicken Sie den Eintrag doppelt an und aktivieren Sie *Kennwort einblenden*. Es erscheint ein Dialog, in dem Sie das Adminkennwort angeben und festlegen, ob die Anzeige des angeforderten Kennworts immer, nur einmal oder gar nicht erlaubt werden soll. Diese Angaben gelten nur, solange das Programm läuft. Beenden Sie die Schlüsselbundverwaltung und starten Sie sie erneut, werden die Kennwörter erst nach erneuter Eingabe des Adminkennworts angezeigt.

Automatische Anmeldung ein- und ausschalten

Standardmäßig fragt OS X beim Start nach dem Kennwort des Benutzers. Haben Sie diese Funktion bei der Installation allerdings abgewählt, meldet OS X Sie beim Start automatisch an und gibt den Zugriff auf das System frei. Das ist einerseits natürlich sehr praktisch, kann aber andererseits ein Sicherheitsrisiko darstellen. Dann nämlich, wenn nicht nur Sie und andere Personen, denen Sie vertrauen, auf Ihren Mac zugreifen können, sondern – etwa im Großraumbüro – auch allzu neugierige Zeitgenossen.

In diesem Fall ist die automatische Anmeldung natürlich weniger schön, denn dann muss man den Mac lediglich einschalten und hat Zugriff auf Ihre Daten. Das lässt sich, natürlich, unterbinden.

Rufen Sie dazu *Systemeinstellungen > Benutzer & Gruppen* auf und klicken Sie auf *Anmeldeoptionen*. Hier können Sie nun die *Automatische Anmeldung* deaktivieren oder auch festlegen, mit welchem Account der Mac automatisch starten soll.

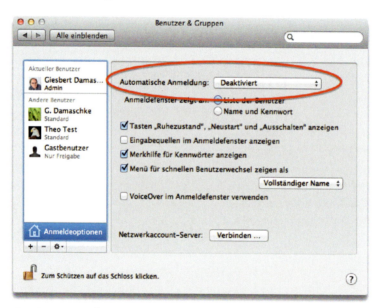

*Die **Automatische Anmeldung** sollte für Ihren Account möglichst immer deaktiviert bleiben.*

Den Zugriff mit Bildschirmschoner sichern

Ein Bildschirmschoner ist nicht nur hübsch anzusehen und er schützt auch nicht nur (ältere) Monitore davor, dass sich Muster einbrennen, sondern er kann auch eine Zugangsbarriere für vorwitzige Kollegen sein, die während Ihrer Abwesenheit einen raschen Blick auf Ihre Daten werfen möchten.

Wählen Sie *Systemeinstellungen > Schreibtisch & Bildschirmschoner* und suchen Sie sich einen Bildschirmschoner aus. Anschließend klicken Sie auf *Aktive Ecken*. Hier können Sie festlegen, dass eine Zeigerbewegung in eine bestimmte Ecke den Bildschirmschoner aktiviert. Damit Sie ihn nicht versehentlich auslösen, halten Sie zusätzlich die `esc`-, `alt`-, `⌘`- oder `⇧`-Taste (oder eine Kombination aus diese Tasten) gedrückt und wählen nun im Dropdown-Menü der gewünschten Ecke den Eintrag *Bildschirmschoner ein*.

Bildschirmschoner festlegen

Nun können Sie den Bildschirmschoner einschalten, indem Sie die Maus in die gewählte Ecke bewegen und dabei die festgelegte(n) Taste(n) drücken.

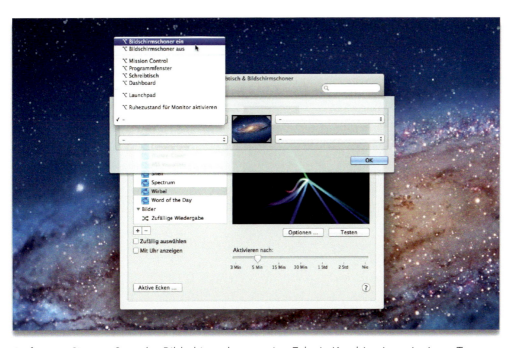

Definieren Sie zum Start des Bildschirmschoners eine Ecke in Kombination mit einem Tastenklick, können Sie den Schoner blitzschnell starten.

Kapitel 14: Sicherheit

Kennwort für den Bildschirmschoner

Standardmäßig gibt OS X nach Aktivierung des Bildschirmschoners den Zugriff nur nach Eingabe des Benutzerkennworts wieder frei. Falls das bei Ihnen nicht der Fall sein sollte, wählen Sie *Systemeinstellungen > Sicherheit > Allgemein*. Hier können Sie festlegen, ab wann das System nach Start des Bildschirmschoners das Kennwort abfragt.

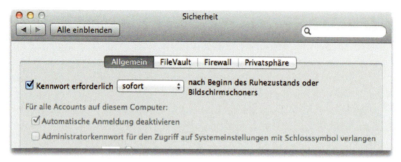

Schützen Sie den Bildschirmschoner mit einem Kennwort, damit Unbefugte auch in Ihrer Abwesenheit nicht an Ihre Daten kommen.

In Zukunft können Sie bei kurzer oder längerer Abwesenheit Ihren Mac nun blitzschnell vor fremdem Zugriff schützen. Sobald der Bildschirmschoner über die Mausbewegung samt Tastendruck gestartet ist, können Sie Ihren Mac beruhigt unbeaufsichtigt lassen, denn nun geht ohne Ihr Kennwort gar nichts mehr.

Daten verschlüsseln

Der beste Schutz gegen den Datenklau besteht darin, den Zugriff auf sensible Daten nicht nur mit einem Kennwort zu sichern, sondern die Daten selbst zusätzlich zu verschlüsseln. Denn einen reinen Kennwortschutz gespeicherter Daten kann man mit entsprechender krimineller Energie relativ leicht umgehen. Sobald ein Datendieb den Kennwortschutz ausgehebelt hat, hat er gewonnen. Bei verschlüsselten Daten hilft ihm das aber nicht weiter, denn die ergaunerten Daten sind dank Verschlüsselung für ihn nur unlesbarer Datenmüll.

Sichere Notizen

Bei den Sicheren Notizen handelt es sich um verschlüsselt gespeicherte Texte, die als Teil des Schlüsselbunds verwaltet werden. Das ist zwar etwas umständlich, hat aber den Vorteil, dass Ihre Notizen immer zusammen mit dem Schlüsselbund kopiert und transportiert werden können. Sie können die Notizen im Schlüsselbund *Anmeldung* speichern oder einen eigenen Schlüsselbund für die Notizen erzeugen.

Dazu starten Sie die Schlüsselbundverwaltung und wählen *Ablage > Neuer Schlüsselbund*. Geben Sie dem neuen Schlüsselbund einen Namen (etwa: „Meine Notizen") und legen Sie einen Speicherort fest, zum Beispiel: *Dokumente*.

Markieren Sie Ihren neuen Schlüsselbund in der linken Spalte, wählen Sie die Kategorie *Sichere Notizen* und klicken Sie auf das Pluszeichen am unteren Rand. Sie können nun eine Notiz anlegen, die nur in der Schlüsselbundverwaltung und mit Ihrem Kennwort gelesen werden kann.

Daten verschlüsseln

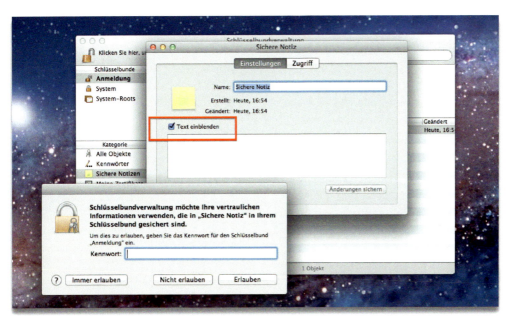

Bei einer Sicheren Notiz im Schlüsselbund wird der Text erst nach Eingabe des richtigen Kennworts angezeigt.

Verschlüsselte Image-Dateien

Wie in Kapitel 13 erläutert, können Sie mit dem Festplatten-Dienstprogramm virtuelle Laufwerke, die sogenannten Image-Dateien anlegen. Dabei besteht auch die Möglichkeit, eine Verschlüsselung des virtuellen Laufwerks zu aktivieren. Eine verschlüsselte Image-Datei eignet sich hervorragend, um sensible Daten auf mobilen Medien wie USB-Sticks, iPods oder externen Laufwerken zu transportieren. Selbst wenn diese Image-Datei Unbefugten in die Hände fallen sollte, können sie mit den geklauten Daten nichts anfangen.

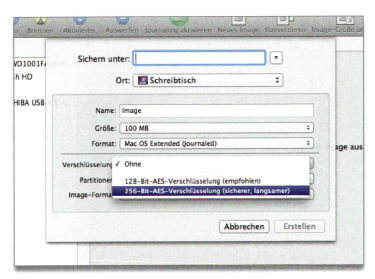

Ein virtuelles Laufwerk lässt sich im Festplatten-Dienstprogramm auch verschlüsselt anlegen.

265

Kapitel 14: Sicherheit

FileVault

Was mit Notizen und Image-Dateien geht, geht auch mit der kompletten Festplatte. Mit FileVault wird die Festplatte in Ihrem Mac komplett verschlüsselt. Sollte Ihnen Ihr Mac einmal abhanden kommen, kann der Dieb mit der Festplatte selbst dann nichts anfangen, wenn er sie in einen anderen Computer einbaut. Wer mit seinem MacBook viel unterwegs ist, der sollte die Festplatte mit FileVault verriegeln, bei einem stationären Computer daheim ist das Feature nicht ganz so wichtig.

FileVault aktivieren Sie unter *Systemeinstellungen > Sicherheit*. Das Programm erzeugt zuerst einen Wiederherstellungsschlüssel, den Sie benötigen, wenn Sie Ihr Kennwort vergessen haben. Um diesen Schlüssel nicht zu verlieren, können Sie ihn auf den Servern von Apple speichern. Keine Sorge, der Schlüssel wird natürlich ebenfalls verschlüsselt und kann von Apple nicht gelesen werden. Als Zugriffsschutz legen Sie Antworten auf drei Fragen fest.

Nach einem Neustart beginnt FileVault mit der Verschlüsselung der kompletten Festplatte. Während dieses Vorgangs können Sie mit Ihrem Mac wie gewohnt weiterarbeiten.

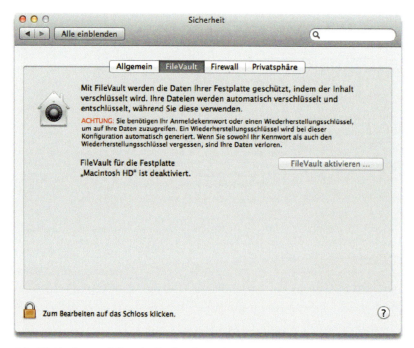

Mit FileVault verschlüsseln Sie Ihre komplette Festplatte – eine Option, die besonders interessant ist, wenn Sie mit Ihrem Mac oft unterwegs sind.

Die Firewall

Ein weiterer Schutzmechanismus von Lion ist die Firewall, deren Aufgabe es ist, Anfragen, die via Internet Ihren Mac erreichen, zu kontrollieren.

Die Firewall von OS X ist vergleichsweise unterdimensioniert. Zum einen kontrolliert sie ausschließlich Kontaktaufnahmen aus dem Internet, nicht aber, ob eine Applikation von Ihrem Mac aus Daten ins Internet schickt. Zum anderen ist sie standardmäßig ausgeschaltet.

Aktivieren

Um die Firewall zu aktivieren, wählen Sie *Systemeinstellungen >Sicherheit > Firewall* und klicken auf *Starten*. Anschließend dürfen nur noch bestimmte Systemfunktionen, signierte Applikationen und Programme, denen Sie es ausdrücklich erlaubt haben, die Verbindungsanfragen aus dem Internet akzeptieren.

Unter *Weitere Optionen* erhalten Sie einen Überblick über die verschiedenen Programme und ihren Verbindungsstatus. Hier können Sie auch vorübergehend *Alle eingehenden Verbindungen blockieren* (einige systemrelevante Verbindungen sind allerdings weiterhin möglich).

Die Firewall von OS X ist standardmäßig deaktiviert und kontrolliert ausschließlich eingehende Verbindungen.

Kapitel 14: Sicherheit

Schadsoftware auf dem Mac

Apple bewirbt seine Produkte unter anderem damit, dass Viren, Trojaner und andere Schadsoftware für OS X kein Thema sind. Im Prinzip hat Apple damit auch Recht. Was unter Windows zum größten nur denkbaren Sicherheitsproblem geworden ist, spielt auf dem Mac nur eine sehr untergeordnete und marginale Rolle. Also ist alles in Ordnung und das immer mal wieder auftauchende Gerede von Schadsoftware auf dem Mac nur Panikmache? Ja. Und Nein. Die Lage ist ein wenig komplizierter.

Viren und Trojaner Um das Problem zu verstehen, müssen wir etwas ins Detail gehen und zuvor klären, was wir meinen, wenn wir von Schadsoftware reden. Hier gilt es vor allem zwischen Viren und Trojanern zu unterscheiden.

- Ein **Virus** ist ein Programm, das in der Lage ist, sich selbst zu vervielfältigen. So, wie ein biologisches Virus einen Organismus befällt und sich dort ausbreitet, so kann ein Computervirus einen Computer befallen und sich im System ausbreiten. Ein klassischer Computervirus infiziert ein Programm, indem er seinen eigenen Code in den Code des Programms einschleust. Sobald dieses Programm gestartet wird, wird automatisch auch der Virus aktiv. Die Verbreitung erfolgt ebenfalls in Analogie zum biologischen Virus. Hier muss ein gesunder Organismus mit einem infizierten zusammentreffen, um ebenfalls infiziert zu werden. Genauso wird ein nicht-infiziertes Computersystem erst dann von einem Virus befallen, wenn eine infizierte Datei auf das System gelangt.

- **Trojaner** ist die Kurzform für „trojanisches Pferd", was sich auf die bekannte Kriegslist der Griechen bei der Eroberung von Troja bezieht. Das griechische Heer zog sich scheinbar geschlagen zurück und hinterließ ein riesiges Holzpferd als Geschenk für die siegreichen Trojaner. Die holten das vermeintliche Geschenk in die Stadt und wurden in der Nacht von den Griechen, die sich im Innern des Pferdes verborgen hatten, überwältigt. Nach diesem Prinzip funktioniert auch ein Trojaner. Dabei handelt es sich um ein Schadprogramm, das als heimliches Gepäck eines anderen Programms auf den Mac geschmuggelt wird. Installiert der Anwender dieses Programm, installiert er auch den Trojaner.

Trojaner-Angriff Stellen Viren für den Mac bislang keine ernstzunehmende Gefahr dar, so sieht die Sache bei Trojanern ein wenig anders aus. Denn davon gibt es zwar nur sehr wenige – ihre Zahl liegt im niedrigen, einstelligen Bereich –, aber es gibt sie.

Diese Schadsoftware kommt allerdings nur dann auf Ihren Mac, wenn Sie so leichtsinnig sind, dubiosen Straßenhändlern zu glauben, die Ihnen Originalsoftware für einen Spottpreis andrehen oder angeblich geniale Tools, geheime Hacks und spezielle Video-Codecs unterjubeln wollen. Ein Video-Codec ist eine kleine Datei, mit der OS X in die Lage versetzt werden soll, Videoformate abzuspielen, die das System normalerweise nicht wiedergeben kann. Kleiner Tipp: Misstrauen Sie generell allen Aufforderungen, einen Codec zu installieren.

Schadsoftware auf dem Mac

Jeder Trojaner, der einen Mac befällt, kann dies nur deshalb tun, weil der Anwender es ihm – unwissentlich zwar, aber doch – erlaubt hat. Wer bei der Installation von eher dubiosen Programmen ohne viel Nachdenken sein Kennwort eingibt, öffnet sein System für den Angriff von außen.

Der beste Schutz gegen diese üblen Gesellen besteht darin, nicht alles kurzerhand zu installieren, was einem im Internet über den Weg läuft, allen Versprechungen gegenüber eine gesunde Skepsis walten zu lassen und vor allem nicht ohne Nachdenken das Administratorkennwort einzugeben, nur weil Sie ein Dialog dazu auffordert.

Bei Apple scheint man das wachsende Interesse der Cybergangster an OS X nicht zu ignorieren und hat Lion ein kleines Schutzprogramm namens „XProtect" verpasst. Das Tool scannt Downloads, die via Browser, Mail oder iChat auf den Computer kopiert werden; Daten aus P2P-Netzen werden genauso ignoriert wie Dateien, die über FTP heruntergeladen wurden. Das Tool wird einmal täglich automatisch aktiviert. Möchten Sie eine Aktualisierung erzwingen, dann rufen Sie *Systemeinstellungen > Sicherheit > Allgemein* auf. Dort deaktivieren Sie *Liste für sichere Downloads automatisch aktualisieren* und aktivieren sie wieder. Der Datenbestand wird umgehend auf den neuesten Stand gebracht.

XProtect

OS X verwaltet eine Liste mit potenziellen Schädlingen, die Sie sich via Download einfangen können.

Kapitel 14: Sicherheit

Die Softwareaktualisierung

Nobody is perfect: Das gilt auch für ein so komplexes Stück Software, wie es ein Betriebssystem fraglos darstellt. Es ist selbst für Apple schlechterdings unmöglich, eine hundertprozentig fehlerfreie Software zu schreiben. Selbst noch so viele und intensive Tests können nicht verhindern, dass ein Programm oder eine Systemkomponente unter bestimmten Bedingungen oder in Kombination mit bestimmten anderen Programmen plötzlich zu einem Sicherheitsrisiko wird.

Diesem Problem – das bei allen Computersystemen und -programmen auftaucht – wird üblicherweise mit regelmäßigen Sicherheitsupdates, Patches und Fixes begegnet. Bei OS X nennt sich dieses Verfahren „Softwareaktualisierung". Dabei kontaktiert Ihr Mac in regelmäßigen Abständen via Internet die Apple-Server und fragt nach neuen oder aktualisierten Dateien. Falls dergleichen vorliegt, werden die Daten automatisch heruntergeladen. Sobald die Daten zur Installation bereitstehen, werden Sie darüber informiert und aufgefordert, das Update auszuführen (was Sie natürlich tun sollten). Viele Updates werden im laufenden Betrieb ausgeführt, bei manchen Updates wird der Mac neu gestartet.

Standardmäßig lädt OS X wichtige Updates automatisch herunter und empfiehlt Ihnen anschließend die sofortige Installation. In der Regel sollten Sie Ihrem Mac in diesen Dingen vertrauen und die Updates installieren. Wenn Sie genauer wissen möchten, was denn da so Dringendes anliegt, klicken Sie auf Details einblenden: Hier erhalten Sie eine detaillierte Übersicht über alle Updates und Patches.

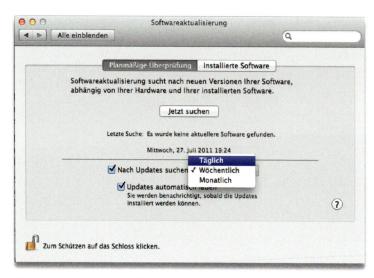

Von Haus aus sucht OS X wöchentlich nach neuen Updates. Eine tägliche Suche ist besser.

Normalerweise läuft dieser Vorgang vollautomatisch ab und Sie müssen sich um nichts kümmern. Wenn Sie möchten, können Sie aber auch selbst aktiv werden und Ihren Mac anweisen, sich nach neuen Versionen umzusehen. Wählen Sie dazu > *Softwareaktualisierung*.

Ortung

Die Softwareaktualisierung erlaubt es Ihnen natürlich auch, die Suche nach neuer Software manuell zu starten, um etwa ein brandaktuelles Sicherheitsupdate möglichst umgehend zu installieren.

Standardmäßig fragt OS X einmal in der Woche beim Apple-Server nach Neuigkeiten. Um kein wichtiges Update zu versäumen, empfiehlt es sich allerdings, diese Frequenz auf „täglich" zu ändern. Rufen Sie dazu > *Systemeinstellungen* > *Softwareaktualisierung* auf und ändern Sie auf der Registerkarte *Planmäßige Überprüfung* den Punkt *Nach Updates suchen* auf *Täglich*.

Ortung

OS X ist in der Lage, anhand der verfügbaren WLANs in Funknähe die ungefähre Position des Macs zu bestimmen, auf dem es installiert ist. Diese Daten werden von verschiedenen Diensten im Internet benutzt. So können Sie etwa Meldungen bei Twitter oder Facebook mit einer Ortsangabe versehen, Google Maps und anderer Kartensoftware erlauben, Ihre aktuelle Position zu bestimmen, Wetterdaten für den Ort abrufen, an dem Sie sich aktuell befinden und ähnliches mehr.

> **Ortstest:** Wenn Sie einmal ausprobieren möchten, wie das in Safari funktioniert, dann rufen Sie doch die Webseite *browsergeolocation.com* oder *html5demos.com/geo* auf.

Manche Webseiten können die Ortsdaten von OS X benutzen. Natürlich nur, wenn Sie es erlauben.

Kapitel 14: Sicherheit

Möchten Sie nicht, dass OS X Ihre Ortsdaten benutzt, dann schalten Sie in den *Systemeinstellungen > Sicherheit > Privatsphäre* den Punkt *Ortungsdienste aktivieren* aus. Hier können Sie übrigens auch kontrollieren, welchen Programmen Sie in letzter Zeit den Zugriff auf die Daten erlaubt haben.

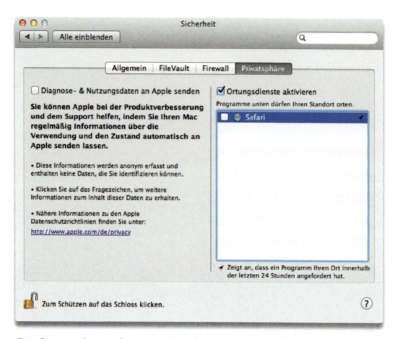

Die Ortungsdienste lassen sich in den Systemeinstellungen deaktivieren.

Kapitel 15

Systemeinstellungen und Dienstprogramme

Kapitel 15: Systemeinstellungen und Dienstprogramme

Die Systemeinstellungen

Die Systemeinstellungen sind uns in diesem Buch immer wieder untergekommen, die meisten Punkte haben wir bereits kennengelernt. Einige besondere Optionen für Sonderfälle sind aber noch neu. Betrachten wir die Systemeinstellungen also einmal im Überblick.

Wie der Name schon sagt, legen Sie hier systemweite Einstellungen fest, mit dem Sie das Verhalten von OS X Ihren Wünschen anpassen können. Das reicht von der Wahl des Bildschirmhintergrundes bis zur Netzwerkkonfiguration. Wann immer es darum geht, irgendetwas an Ihrem Mac zu regeln, zu konfigurieren, einzustellen oder festzulegen, sind Sie bei den Systemeinstellungen richtig.

Die Systemeinstellungen sind die Schaltzentrale von OS X.

Aufbau Das Fenster der Systemeinstellungen ist in vier oder fünf übersichtliche, nach unterschiedlichen Aufgaben geordnete Bereiche unterteilt:

- **Persönlich:** Hier nehmen Sie alle Einstellungen vor, mit denen Sie OS X individuelle Vorlieben und Wünsche anpassen.

- **Hardware:** In diesem Abschnitt legen Sie fest, wie OS X mit angeschlossener Hardware umgehen soll.

- **Internet & Drahtlose Kommunikation:** Hier konfigurieren Sie die Netzwerkanbindung, legen Freigaben fest und verwalten Ihre Accounts.

Die Systemeinstellungen

- **System:** Dieser Abschnitt bündelt die systemnahen Einstellungen wie etwa das Datumsformat oder die Benutzerverwaltung.

- **Sonstige:** Es gibt eine Reihe von systemnahen Programmen, die nicht im Ordner *Programme*, sondern in den Systemeinstellungen auftauchen. Falls Sie ein solches Programm installiert haben, erscheint dann diese fünfte Kategorie *Sonstige*.

> **Nach Namen:** Wenn Sie die Systemeinstellungen nicht nach Kategorien, sondern nach Namen geordnet haben möchten, wählen Sie *Einstellungen > Alphabetisch ordnen*.

Das Fenster der Systemeinstellungen unterscheidet sich ein wenig von den sonst üblichen Fenstern unter OS X. So ist es etwa nicht skalierbar und passt seine Größe automatisch dem gewählten Inhalt an. Sie rufen eine Einstellung mit einem Klick auf das entsprechende Symbol auf. Die gewählten Einstellungen werden fensterfüllend angezeigt, mit einem Klick auf *Alle einblenden* kehren Sie wieder zur Gesamtübersicht zurück.

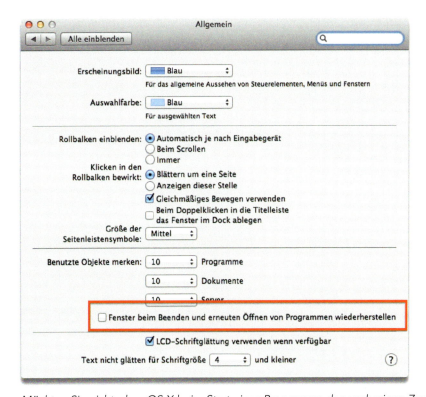

Möchten Sie nicht, dass OS X beim Start eines Programms den vorherigen Zustand wieder herstellt, schalten Sie dieses Resume-Feature einfach aus.

Kapitel 15: Systemeinstellungen und Dienstprogramme

Allgemein: Das Erscheinungsbild von Lion ist zwar fest vorgegeben, lässt sich aber in Maßen ändern. So können Sie das Farbschema von Blau auf Graphite ändern oder die Farbe festlegen, mit der im Finder Einträge markiert werden. Auch die Größe der Symbole in der Seitenleiste lässt sich hier anpassen und auch ob die Rollbalken immer eingeblendet werden sollen (standardmäßig entscheidet das System automatisch in Abhängigkeit vom Eingabegerät). Möchten Sie auf das Resume-Feature verzichten (also darauf, dass sich ein Programm merkt, welche Dokumente beim Schließen noch geöffnet waren), so deaktivieren Sie hier *Fenster beim Beenden und erneuten Öffnen von Programmen wiederherstellen*.

Bedienungshilfen: Apple legt großen Wert darauf, dass ein Mac auch dann bedienbar ist, wenn man nicht allzugut sehen oder hören kann. Wenn sie Probleme mit zu kleinen Texten oder Darstellungen haben, können Sie hier einen Zoom aktivieren, bei dem Sie auf Tastendruck den gesamten Bildschirminhalt vergrößern können. Auch die VoiceOver-Funktion, bei der Ihnen Bildschirminhalte vorgelesen werden, lassen sich hier aktivieren.

Benutzer & Gruppen: OS X ist ein Mehrbenutzersystem. Sie können mehrere Accounts einrichten, die jeweils über eigene Ordner für Dokumente und Programmeinstellungen verfügen. Dabei ist ein Wechsel zwischen den Benutzern möglich, Sie können sich also zum Beispiel anmelden, mit Ihren Dokumenten arbeiten, sich abmelden und Ihren Mac für einem anderen Benutzer überlassen. So lässt sich etwa ein und derselbe Mac von mehreren Personen in einer Familie nutzen. Natürlich sind die jeweiligen persönlichen Dokumente auch nur für den jeweiligen Account verfügbar. Wie Sie einen Benutzer einrichten und zwischen den Benutzern wechseln, erfahren Sie weiter unten.

Bluetooth: Die kabellose Verbindung von Geräten wie Maus, Tastatur oder Trackpad ist dank Bluetooth kein Problem. Die verschiedenen Geräte, die mit Ihrem Mac auf diese Art verbunden sind, werden in diesen Einstellungen verwaltet. Hier können Sie bestehende Verbindungen löschen, um etwa eine Bluetooth-Maus mit einem anderen Computer benutzen zu können, aber auch neue Geräte hinzufügen.

CDs & DVDs: Wie soll Ihr Mac reagieren, wenn Sie eine CD oder DVD einlegen? Was passiert beim Einlegen eines Rohlings? Diese Einstellungen nehmen Sie hier vor, wobei Sie zwischen verschiedenen Standardaktionen wählen oder das System anweisen können, überhaupt nicht zu reagieren bzw. nachzufragen, was zu tun ist.

Datum & Uhrzeit: Damit Sie immer wissen, was die Stunde geschlagen hat, greift der Mac auf einen Zeitserver im Internet zu und zeigt die Uhrzeit in der Menüleiste an. Sie können die Uhr aber auch manuell stellen (zum Beispiel weil Sie keinen Internetzugang haben). Wie die Uhr angezeigt werden soll, legen Sie unter *Datum & Uhrzeit* fest. Statt der üblichen Digitalanzeige können Sie auch eine analoge Uhr einblenden, Wochentag und Datum einblenden, die Sekunden anzeigen oder das Trennzeichen in der digitalen Anzeige im Sekundentakt blinken lassen.

Die Systemeinstellungen

Zum Bestimmen der Zeitzone kann OS X auf die Ortungsfunktionen des Systems zurückgreifen.

Dock: Standardmäßig sitzt das Dock mit recht großen Symbolen am unteren Bildschirmrand. Das können Sie ändern, lässt sich das Dock doch auch rechts oder links einblenden. Aktivieren Sie hier den Punkt *Vergrößerung*, können Sie das Dock sehr klein machen. Sobald Sie ihm mit der Maus zu nahe kommen, wölbt es sich Ihnen entgegen und ist gut erkennbar. Bei kleinen Bildschirmen kann es sinnvoll sein, das Dock automatisch ein- und auszublenden. Dabei wird das Dock nur eingeblendet, wenn Sie mit der Maus an den unteren Bildschirmrand zeigen.

Drucken & Scannen: Hier verwalten Sie alle im System installierten Drucker und Scanner und legen einige Standardeinstellungen wie Papiergröße und Standarddrucker fest. Außerdem fügen Sie hier Drucker hinzu, die das System eventuell nicht automatisch erkennt und haben Zugriff auf die Warteschlange, in die OS X alle Druckaufträge einreiht. So lässt sich etwa ein wartender, aber noch nicht abgeschickter Druckauftrag auch wieder löschen.

Energie sparen: Ein Computer ist normalerweise mehrere Stunden am Stück eingeschaltet, manche Anwender schalten ihn auch überhaupt nicht aus. Nicht immer sitzt jemand davor, und nicht immer wird der Computer aktuell benötigt. Es ist daher sinnvoll, ihn nach einer gewissen Wartezeit in den Ruhezustand zu versetzen und den Bildschirm auszuschalten. Wie lange Ihr Mac warten soll, bis er sich zur Ruhe begibt, legen Sie hier fest.

Kapitel 15: Systemeinstellungen und Dienstprogramme

Freigaben: Damit Sie im Netzwerk Daten zwischen zwei Macs austauschen oder Peripheriegeräte wie Drucker oder Scanner, die an einem Mac angeschlossen sind, auch mit einem anderen Mac im Netzwerk nutzen können, müssen Ordner bzw. Geräte für die Nutzung im Netzwerk freigegeben werden. Die entsprechenden Einstellungen nehmen Sie in den *Freigaben* vor. Hier können Sie auch den Namen festlegen, unter dem Ihr Mac im Netzwerk auftauchen soll.

Kindersicherung: Wer seinen Kindern den Zugriff auf den Mac erlauben will, der kann hier einen speziellen Benutzeraccount einrichten, bei dem der Zugriff auf bestimmte Programme und Funktionen beschränkt ist. So lässt sich etwa ein stark vereinfachter Finder aktivieren, der keinen direkten Dateizugriff bietet und damit zum Beispiel verhindert, dass ein unerfahrener Benutzer versehentlich Dateien verschiebt oder löscht.

Mail, Kontakte & Kalender: Ein Online-Account bei einem Anbieter wie etwa Google, AOL oder Apple, aber auch der Exchange-Account im Firmennetz umfasst mehr als nur E-Mail, sondern kann auch für iChat, iCal, das Adressbuch und andere Programme genutzt werden. Zwar können Sie Ihren Account in den jeweiligen Programmen verwalten, aber einfacher geht es an dieser zentralen Stelle in den Systemeinstellungen.

Sie können Ihre Internet-Accounts entweder in den einzelnen Programmen wie Mail oder im Adressbuch einrichten – und auch zentral in den Systemeinstellungen.

Maus: OS X kann mit jeder beliebigen Maus oder bzw. mit jedem beliebigen Trackball (der auch an dieser Stelle verwaltet wird) bedient werden. Allerdings ist üblicherweise der Rechtsklick deaktiviert, den Sie hier zuerst aktivieren müssen. Die Besonderheiten von OS X kommen erst bei einer Maus mit berührungsempfindlicher Oberfläche zum Tragen, also bei Apples Magic Mouse. Wie das System auf bestimmte Wisch-

Die Systemeinstellungen

und Tippgesten reagieren soll, legen Sie in diesen Einstellungen fest. Wenn Sie sich übrigens mit der geänderten Scrollrichtung von OS X überhaupt nicht anfreunden können, so deaktivieren Sie hier den Punkt *Scrollrichtung: Natürlich*.

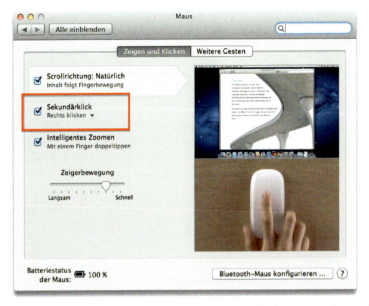

Den „Rechtsklick" einer Maus (oder eines Trackballs) müssen Sie in den Systemeinstellungen zuerst aktivieren, bevor Sie ihn nutzen können.

Mission Control: Je nach Eingabegerät werden Mission Control, Dashboard und App-Exposé mit verschiedenen Gesten oder Tasten aufgerufen. Die Standardtasten lassen sich den Gegebenheiten anpassen. Arbeiten Sie etwa mit der großen Tastatur von Apple, die neben einem numerischen Tastenblock auch 19 Funktionstasten bietet, können Sie die verschiedenen Funktionen von Mission Control zum Beispiel auf die Tasten F16 bis F19 legen.

MobileMe: MobileMe ist Apples kostenpflichtiger Online-Dienst, der E-Mail, Kalender, Adressbuch, Fotoalben und einige weitere Dienstleistungen umfasst. Dabei kann MobileMe die Datenbestände auf mehreren Apple-Geräten (Mac, iPhone, iPad oder iPod touch) synchron halten. Der Dienst soll ab Ende 2011durch den neuen, kostenlosen Service iCloud ersetzt und bis Mitte 2012 endgültig eingestellt werden.

Monitore: Die populärsten Macs – die MacBooks und iMacs – kommen mit einem fest integrierten Monitor ins Haus, wobei sich das System dem Monitor optimal anpasst und ihn etwa in der maximal größten Auflösung ansteuert. Mitunter aber möchte man das ändern, dann schlägt die Stunde dieser Einstellungen.

Netzwerk: Der Mac kann auf vielfache Weise in ein Netzwerk eingebunden werden, wobei die wichtigste Verbindung wohl die via WLAN ins Internet ist. Normalerweise werden Sie hier erst etwas konfigurieren müssen, wenn Sie Ihren Mac mit einem Ethernet-Kabel in ein Netzwerk einbinden möchten. In diesem Fall hilft Ihnen der Admin des entsprechenden Netzwerks weiter.

Kapitel 15: Systemeinstellungen und Dienstprogramme

 Schreibtisch & Bildschirmschoner: Wie bei einer grafischen Benutzeroberfläche üblich, lässt sich auch bei Lion der Bildschirmhintergrund praktisch beliebig wählen. Zur Auswahl stehen eine Reihe hochwertiger Fotografien, Sie können aber auch eigene Fotos benutzen. Möchten Sie die Entscheidung dem System überlassen, dann aktivieren Sie die automatische Änderung und legen Sie einen Intervall fest, in dem OS X den Bildschirmhintergrund austauschen soll. Ähnliches gilt für die Bildschirmschoner, bei denen Sie entweder eine der mitgelieferten Animationen oder eine Diashow benutzen können. Hier legen Sie auch fest, nach wie vielen Minuten Untätigkeit der Bildschirmschoner aktiv werden soll.

Wenn Sie sich nicht auf einen festen Bildschirmhintergrund festlegen möchten, können Sie die Auswahl auch OS X überlassen.

 Sicherheit: Die Sicherheitseinstellungen sind von zentraler Bedeutung für die Arbeit an Ihrem Mac und werden daher zusätzlich geschützt. Hier können Sie nur nach Eingabe Ihres Kennworts Änderungen vornehmen. Lediglich die Einstellungen, wann der Mac nach einem Kennwort fragen soll, sind jederzeit zu ändern.

 Softwareaktualisierung: Auch das beste Programm kann Fehler enthalten oder es können ihm Funktionen fehlen, die über ein Update nachgerüstet werden müssen. Damit Sie bei wichtigen Systemfunktionen keine Updates verpassen, überprüft die Softwareaktualisierung regelmäßig, ob neue Versionen vorliegen. Standardmäßig macht OS X dies im Wochenrhythmus, was ein wenig gemächlich ist. Wählen Sie bei *Nach Updates suchen* lieber *Täglich*.

 Spotlight: Mit der systemweiten Suchfunktion Spotlight haben wir uns in Kapitel 4 beschäftigt. Standardmäßig indexiert Spotlight so ziemlich alles, was Sie auf Ihrem Mac speichern. Hier können Sie bestimmte Bereiche und Dateitypen von der Suche ausnehmen und auch die Reihenfolge der Suchergebnisse ändern. Zudem können Sie hier das Tastenkürzel ändern, mit dem Sie Spotlight starten.

 Sprache: Ihr Mac lässt sich per Sprache steuern und kann Ihnen auch auf Fragen antworten. Der Haken: das funktioniert nur auf englisch. Aktivieren Sie die Sprachsteuerung, erscheint ein Mikrofonsymbol dauerhaft auf dem Bildschirm. Drücken Sie die `esc`-Taste, lauscht der Mac auf Ihre Stimme und beantwortet etwa Fragen wie

Die Systemeinstellungen

"What time is it?". Möglich ist auch der Wechsel zu Programmen, etwa „Switch to iCal". Welche Kommandos die Sprachsteuerung versteht, sehen Sie, wenn Sie im Aufnahmesymbol auf den kleinen Pfeil klicken. Sie können sich auch Texte von OS X vorlesen lassen. Immerhin, das funktioniert auch auf Deutsch erstaunlich gut. Dazu mehr in Kapitel 16.

Die Sprachsteuerung von OS X funktioniert leider nur auf Englisch, die Sprachausgabe jedoch auch auf Deutsch.

Sprache & Text: OS X kann auf verschiedene Sprachen eingestellt werden, wobei es die jeweils länderspezifischen Formatierungen bei der Notation von Währungen, Zahlen oder Daten berücksichtigt. Wenn Sie also einmal das gesamte System von Deutsch auf Englisch umstellen möchten – unter *Sprache & Text* ist dies möglich. Außerdem können Sie hier eine Tastatur- und Zeichenübersicht einblenden, über die Sie Zugriff auf sämtliche möglichen Buchstaben und Zeichen bekommen. Wie das geht, erfahren Sie in Kapitel 16.

Startvolume: Normalerweise bootet Ihr Mac von seiner internen Festplatte. Doch manchmal möchte man auch von einem anderen Laufwerk bzw. einer anderen Partition booten. Zum Beispiel, um eine andere Version von OS X oder gleich ein anderes Betriebssystem zu starten. In diesem Fall wählen Sie hier das gewünschte Laufwerk und klicken auf *Neustart*. **Obacht!** OS X merkt sich das neue Startlaufwerk als Standardlaufwerk. Bevor Sie Ihren Mac also ausschalten, sollten Sie nach einem Wechsel des Startlaufwerks noch einmal mit Ihrem üblichen Laufwerk booten.

Kapitel 15: Systemeinstellungen und Dienstprogramme

Wenn Sie Ihren Mac von einem anderen Laufwerk aus starten möchten, wählen Sie das gewünschte Startlaufwerk in den Systemeinstellungen aus.

> **Bootmenü:** Wenn etwas schief gegangen ist (zum Beispiel weil das gewählte Startlaufwerk beschädigt ist), kann es passieren, dass Ihr Mac immer wieder versucht, mit dem defekten oder nicht mehr verfügbaren Laufwerk zu booten. In diesem Fall schalten Sie den Mac komplett aus, halten die ⌥-Taste gedrückt und schalten ihn wieder ein. Es erscheint ein Menü, in dem Sie das gewünschte Startlaufwerk wählen.

Tastatur: Hier legen Sie fest, nach welcher Verzögerung die Tastatur reagieren soll, wenn Sie eine Taste etwas länger gedrückt halten. Je kürzer die *Ansprechverzögerung*, desto schneller entscheidet OS X, dass Sie die Taste absichtlich länger gedrückt halten und startet die *Tastenwiederholung*, deren Geschwindigkeit Sie ebenfalls anpassen können. Hier können Sie auch festlegen, dass die F-Tasten als Standardtasten und nicht zur Steuerung der Bildschirmhelligkeit oder Lautstärke benutzt werden sollen. Im Register *Tastaturkurzbefehle* definieren Sie Tastenkombinationen zur schnellen Steuerung verschiedener Funktionen. Damit beschäftigen wir uns in Kapitel 16.

Time Machine: Die OS-X-eigenen Backuplösung haben Sie in Kapitel 14 kennengelernt. In den Einstellungen können Sie ein neues Backupmedium wählen, nachschlagen, wann das letzte Backup gemacht wurde, oder Speicherbereiche vom Backup ausnehmen. Hier lässt sich Time Machine auch komplett ausschalten bzw. pausieren.

Ton: Mac OS X weist durch einen Warnton auf Probleme oder Fehler hin. Welcher Ton das sein soll, legen Sie hier fest. Hier können Sie auch das integrierte Mikrofon konfigurieren, die Gesamtlautstärke des Systems regeln oder die Balance bei der Stereowiedergabe einstellen.

Die Systemeinstellungen

Trackpad: OS X ist wie kaum ein anderes Betriebssystem auf die Touchbedienung ausgelegt und erst mit Apples großem Multitouch-Trackpad kann OS X seine Besonderheiten voll ausspielen. Es sind Gesten mit bis zu vier Fingern möglich. Wenn Sie sich mit der geänderten Scrollrichtung von OS X überhaupt nicht anfreunden können, so deaktivieren Sie auf der Registerkarte *Scrollen und Zoomen* den Punkt *Scrollrichtung: Natürlich*.

Standardmäßig sind unter *Zeigen und Klicken* zwei Trackpad-Gesten deaktiviert, die mit ein wenig Übung den Umgang mit OS X erheblich beschleunigen können:

- **Klick durch Tippen:** Ein Mausklick wird beim Trackpad mit einem Herunterdrücken des gesamten Trackpads realisiert. Das funktioniert, ist auf Dauer aber ein wenig anstrengend. Wenn Sie dagegen diesen Punkt aktivieren, dann genügt ein sanfter Fingertipp auf das Trackpad, um einen Klick auszulösen. Das ist anfangs etwas ungewohnt und es wird vermutlich zu einigen unverhofften Klicks kommen. Doch geben Sie dem Verfahren eine Chance – man gewöhnt sich sehr schnell daran und möchte es anschließend nicht mehr missen.

- **Mit drei Fingern bewegen:** Aktivieren Sie diese Option, dann wird die Kombination aus „Klick und Bewegung" durch eine Bewegung mit drei Fingern ersetzt. Um Objekte zu verschieben, müssen Sie sie also nicht mehr anklicken und mit gedrückter Taste ziehen, sondern Sie bewegen sie mit einer Drei-Finger-Geste. Das gilt auch für das Skalieren von Fenstern oder beim Markieren von Textbereichen. Wenn Ihre Finger für etwa eine Sekunden den Kontakt zum Trackpad verlieren, wird das bewegte Objekt losgelassen. Wenn Sie diese Option aktivieren, dann werden die Gesten, die standardmäßig mit drei Fingern ausgeführt werden – das Wechseln zwischen Spaces und der Aufruf von Mission Control – durch Vier-Finger-Gesten ersetzt. Wie beim *Klick durch Tippen* ist auch diese Geste gewöhnungsbedürftig, kann sich in der Praxis aber als sehr effektiv erweisen.

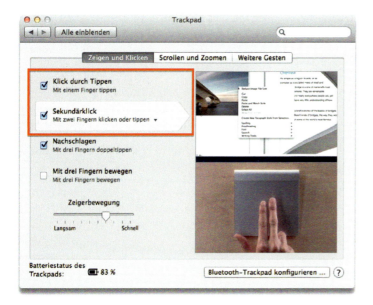

Apples Trackpad ist auf vielfache Weise konfigurierbar. Auch hier müssen Sie (wie bei der Maus) den „Rechtsklick" gezielt aktivieren.

283

Kapitel 15: Systemeinstellungen und Dienstprogramme

> **Login:** *Klick durch Tippen* wird vom System erst erkannt, wenn Sie sich angemeldet haben und das System vollständig geladen ist. Bei der Anmeldung nach einem Neustart Ihres Macs ist diese Geste also noch nicht aktiv, hier müssen Sie das Trackpad noch herunterdrücken, um einen Mausklick auszuführen.

Benutzerverwaltung

Wie weiter oben erwähnt, können Sie mit mehreren Benutzern an einem Mac arbeiten, wobei jeder Benutzer seinen eigenen Arbeitsbereich hat, der von denen der anderen Benutzer getrennt ist.

> **Admin:** Um einen Benutzer anzulegen und zu verwalten, müssen Sie mit Ihrem Admin-Account angemeldet sein. In der Regel ist das Ihr Benutzeraccount, den Sie bei der Einrichtung des Macs angelegt haben.

Benutzer anlegen Einen neuen Account legen Sie unter *Systemeinstellungen > Benutzer & Gruppen* an. Klicken Sie auf das Pluszeichen und wählen Sie den Account-Typ. Zur Auswahl stehen:

- **Administrator:** Der neue Account hat vollen Zugriff auf das System, kann Programme installieren, löschen und Systemeigenschaften verändern.
- **Standard:** Der Account hat Zugriff auf seinen Benutzerordner, einige Freigaben und auf Programme, die für alle Anwender installiert wurden.
- **Verwaltet durch Kindersicherung:** Der Account hat stark begrenzte Zugriffsrechte und wird durch einen Admin-Account kontrolliert.
- **Nur Freigabe:** Der Account kann lediglich die freigegebenen Ressourcen auf dem Mac nutzen.

Anschließend tragen Sie den Namen des Benutzers und einen Accountnamen ein, vergeben ein Kennwort und notieren sich sicherheitshalber eine Merkhilfe für dieses Kennwort.

Mit einem Klick auf *Benutzer erstellen* wird der neue Account angelegt.

Benutzerverwaltung

Einen neuer Benutzer kann nur von einem Account mit Adminrechten angelegt werden.

Um zwischen zwei Benutzern zu wechseln, gibt es zwei Möglichkeiten:

Benutzer wechseln

- **Ab-/Anmelden:** Der derzeitige Nutzer meldet sich über > *{Name} abmelden* vom System ab. Dabei werden sämtliche Programme geschlossen und alle Dokumente gespeichert. Anschließend erscheint der Anmeldebildschirm. und der zweite Benutzer kann sich nun beim System anmelden.

- **Schneller Benutzerwechsel:** Deutlich schneller und ohne Abmeldung geht dies, wenn Sie den schnellen Benutzerwechsel aktivieren. Klicken Sie dazu unter *Systemeinstellungen > Benutzer & Gruppen* auf *Anmeldeoptionen* und aktivieren Sie dort das *Menü für schnellen Benutzerwechsel*. Anschließend erscheint oben rechts in der Menüleiste ein Benutzersymbol bzw. der Name des aktuellen Benutzer. Mit einem Klick auf diesen Namen kann sich nun ein anderer Benutzer anmelden, ohne dass sich der aktuelle Benutzer abmelden muss.

Wenn der schnelle Benutzerwechsel aktiviert ist, müssen Sie sich für einen Wechsel zu einem anderen Account nicht extra abmelden.

285

Kapitel 15: Systemeinstellungen und Dienstprogramme

Benutzer löschen Ein Benutzer kann natürlich auch wieder gelöscht werden. Dazu muss der entsprechende Account abgemeldet sein. Wählen Sie unter *Systemeinstellungen > Benutzer & Gruppen* den entsprechenden Eintrag und klicken Sie auf das Minuszeichen. Sie haben nun die Möglichkeit, den entsprechenden Benutzerordner zu sichern oder den Ordner komplett zu löschen. Mit einem Klick auf *OK* verschwindet der Benutzer aus dem System.

Gäste Damit andere Anwender die Freigaben und öffentliche Ordner auf Ihrem Mac nutzen können, richtet OS X standardmäßig einen Gastbenutzer ein, der sich via Netzwerk mit Ihrem Mac verbinden kann. Möchten Sie, dass sich ein Gast auch direkt an Ihrem Mac anmelden kann, dann wählen Sie in den Eintrag *Gastbenutzer* aus und aktivieren den Punkt *Gästen erlauben, sich an an diesem Computer anzumelden*.

Der Gast kann sich nun ohne Benutzername und Kennwort an Ihrem Mac anmelden und mit den Programmen (etwa Mail und SafarI) arbeiten, allerdings keine Daten außerhalb der Freigaben einsehen oder speichern. Sobald sich der Gast abmeldet, wird der komplette Benutzerordner des Gastes automatisch gelöscht.

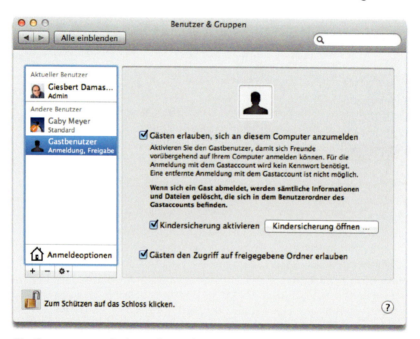

Ein Gastaccount erlaubt es Ihnen, Ihren Mac gelegentlich anderen Personen zur Verfügung zu stellen, ohne dass Sie sich Sorgen um Ihre Daten machen müssen.

Systeminfos, Aktivitäten und Netzwerk

Die Systeminformationen und die Aktivitätsanzeige geben Ihnen detaillierte Informationen über Ihren Mac und seine Aktivitäten. Das Netzwerkdienstprogramm ist ein wichtiges Werkzeug zur Analyse Ihrer Netzwerkverbindung.

System-informationen

Mitunter muss man einen genauen Blick auf die verschiedenen Bestandteile seines Macs werfen, zum Beispiel wenn man wissen möchte, wieviel Speicher installiert oder welche Grafikkarte vorhanden ist. Diese (und sehr viel mehr) Dinge verraten Ihnen die Systeminformationen.

Sie rufen diese Informationen mit > *Über diesen Mac* auf. Hier erhalten Sie zuerst die wichtigsten Eckdaten: OS-X-Version, Prozessor, Speicher, Startvolume. Ein Klick auf *Weitere Informationen* öffnet einen übersichtlichen Dialog, in dem Sie jedes Detail Ihres Macs nachschlagen können. Hier erfahren Sie neben technischen Details auch die Seriennummer Ihres Macs, die Sie bei Anfragen an den Apple-Support benötigen.

In den Systeminformationen bleibt keine Frage zu den technischen Einzelheiten Ihres Macs unbeantwortet.

Die Aktivitätsanzeige ist eines der wichtigsten Werkzeuge zur Systemanalyse. Sie finden das Tool im Launchpad im Ordner *Dienstprogramme*. Es macht genau das, was sein Name sagt: Es gibt Ihnen einen genauen Überblick über alle Aktivitäten auf Ihrem Mac.

Die Aktivitäts-anzeige

Es zeigt Ihnen die aktuelle Auslastung, verrät Ihnen, welche Prozesse Speicherplatz oder CPU-Leistung beanspruchen, welche Schreib-/Lesezugriffe auf Ihren Laufwerken stattfinden, wie viele Daten über die Netzwerkverbindung ausgetauscht werden und noch einiges mehr.

Kapitel 15: Systemeinstellungen und Dienstprogramme

Sie können sich zu jedem laufenden Prozess detaillierte Informationen anzeigen lassen und ihn auch, wenn es denn sein muss, auf die harte Tour beenden. Das allerdings sollten Sie auf keinen Fall aus Jux und Dollerei tun, ansonsten sind Datenverlust, Programmabstürze oder ein Totalabsturz Ihres Macs kaum zu vermeiden.

Die Aktivitätsanzeige ist ein mächtiges Werkzeug. Und wie bei allen mächtigen Werkzeugen sollte man wissen, wie man damit umgeht. Wenn Sie sich nicht sicher sind, lassen Sie einfach die Finger davon.

Die Aktivitätsanzeige dient der genauen Analyse aller laufenden Prozesse. Im Alltag hat man damit eher weniger zu tun.

Das Netzwerkdienstprogramm

Was die Systeminformationen für Ihren Mac, ist das Netzwerkdienstprogramm in gewisser Weise für die Netzwerkverbindungen. Sie finden das Tool im Ordner *Dienstprogramme* des Launchpads.

Dabei handelt es sich um ein Analysetool, das Ihnen nicht nur im Register *Informationen* ausführliche Auskunft über die Netzwerkkomponenten Ihres Macs gibt, sondern mit dem Sie auch gezielt die Erreichbarkeit von Servern im Internet testen können. Dazu dienen die Register *Ping* und *Trace*. Bei einem Ping werden Datenpakete an einen Server geschickt und die Antwortzeiten ermittelt. Ein Trace verfolgt den Weg eines Datenpakets von Ihrem Mac bis zu einer angegebenen Adresse und zeigt Ihnen, über welche Netzwerkknoten die Daten geroutet werden.

Dienste

Mit dem Netzwerkdienstprogramm erhalten Sie Informationen über die Netzwerkverbindungen Ihres Macs.

Dienste

Ein schönes Beispiel für das reibungslose Zusammenspiel der verschiedenen Komponenten von OS X sind Dienste. Damit können Sie jederzeit auf bestimmte Funktionen von Programmen zugreifen, ohne erst umständlich zum entsprechenden Programm wechseln zu müssen.

Ein einfaches Beispiel für die Arbeitsweise von Diensten bildet die Kombination von markiertem Text (etwa in TextEdit oder in Safari) und den Notizzetteln, die Sie in Kapitel 10 kennengelernt haben. Rufen Sie zum Test einfach mal eine beliebige Webseite in Safari auf und markieren Sie auf der Seite einen Textbereich. Wählen Sie nun *Safari > Dienste > Neuen Notizzettel erstellen*. Schon wird das Programm Notizzettel gestartet und eine neue Notiz mit dem markierten Text angelegt. Wie Sie gesehen haben, stehen hier auch noch andere Dienste zur Verfügung: So können Sie etwa den markierten Text beispielsweise im Lexikon nachschlagen, als gesprochenen Text zu iTunes hinzufügen oder per E-Mail verschicken.

Dienste aufrufen

So ähnlich funktionieren alle Aufrufe der Dienste, den Menüeintrag *Dienste* finden Sie bei jedem Programm im Programm-Menü. Der Inhalt des Menüs passt sich dabei den jeweiligen Gegebenheiten an und zeigt Ihnen nur die Einträge, die in der aktuellen Arbeitssituation sinnvoll sind.

Kapitel 15: Systemeinstellungen und Dienstprogramme

Über das Dienstemenü können Sie Daten aus einem Programm (hier: der markierte Text auf einer Webseite) an ein anderes Programm übergeben (hier: Notizzettel).

Dienste auswählen Da im Prinzip alle Programme (und nicht nur die von Apple) ihre Funktionen als Dienst für andere Programme zur Verfügung stellen kann, gibt es unter OS X unzählige Dienste, die allerdings nicht immer alle im Menü aufgeführt werden – ansonsten würde dieser Menüpunkt sehr schnell sehr voll und damit sehr unübersichtlich.

Welche Einträge das Menü zeigt und ob ein Eintrag auch über eine Tastenkombination aufgerufen werden kann, bestimmen Sie. Klicken Sie im Programm-Menü eines beliebigen Programms auf *Dienste > Dienste-Einstellungen*. Es öffnen sich die Systemeinstellungen, und Sie sehen eine nach Funktionen sortierte Liste aller vorhandenen Dienste. Über das Häkchen neben den Einträgen legen Sie fest, welche Dienste Ihnen angeboten werden sollen und welche nicht.

> **Volle Namen:** Manche Bezeichnungen der Dienste sind sehr lang und werden mit drei Punkten (...) abgekürzt. Halten Sie den Mauszeiger über den Eintrag, erscheint der vollständige Name in einer kleinen gelben Einblendung.

Tastenkürzel Um einem Dienst eine Tastenkombination zuzuweisen, klicken Sie doppelt in den leeren Bereich neben einem Dienste-Eintrag. Möchten Sie eine Tastenkombination ändern, doppelklicken Sie auf das aktuelle Kürzel. Es erscheint nun ein Eingabefeld, und Sie können durch Drücken der gewünschten Tastenkombination das entsprechende Kürzel festlegen.

Das Terminal

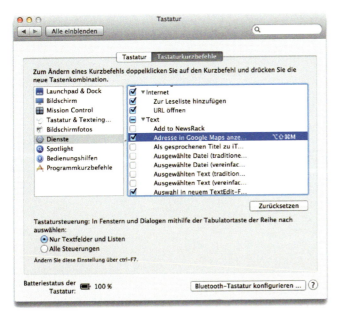

In den Systemeinstellungen legen Sie fest, welche Dienste Ihnen angeboten werden sollen. Sie können hier auch Tastenkürzel für deren Aufruf definieren.

Das Terminal

Das Terminal (zu finden im Launchpad im Ordner *Dienstprogramme*) ist die direkte Schnittstelle zum System. Hier gibt es kein GUI und keine Maus, hier regiert die Texteingabe. Über das Terminal übergeben Sie zeilenweise Anweisungen an das System, weshalb diese Art mit dem Computer zu interagieren auch als „Kommandozeile" bekannt ist.

Gestaltung

Das Terminal ist für die Erledigung mancher Aufgaben eine unschlagbar schnelle Methode, manchmal sogar die einzige. Es ist auf Effizienz getrimmt und verzichtet vollständig auf grafische Elemente, was Apple aber nicht daran gehindert hat, auch auf dieser Ebene im Systemkeller ein wenig designerisch tätig zu werden. Über *Terminal > Einstellungen*, Register *Einstellungen* können Sie das Aussehen des Terminalfensters ein wenig gefälliger gestalten.

Beispiele

Das Terminal ist die sprödeste Art, mit Ihrem Mac zu kommunizieren. Es ist aber auch die mit Abstand mächtigste. Mit allen Konsequenzen: Fehleingaben können sehr ernste Folgen haben. Ein paar harmlose Befehle sind zum Beispiel diese hier:

- **ls:** Mit diesem Kommando wird der Inhalt des aktuellen Ordners angezeigt.
- **date:** verrät Ihnen das aktuelle Datum.

Kapitel 15: Systemeinstellungen und Dienstprogramme

- **cal:** blendet einen Kalender des aktuellen Monats ein, mit *cal {Jahr}* erhalten Sie einen Jahreskalender (etwa: *cal 1961*).
- **top:** verrät Ihnen, welche Prozesse aktuell auf Ihrem Mac aktiv sind. Sie verlassen diese Anzeige mit *q*.

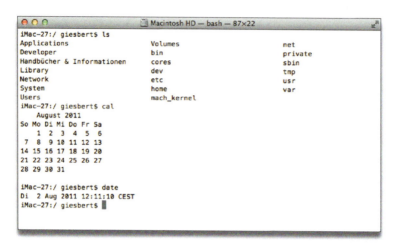

Mit dem Terminal haben Sie Zugriff auf Systemebene. Allerdings sollten Sie hier sehr genau wissen, was Sie tun, ansonsten könnten Sie hier allerlei Unheil stiften.

Kapitel 16

Tipps, Tricks & Tools

Bildnachweis: Apple

Kapitel 16: Tipps, Tricks & Tools

Tilde, Mengenklammer & Co

Wie bereits im ersten Kapitel erklärt, lassen sich viele Sonderzeichen, die Sie nicht direkt über die Tastatur eingeben können – also etwa „ñ" oder „ø" – erreichen, indem Sie den entsprechenden Buchstaben etwas länger festhalten (also etwa das [n] oder [o]) und die gewünschte Variante wählen.

Das ist schon mal ganz praktisch, aber damit geben Dinge wie {Mengen-} oder [eckige] Klammern weiterhin Rätsel auf.

Tastenkombinationen Des Rätsels Lösung heißt: Tastenkombination. Nahezu jede Taste ist drei- oder vierfach belegt, wobei Sie die verschiedenen Belegungen durch Kombination der Taste mit der [alt]- und [⇧]-Taste erreichen. So erzielen Sie etwa die französischen Anführungszeichen » « mit [⇧] [alt] [Q] und [alt] [Q].

Schön und gut, werden Sie jetzt vielleicht brummeln, aber woher soll man das denn wissen? Ganz einfach: Ihr Mac verrät es Ihnen, wenn Sie die *Tastatur-* und *Zeichenübersicht* einblenden.

Übersicht einblenden Diese Übersichten können blenden Sie am einfachsten ein, wenn Sie *Systemeinstellungen > Tastatur* wählen und auf der Registerkarte *Tastatur* die Option *Tastatur- und Zeichenübersicht in der Menüleiste anzeigen* aktivieren.

Danach erscheint oben rechts in der Menüleiste ein Symbol, das entfernt an die US-Fahne erinnert, aber wohl eher ein kleines Fenster mit einem Sonderzeichen sein soll.

Klicken Sie auf dieses Zeichen, können Sie sowohl die *Tastaturübersicht* als auch die *Zeichenübersicht* einblenden.

Der komplette Zeichensatz von OS X ist nur einen Mausklick entfernt.

Tastaturübersicht Die Tastaturübersicht zeigt die aktuelle Tastenbelegung. Sobald Sie eine Taste drücken, reagiert sowohl das derzeit aktive Programm (Sie tippen also beispielsweise einen Buchstaben in Ihrer Textverarbeitung) als auch die Tastaturübersicht, bei der die gedrückte Taste markiert wird. Drücken Sie nun [⇧] oder [alt] bzw. beide zusammen, zeigt das Fenster die geänderte Tastenbelegung an. Um das gewünschte Sonderzeichen zu tippen, klicken Sie es entweder in der Übersicht an oder drücken auf der Tastatur die entsprechende Taste.

Tilde, Mengenklammer & Co

Die Tastaturübersicht zeigt Ihnen die aktuelle Belegung der Tasten an. Hier etwa die Zeichen, die Sie über eine Kombination mit der ⌥-Taste erreichen.

Die Tastaturübersicht bietet zwar den Zugriff auf eine ganze Menge, aber bei weitem nicht auf alle Zeichen, über die Ihr Mac verfügt. Dafür dient Zeichenübersicht. Dabei handelt es sich um ein Verzeichnis der Zeichen aller Zeichensätze auf Ihrem Mac, das nach verschiedenen Kategorien geordnet ist. Um eines dieser Zeichen in ein Dokument zu übernehmen, klicken Sie es doppelt an. Die Reihenfolge der Kategorien können Sie mit der Maus festlegen, Zeichen, die Sie besonders häufig benötigen, lassen sich *Als Favorit sichern*.

Zeichenübersicht

⌘

Die Zeichenübersicht bietet den Zugriff auf sämtliche Zeichen, die Sie mit OS X einsetzen können.

> **Noch mehr Zeichen:** Standardmäßig beschränkt sich die Zeichenübersicht auf die am häufigsten benutzten Zeichenkategorien. Mit einem Klick auf das Zahnrad und *Liste bearbeiten* können Sie weitere Kategorien hinzufügen.

Kapitel 16: Tipps, Tricks & Tools

Bildschirmfotos

Vielleicht fragen Sie sich, wie ich die Screenshots in diesem Buch gemacht habe. Vielleicht fragen Sie sich das auch nicht. Macht nichts, ich verrate es Ihnen trotzdem: Fast sämtliche Abbildungen in diesem Buch wurden mit den beiden Programmen Bildschirmfoto und Vorschau erzeugt.

Inhalte fotografieren

Um am Mac einen Screenshot zu machen, gibt es verschiedene Möglichkeiten:

- **Kompletten Bildschirm fotografieren:** Drücken Sie ⇧⌘3. Sie hören ein Kamerageräusch, und auf dem Schreibtisch wird eine Grafikdatei abgelegt, die den aktuellen Inhalt des Desktops eingefangen hat.

- **Einen bestimmten Bereich fotografieren:** Drücken Sie ⇧⌘4. Der Mauszeiger verwandelt sich in einen Zielcursor, der die aktuellen Koordinaten anzeigt. Markieren Sie mit gedrückter Maustaste den gewünschten Bereich. Sobald Sie die Taste loslassen, hören Sie wieder das Kamerageräusch und finden anschließend das gewünschte Foto als Grafikdatei auf dem Schreibtisch.

- **Fenster fotografieren:** Zeigen Sie mit der Maus in das Fenster, das Sie fotografieren möchten. Drücken Sie ⇧⌘4 und anschließend die Leertaste. Mit einem Mausklick knipsen Sie das markierte Fenster – nicht mehr, nicht weniger.

Mauszeiger

So weit, so gut. Doch was macht man, wenn man den Mauszeiger mit auf dem Bild haben möchte, um zum Beispiel die Auswahl eines Menüpunktes im Screenshot zu verdeutlichen? Dann braucht man das Programm Bildschirmfoto, das Sie im Launchpad im Ordner *Dienstprogramme* finden.

Mit Bildschirmfoto können Sie auch Screenshots mit verschiedenen Mauszeigertypen machen.

In dessen *Einstellungen* legen Sie zuerst die Form des gewünschten Mauszeigers fest und wählen anschließend *Foto > Selbstauslöser*. Nach dem Start des Timers öffnen Sie das Menü und halten den Mauszeiger an die gewünschte Stelle. Nach ein paar Sekunden piepst der Timer, und kurz darauf hören Sie das Kamerageräusch. Sobald sich ein neues Fenster mit dem Bildschirmfoto öffnet, können Sie die Maus wieder bewegen. Das Foto kann nun als TIFF-Datei gespeichert werden.

Clippings

Clippings sind eine Besonderheit von OS X. Dabei handelt es sich um Textschnipsel, die Sie in einem Dokument markieren und auf den Desktop ziehen, wo sie in einem besonderen Format gespeichert werden. So können Sie beliebige Passagen und Zitate in Form von Clippings speichern und verwalten.

Möchten Sie beispielsweise Zitate aus Webseiten in Clippings speichern, markieren Sie die entsprechenden Zitate und ziehen die Markierung auf den Schreibtisch. Dort wird eine Datei mit der Endung „.textClipping" erzeugt.

Diese Datei lässt sich mit einem Doppelklick anzeigen. Soll das Clipping bearbeitet werden, können Sie den Text markieren, kopieren und in ein Dokument übernehmen, oder Sie ziehen die Datei kurzerhand in das entsprechende Dokument, wo der Inhalt des Clippings eingefügt wird.

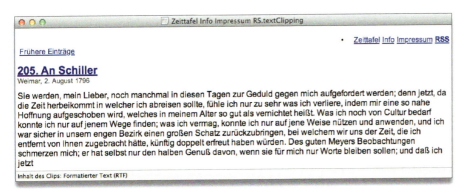

Clippings sind mehr oder weniger lange Textschnipsel, die Sie mit Drag & Drop kopieren.

Kapitel 16: Tipps, Tricks & Tools

Tastenkürzel definieren

Viele Programme können über Tastenkürzel (oder, wie Apple es nennt: Tastaturkurzbefehle) gesteuert werden. Dabei wird einem oft aufgerufenem Menüpunkt (etwa: *Datei öffnen*) eine Tastenkombination (etwa: ⌘ 0) zugewiesen.

Doch nicht allen Menüpunkten haben die Programmierer ein solches Kürzel zugewiesen. Falls es einen Menüpunkt gibt, bei dem Sie ein Tastenkürzel schmerzlich vermissen, gibt es einfache Abhilfe: Definieren Sie es einfach selbst.

Dazu rufen *Systemeinstellungen > Tastatur > Tastaturkurzbefehle* auf und wählen den Eintrag *Programmkurzbefehle*. Klicken Sie nun auf das Pluszeichen und wählen Sie das gewünschte Programm aus. Anschließend geben Sie den exakten Namen des Menüpunktes ein und drücken die gewünschte Tastenkombination.

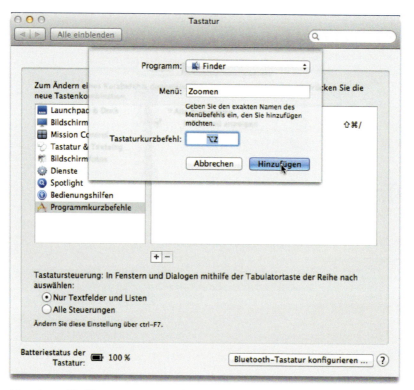

Vermissen Sie für einen Menüpunkt ein Tastenkürzel, definieren Sie es einfach selbst.

Welche App öffnet was?

So machen Sie Ihre Library sichtbar

Wie schon gelegentlich erwähnt, versteckt OS X den Ordner *Library* in Ihrem Benutzerordner. Das ist eine recht sinnvolle Sache: Denn einerseits muss man im Alltag so gut wie nie auf diesen Ordner zugreifen, andererseits kann ein unbedachter Eingriff in diesem Ordner fatale Folgen für das System haben.

Doch was ist mit den wenigen Fällen, in denen man doch ausnahmsweise einmal auf die Library zugreifen muss? Ganz einfach: Rufen Sie im Finder den Menüpunkte *Gehe zu* auf und drücken Sie die ⌥-Taste – die Auswahl wird um den Punkt *Library* ergänzt.

Ein Druck auf die ⌥-Taste fördert einen ansonsten versteckten Eintrag zutage.

Welche App öffnet was?

Das ist schon praktisch: Sie klicken eine beliebige Datei – ganz gleich, ob Text, Video oder Audio – doppelt an und OS X öffnet sie. Dazu startet das System das passende Programm und übergibt diesem die gewünschte Datei. Die Applikation öffnet daraufhin das Dokument und zeigt es an bzw. ermöglicht die Bearbeitung.

Normalerweise können Sie diesen Prozess dem System überlassen, doch manchmal möchte man eine Datei mit einem ganz bestimmten Programm öffnen – und das ist nicht unbedingt dasjenige, das OS X für geeignet hält.

Kapitel 16: Tipps, Tricks & Tools

Doch das Problem ist leicht zu lösen: Teilen Sie dem System einfach mit, dass Sie eine MP3-Datei zum Beispiel nicht mit iTunes, sondern etwa mit dem QuickTime Player öffnen möchten. Dabei gibt es drei Möglichkeiten:

- **Ausnahmsweise einmal:** Wenn Sie eine bestimmte Datei nur dieses eine Mal mit einem anderen Programm öffnen möchten, dann klicken Sie die Datei mit der rechten Maustaste an, wählen *Öffnen mit* und legen anschließend das gewünschte Programm fest.

- **Eine immer, aber nicht alle:** Die zweite Möglichkeit besteht darin, dass Sie zwar eine bestimmte Datei in Zukunft immer mit einem anderen Programm öffnen möchten, aber für alle anderen Dateien dieses Typs die Standardverknüpfung behalten möchten. Rufen Sie dazu mit ⌘ I die Datei-Infos auf und wählen Sie unter *Öffnen mit* das gewünschte Programm.

- **Alle immer:** Schließlich können Sie noch festlegen, dass Dateien eines bestimmten Typs immer mit einem bestimmten Programm geöffnet werden sollen. In diesem Fall klicken Sie nach der Änderung auf die Schaltfläche *Alle ändern* und bestätigen die folgende Sicherheitsabfrage.

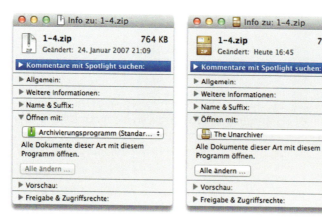

In den Datei-Infos können Sie festlegen, mit welchem Programm eine Datei geöffnet werden soll.

DigitalColor Meter

Die richtige Kombination von Farben und die korrekte Erfassung von Farbwerten kann zu einer regelrechten Wissenschaft und mitunter zu einer frustrierenden Angelegenheit werden.

Mit DigitalColor Meter, das Sie unter *Programme > Dienstprogramme* finden, lässt sich diese Aufgabe etwas erleichtern. Denn mit diesem Tool können Sie den exakten Farbwert für jedes Pixel auf Ihrem Bildschirm bestimmen. So lassen sich etwa Farbkombinationen in der Benutzerführung von Programmen oder die Farbgestaltung von Webseiten pixelgenau analysieren.

Spotlight als Taschenrechner

Nach dem Start des Tools wird ein stark vergrößerter Ausschnitt der direkten Umgebung des Mauszeigers angezeigt und der aktuelle Farbwert eines Pixels ermittelt. Den Zoomfaktor legen Sie unter *Darstellung > Vergrößerung* fest. Mit dem Regler *Blendengröße* lässt sich der Messbereich variabel festlegen. In der kleinsten Einstellung erfasst er exakt das Pixel unterhalb des Mauszeigers. Vergrößern Sie den Messbereich, werden die umliegenden Pixel ebenfalls berücksichtigt und ein Farbmittelwert wird bestimmt.

Um einen bestimmten Farbwert zu fixieren, frieren Sie mit ⌘X und ⌘Y die aktuelle Position ein. Anschließend können Sie den Mauszeiger wieder bewegen, ohne dass sich die Farbanzeige ändert.

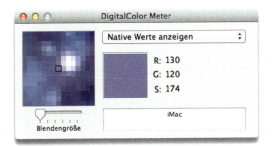

Ganz gleich, welchen Farbwert Sie exakt ermitteln möchten – mit dem DigitalColor Meter gibt es keine Geheimnisse mehr.

Spotlight als Taschenrechner

Eine Sonderfähigkeit von Spotlight, die Apple ein wenig verschweigt, sind die Rechenfähigkeiten der Suchmaschine. Sie finden mit Spotlight also nicht nur Dateien auf Ihrem Mac, sondern auch Ergebnisse zu Rechenaufgaben.

Dazu rufen Sie mit ⌘ Leertaste die Eingabezeile von Spotlight auf und tippen Ihre Berechnung ein, etwa „27*3+19-61". Die Antwort erscheint prompt: 39.

Spotlight geht natürlich nach der Punkt-vor-Strich-Regel vor und beherrscht auch geklammerte Ausdrücke. Im Beispiel „27*3+19-61" wird also zuerst 27 mit 3 multipliziert, anschließend werden 19 addiert und 61 subtrahiert. Setzen Sie eine Klammer, etwa „27*(3+19)-61", werden zuerst 3 und 19 addiert, das Ergebnis mit 27 multipliziert und anschließend 61 subtrahiert. Ergebnis: 533. Kommawerte sind ebenfalls möglich: „1,7*3,1+0,342" ergibt 5,612.

Grundrechenarten

Spotlight kann auch als Taschenrechner für die schnelle Berechnung zwischendurch eingesetzt werden.

Kapitel 16: Tipps, Tricks & Tools

Leider ist es nicht möglich, das Ergebnis der Berechnung zu kopieren, um es in ein Dokument oder eine andere Applikation zu übernehmen. Ein Druck auf die ⏎-Taste öffnet zwar den Rechner von OS X, aber der beginnt trotzdem bei Null.

Wurzel & Co Dabei beherrscht Spotlight nicht nur die vier Grundrechenarten, sondern schreckt auch vor etwas anspruchsvolleren Aufgaben nicht zurück. Ein kleiner Ausschnitt:

- **Quadratwurzel:** Mit „sqrt(x)" berechnen Sie die Quadratwurzel von x. Beispiel: sqrt(16) = 4.
- **Kubikwurzel:** „cbrt(x)" berechnet die Kubikwurzel von x. Beispiel: cbrt(27) = 3.
- **Fakultät:** „x!" berechnet die Fakultät einer Zahl (1 × 2 × 3 … × x). Beispiel: 5! = 120.
- **Potenzen:** Mit dem Zirkumflex ^ (links neben der 1). Um den Zirkumflex einzugeben, drücken Sie ^ und anschließend die Leertaste. Beispiel: 7^4 = 2401.

Finder anpassen

Wie Sie Einträge in der Seitenleiste des Finders ein- und ausblenden, haben Sie in Kapitel 2 gelernt. Doch die Seitenleiste ist noch flexibler. Hier lassen sich nicht nur die Einträge anzeigen, die Sie unter *Finder > Einstellungen > Seitenleiste* finden, sondern jeder beliebige Ordner. Es ist problemlos möglich, beispielsweise einen Ordner *Wichtige Dokumente* in der Seitenleiste eintragen und diesen Ordner in Zukunft jederzeit mit einem Mausklick zu öffnen. Außerdem können Sie die Reihenfolge der Einträge ändern.

Einträge verschieben Die Reihenfolge der drei Rubriken *Favoriten*, *Freigaben* und *Geräte* in der Seitenleiste ist fest vorgegeben, aber innerhalb der Rubrik können Sie die Einträge beliebig anordnen. Schieben Sie die Einträge einfach mit der Maus an die gewünschte Position.

Neue Einträge Um einen beliebigen Ordner im Schnellzugriff der Seitenleiste zu haben, ziehen Sie ihn einfach unter *Favoriten* in die Seitenleiste und legen ihn dort ab.

Vorsicht, Falle! Allerdings gibt es hier eine kleine Stolperfalle: Sie können in der Seitenleiste nämlich nicht nur Verweise auf Objekte anlegen, sondern Dateien auch physikalisch von einem in einen anderen Ordner verschieben. Wenn Ihnen das kleine Malheur sofort auffällt, machen Sie das Verschiebe mit ⌘ Z rückgängig. Andernfalls müssen Sie nach dem verlorenen Ordner mit Spotlight suchen.

Ihr Mac spricht mit Ihnen

Damit Ihnen das erst gar nicht passiert, achten Sie auf die grafische Rückmeldung, die der Finder Ihnen gibt, wenn Sie ein Objekt auf die Seitenleiste ziehen:

- **Sie sehen eine blaue Strichmarkierung:** Alles klar, an der Stelle der Markierung wird ein Verweis auf das entsprechende Objekt erzeugt.
- **Ein Eintrag in der Seitenleiste wird komplett markiert:** Vorsicht, Sie sind dabei, das Objekt in den markierten Ordner zu verschieben.

Je nachdem, an welche Position Sie einen Ordner in die Seitenleiste ziehen, wird entweder ein Verweis angelegt (links), oder der Ordner wird in einen anderen Ordner verschoben (rechts).

> **Einträge löschen:** Um einen Eintrag aus der Seitenleiste wieder zu entfernen, ziehen Sie ihn mit gedrückter ⌘-Taste aus der Leiste. Der Eintrag verpufft in einem gefälligen Bitwölkchen.

Ihr Mac spricht mit Ihnen

Wie in Kapitel 15 erwähnt, kann OS X über Spracheingabe gesteuert werden. Das funktioniert allerdings nur auf Englisch. Auf Deutsch kann Ihnen OS X immerhin nahezu beliebige Texte vorlesen oder Sie auch alle Stunde mit einer Zeitansage an die aktuelle Uhrzeit erinnern.

Von Haus aus wird OS X mit englischen Systemstimmen ausgeliefert, drei deutsche Computerstimmen von guter Qualität lassen sich kostenlos nachladen. Die entsprechenden Dateien sind mit je gut 400 MB allerdings keine Leichtgewichte. — **Stimmen installieren**

Rufen Sie *Systemeinstellungen > Sprache > Sprachausgabe* auf und wählen Sie im Dropdown-Menü *Systemstimme* den Punkt *Anpassen*. Aktivieren Sie hier die drei deutschen Stimmen *Anna*, *Steffi* und *Yannick*. Nach einem Klick auf *OK* startet OS X den Download von rund 1,2 GB.

Kapitel 16: Tipps, Tricks & Tools

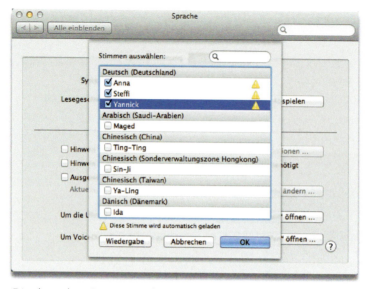

Die deutschen Stimmen gehören nicht zum Lieferumfang von OS X, können aber kostenlos nachgeladen werden.

Sprachausgabe starten — Um einen Eindruck von dem Klang und der Qualität der Stimmen zu bekommen, wählen Sie unter *Systemstimme* die gewünschte Stimme aus und klicken auf *Abspielen*. Über den Regler *Lesegeschwindigkeit* lässt sich das Tempo der Stimme justieren.

In Zukunft können Sie sich nun beliebigen Text von der gewählten Stimme vorlesen lassen. Markieren Sie dazu etwa auf einer Webseite einen Abschnitt, klicken Sie die Markierung mit der rechten Maustaste an und wählen Sie *Sprachausgabe > Sprachausgabe starten*.

Von Haus aus spricht OS X nur Englisch. Doch sobald die deutschen Stimmen installiert sind, können Sie sich auch deutsche Texte korrekt vorlesen lassen,

Eine praktische Funktion der Sprachausgabe besteht darin, sich in regelmäßigen Abständen mit einer dezenten Zeitansage an die Uhrzeit erinnern zu lassen. Wählen Sie dazu *Systemeinstellungen > Datum & Uhrzeit > Uhr*. Hier aktivieren Sie *Zeit vorlesen* und legen fest, in welchen Abständen OS X die Uhrzeit ansagen soll. Mit *Stimme anpassen* können Sie die gewünschte Stimme, das Tempo und die Lautstärke einstellen.

Uhrzeit ansagen

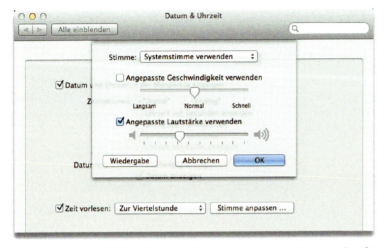

Die Stimmen von OS X können auch dazu benutzt werden, regelmäßig die Uhrzeit anzusagen.

Safari: Quelltext, Aktivitäten, Entwickler

Für Entwickler und andere Anwender, die einmal einen Blick hinter die Kulissen von Safari werfen wollen, bietet der Browser den Einblick in den Quelltext, seine Aktivitäten und ein eigenes Entwicklermenü, das sich in den Einstellungen aktivieren lässt.

Die Webseite, die Ihnen Safari anzeigt, wird dem Browser in Form eines Quelltextes geschickt, der gewissermaßen die Bastelanleitung enthält, nach der Safari die Webseite schließlich zusammenbaut. Mitunter ist es sinnvoll, einmal einen Blick in den Quelltext werfen zu können, etwa um einem Darstellungsfehler auf die Spur zu kommen oder wenn man wissen möchte, welche Daten genau ein Webserver eigentlich an den Browser schickt.

Quelltext

In diesem Fall drücken Sie in Safari einfach die Tastenkombination ⌥ ⌘ U . Der Quelltext der aktuell angezeigten Webseite wird in einem eigenen Fenster geöffnet.

Jede Webseite besteht aus zahlreichen einzelnen Elementen, die der Browser einzeln laden muss. In der Aktivitätsanzeige von Safari können Sie sich diese Elemente vollständig auflisten lassen. So sehen Sie etwa, wie groß eine bestimmte Grafik ist, können ermitteln, wie viele Daten der Browser für eine Webseite laden muss, aber auch, welche Elemente unter Umständen nicht oder nicht korrekt geladen wurden. Die Aktivitätsanzeige rufen Sie mit ⌥ ⌘ A auf.

Aktivitäten

Kapitel 16: Tipps, Tricks & Tools

*Mit **Quelltext** und **Aktivitätsanzeige** werfen Sie einen Blick hinter die Kulissen von Safari.*

Entwicklermenü Für Webentwickler ist das Entwicklermenü ein wichtiges Werkzeug zur Analyse einer Webseite. Hier können Sie die Struktur einer Webseite genau analysieren, gezielt verschiedene Funktionen von Safari ausschalten, um das Verhalten einer Seite zu kontrollieren, und ähnliches mehr. Das Entwicklermenü aktivieren Sie unter *Safari > Einstellungen > Erweitert*.

*Der Menüpunkt **Entwickler** bietet zahlreiche hilfreiche Werkzeuge für Webentwickler und andere neugierige Zeitgenossen.*

Apple-ID ohne Kreditkarte

Bei der Neuanlage einer Apple-ID werden Sie unter anderem nach der gewünschten Zahlungsweise gefragt. Diese Angabe wird aber nur benötigt, wenn Sie im App Store oder im iTunes Store etwas kaufen möchten, nicht aber für den Zugang zu den zahlreichen kostenlosen Angeboten oder zur Nutzung von Diensten wie Genius.

Auf den ersten Blick sieht es allerdings so aus, als habe es Apple nicht vorgesehen, bei der Zahlungsweise „keine" zuzulassen. Doch das täuscht: Sie können eine Apple-ID auch ohne Kreditkarte oder Bankdaten anlegen. Apple hat das nur ein klein wenig versteckt.

Dazu müssen Sie lediglich versuchen, eine kostenlose App aus dem App Store zu laden. Dabei werden Sie aufgefordert, Ihre Apple-ID einzugeben oder eine neue anzulegen. Bei der Neuanlage dieser ID bietet das Formular beim Stichwort Zahlungsweise nun auch die Option *Keine*.

Die Option, einen Account ohne Zahlungsinformationen anzulegen, zeigt Apple erst an, wenn Sie eine kostenlose App laden möchten und dazu einen neuen Account einrichten.

Wenn das Dashboard streikt

Mitunter kann es passieren, dass das Dashboard streikt und sich die Widgets nicht so benehmen, wie Sie es erwarten. In diesem Fall hilft ein Neustart des Dashboards. Das ist allerdings nur über einen kleinen Umweg möglich: Sie müssen das Dock beenden und neu starten. Denn beim Neustart des Docks wird auch das Dashboard neu initialisiert.

Da das Dock kein normales Programm ist und nicht über > *Sofort beenden* erreicht werden kann, müssen Sie einen kleinen Umweg einschlagen. Starten Sie das in Kapitel 15 vorgestellte Programm Aktivitätsanzeige, markieren Sie den Eintrag *Dock* in der Liste der aktiven Prozesse und klicken Sie oben links auf *Prozess beenden*. Nach einer kurzen Schrecksekunde wird der Prozess von OS X neu gestartet und als Nebeneffekt wird auch das Dashboard wiederbelebt.

Kapitel 16: Tipps, Tricks & Tools

> **Achtung!** Achten Sie darauf, dass Sie tatsächlich nur den Prozess *Dock* beenden. Lassen Sie alle anderen Prozesse in Ruhe!

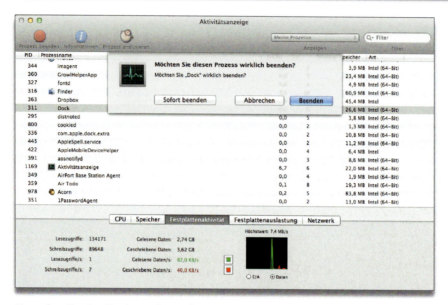

Beenden Sie das Dock, wird es sofort neu gestartet und initialisiert dabei auch das Dashboard neu.

OS X in Zeitlupe

Viele visuellen Rückmeldungen bei OS X sind kunstvolle Animationen. Da werden Seiten umgeblättert, Fenster hüpfen in den Vordergrund oder schrumpfen zu einer Miniatur im Dock zusammen.

Diese Animationen laufen normalerweise recht zügig und flüssig ab. Möchten Sie einmal etwas genauer sehen, wie eine Animation aufgebaut ist, können Sie diesen Ablauf auch deutlich verlangsamen: Halten Sie die ⇧-Taste gedrückt, wird eine Animation in Zeitlupe abgespielt.

Schach

Zum Abschluss sei noch auf das einzige Spiel hingewiesen, das zum Lieferumfang von Lion gehört: Schach.

Das Programm ist recht spielstark und kann Ihnen einige Nüsse zu knacken geben. Eine neue Partie starten Sie mit *Spiel > Neu*. Über das *Spiel*-Menü lässt sich eine Partie auch jederzeit speichern und später erneut öffnen.

Mit *Züge > Hinweis einblenden* kann Ihnen Ihr Mac einen Tipp für Ihren nächsten Spielzug geben, den Verlauf zeigt Ihnen das Programm mit *Fenster > Spielprotokoll*.

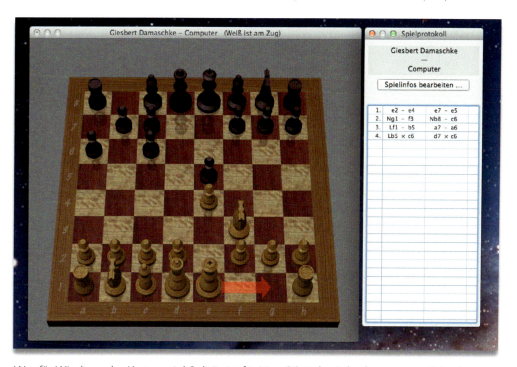

Was für Windows das Kartenspiel Solitär, ist für Mac OS X das Schachprogramm Schach.

Stichwortverzeichnis

A

AAC 217, 218, 221
ABBU-Datei 162
Ablage 13
Administratorkennwort 258
Adressbuch 16, 152, 176
  Accounts 163
  Adressbucharchiv 162
  Adressbücher im Netz 163
  Adressbuch exportieren 162
  Adressbuch importieren 162
  Adresetikett kopieren 160
  Bearbeiten 157
  Darstellung 153
  Eigene Visitenkarte 154
  Etiketten 156
  Export 161
  Felder 154
  Feld hinzufügen 155
  Fotos 156
  Geburtstage 176
  Gruppen 152, 158
  Gruppenansicht 153
  Import 161
  Intelligente Gruppen 159
  Listen 152
  Listenansicht 153
  Mailadresse 160
  Neue Gruppe 158
  Neue Gruppe aus Auswahl 158
  Neue intelligente Gruppe 159
  Neue intelligente Gruppe aus der aktuellen Suche 161
  Neuer Kontakt in Gruppen 159
  Sortierung 157
  Suchen 161
  Telefonnummer vergrößern 160
  Umgebungskarte der Adresse 160
  vCard exportieren 162
  Visitenkarte 153
  Visitenkarten exportieren 162
  Visitenkarten importieren 162
  Visitenkartenvorlage 156
AIM 207
AirDrop 33, 105, 106
  Beenden 107
  Starten 106
Airport 98
Aktivitätsanzeige 287
Alias 44
Anmeldeoptionen 262
Apple-ID 10, 63, 204
  Einrichten 28
  Ohne Kreditkarte 307
Apple Lossless 218
Apple TV 216
App Store 15, 63
  Programm erneut laden 64
  Programm laden 63
  Purchased 64
Ausschalten 11
Automatische Anmeldung 262
Automatisch sichern 26
AVI 228

B

Backup 10, 250
Beachball 29
Bearbeiten 13
Benutzer 41
Benutzerbild 228
Benutzerkennwort 258
Benutzerverwaltung 284
  Administrator 284
  Anmeldeoptionen 285
  Benutzer anlegen 284
  Benutzer erstellen 284
  Benutzer löschen 286
  Benutzer wechseln 285
  Gäste 286
  Gästen erlauben, sich an an diesem Computer anzumelden 286
  Nur Freigabe 284
  Schneller Benutzerwechsel 285
  Standard 284
  Verwaltet durch Kindersicherung 284
Bildschirmfoto 296
  Selbstauslöser 297
Bildschirmfotos 296
Bildschirmhintergrund 280
Bildschirmschoner 263
  Aktive Ecken 263
  Festlegen 263
  Kennwort 264

Stichwortverzeichnis

Bluetooth 247
  Aktivieren 247
  Bluetooth-Status in der Menüleiste anzeigen 247
  Geräte koppeln 248
  Geräte löschen 248
  Geräte trennen 248
  Sichtbar 247
Bootmenü 282
Bundle 49

C

CDs/DVDs
  brennen 245
  Brennordner 246
  Daten brennen 245
  Rohling 245
Clippings 297

D

Darstellung 13
Dashboard 68, 75
  Aufrufen 68
  Neustart 307
  Symbol entfernen 55
  Symbole verschieben 55
  Symbol hinzufügen 55
  Verlassen 69
  Weitere Widgets 70
  Widgets hinzufügen 69
  Widgets löschen 71
  Widgets verwalten 70
Datei
  Dateiendung 42
  Dateinamensuffix 42
  Duplizieren 44
  Einfügen 43
  Infos 42, 50
  Kopieren 43
  Löschen 44
  Umbenennen 42
  Verschieben 43
  Zugriffsrechte 51
  Zusammengefasste Infos 51
Daten verschlüsseln 264
Dienste 27, 289
  Aufrufen 289
  Auswählen 290
  Tastenkürzel 290
DigitalColor Meter 300

Digitale Bilder 232
  AutoImporter 233
  Nach dem Import löschen 233
  Seitenleiste 233
  Symbolleiste 232
Disk Image 40
DMG-Dateien 40, 65, 243
Dock 14, 54, 80
  Fenster hinter Programmsymbol im Dock ablegen 82
  Fenster im Dock 81
  Organisieren 55
  Stapel 80
  Stapel verwalten 81
  Stapel vs. Ordner 81
Drucker 234
  Als PDF drucken 236
  Druckdialog 235
  Hinzufügen 234
  Löschen 234
Duplizieren 27
DVD-Player 223
  Automatische Wiedergabe ausschalten 224
  Darstellung 224
  DVDs wiedergeben 223
  Farben 224
  Lesezeichen 225
  Suchgeschwindigkeit 224
  Zeitlupenrate 224
  Zoom 224

E

Einschalten 11
Ersetzungen 27
Exchange 170
Explorer (Windows) 32, 42

F

Facebook 230
FaceTime 16, 160, 204
  Adressen löschen 206
  Aktivieren 204
  Angerufen werden 205
  Anrufen 205
  Deaktivieren 206
  E-Mail-Adresse entfernen 206
  Favoriten 205
  Neuen Account erstellen 204
  Weitere E-Mail hinzufügen 206
FAT16 241

FAT32 241
Fenster 14, 21
  Paletten 24
  Rollbalken 23
  Schließen 26
  Scrollbars 23
  Statusleiste 23
  Symbolleiste 22
  Titelleiste 22
  Vollbild 24
Festplatte 238
  Anschließen 239
  Auf dem Schreibtisch zeigen 239
  Formatieren 240
  Mehrere Partitionen 242
  Partitionieren 241
  Partitionslayout 241
  Trennen 239
Festplatten-Dienstprogramm 239
FileVault 11, 266
Finder 13, 15, 32, 41
  Alle meine Dateien 34
  Alle Ordner schließen/öffnen 37
  Ausrichten 38
  Bilder 34
  Computer 39
  Cover Flow 37
  Darstellung 36
  Darstellungsoptionen 38
  Dateien 39
  Dokumente 34
  Downloads 34
  Etiketten 84
  Etikettennamen 85
  Etiketten suchen 91
  Favoriten 33
  Freigaben 33
  Geräte 33, 39
  Intelligente Ordner 92
  Intelligente Ordner anpassen 92
  Intelligente Ordner löschen 93
  Kategorien aus-/einblenden 33
  Laufwerke 39, 40
  Liste 36
  Markierung 43
  Nach Etiketten sortieren 86
  Neue Finderfenster zeigen 32
  Neue Ordner 45
  Neuer Ordner mit Auswahl 46
  Neu starten 62
  Objekte komprimieren 48
  Ordner 39
  Ordner zusammenführen 44
  Pfade 42
  Pfadleiste 42
  Proxy-Icon 42
  Seitenleiste 33
  Seitenleiste anpassen 302
  Seitenleiste konfigurieren 34
  Spalten 37
  Statusleiste 36
  Suchkriterien 90
  Symbole 36
  Symbolleiste 42
Firewall
  Aktivieren 267
  Alle eingehenden Verbindungen
    blockieren 267
Flash 110
Flickr 230
Fotos importieren 232
Freigabe 51
Freigaben
  Aktivieren 101
  Dateien und Ordner über SMB (Windows)
    freigeben 102
  Dateifreigaben 101
  Windows 102

G

Gestensteuerung 20
Google 163, 170, 175
Google Maps 160
Google Talk 207

H

H.264 217
Hilfe 14

I

iCal 16, 166
  Abonnements suchen 175
  Abonnieren 175
  Ansichten 167
  Aufgaben 172
  Bearbeiten 168
  CalDAV 175
  Einladung 170
  Ereignisdetails 170
  Ereignisse 166
  Erinnerungen 166, 169, 172
  Exportieren 178

313

Stichwortverzeichnis

Freigabe stoppen 176
Freigeben 176
Geburtstage 176
Geburtstagskalender einblenden 176
Gruppen 174
iCal-Archiv 178
ICS 170
ICS-Datei 178
Importieren 178
Kalender 166, 173
Kalender-Accounts 177
Kalender löschen 174
Neue Erinnerung 172
Neue Kalendergruppe 174
Neuer Kalender 173
Seitenleiste 172
Suchen 173
Teilen 170
Veröffentlichen 176
Vollbild 167
Wiederholungen 169
iChat 207
  Account 207
  Bildschirmfreigabe 210
  Dateiaustausch 210
  Datei für iChat Theater freigeben 209
  Datei senden 210
  iChat Account anfordern 207
  iChat Theater 209
  Video 208
Image
  Beschreibbares Image 243
  Erzeugen 244
  ISO-Image brennen 247
  Mitwachsendes Bundle-Image 243
  Mitwachsendes Image 243
  Sparseimage 243
Image-Dateien 243
  Verschlüsselt 265
IMAP 130
iPad 216
iPhone 216
iPod 216
iTunes 16, 216
  Albenliste 219
  Automatisch zu iTunes hinzufügen 217
  CD importieren 216
  CDs/DVDs brennen 223
  Cover Flow 219
  Darstellung 219
  Genius 222
  Gitter 219
  Importeinstellungen 217
  Intelligente Listen 221
  iTunes Media 217
  Kindersicherung 220
  Kopfbereich einblenden 219
  Mediathek 216
  Musikdateien importieren 217
  Neue intelligente Wiedergabeliste 221
  Neuer Wiedergabeliste-Ordner 221
  Neue Wiedergabeliste 220
  Neue Wiedergabeliste von Auswahl 221
  Ping 220
  Ping aktivieren 220
  Ping deaktivieren 220
  Rasterdarstellung 219
  Songs von Listen ausnehmen 222
  Spaltenbrowser 219
  Tags 218
  Titelliste 219
  Videos 217
  Wiedergabeliste auf Medium brennen 223
  Wiedergabelisten 220
  Zur Mediathek hinzufügen 217

J

Jabber 207
Java 110

K

Kartenleser 233
Kennwort ändern 259
Kennwortassistent 259
Kennwörter 258
Kontaktbild 228

L

Launchpad 15, 54
  Neue Seiten einfügen 58
  Ordner anlegen 57
  Ordner löschen 58
  Ordner öffnen 57
  Ordner umbenennen 57
  Organisieren 57
  Starten 56
  Symbole verschieben 57
  Zwischen Seiten wechseln 58
Lexikon 196
  Apple-Lexikon 196
  New Oxford American Dictionary 196

Oxford American Writer's Thesaurus 196
  Plugins 197
  Wikipedia 196
Library 41, 142, 299

M

Mac OS X Extended (Journaled) 241
Mail 15, 130
  Account 130
  Account hinzufügen 131
  Accountinformationen 132
  Accounts konfigurieren 132
  Als Anhang weiterleiten 137
  Anhang als Symbol anzeigen 141
  Anhänge löschen 142
  Anhänge öffnen/sichern 142
  Ansicht 133
  Antwort an Absender 137
  Antwort an alle 137
  Antworten 136
  Antworten zeigen 137
  Archiv 144
  Dateianhänge 141
  Empfangen 134
  Exportieren 150
  Favoritenleiste 134
  Formatierter Text 139
  Fotoübersicht 141
  HTML 139
  IMAP 131
  Importieren 150
  In formatierten Text umwandeln 140
  In reinen Text umwandeln 140
  Intelligentes Postfach 146
  Klassisches Layout verwenden 133
  Konversationen 137
  Löschen 135
  Mailformat 139
  Mails bewegen 144
  Mails kopieren 144
  Markieren 143
  Neues intelligentes Postfach 146
  Neues Postfach 144
  Notizen 138
  Papierkorb 135
  Papierkorb automatisch leeren 135
  POP3 131
  Postfächer 144
  Postfächer exportieren 150
  Postfächer importieren 150
  Postfach-Verhalten 132

  Regeln 144
  Regeln anwenden 145
  Reiner Text 139
  RSS 213
  RSS im Posteingang 214
  Schreiben 134
  Signatur auswählen 136
  Signatur definieren 136
  Signaturen 135
  Signatur zuweisen 136
  SMTP 131
  Spam 147
  Standardformat 140
  Unerwünschte Werbung löschen 149
  Vorlagen 140
  Weiterleiten 137
  Werbefilter 148
  Werbefilter trainieren 148
  Werbung 148
  Zitate in Antwort 137
Maus 20
  Rechte Maustaste 20
Mengenklammer 294
Menu Extras 14
Menüleiste 13
Migration 10
Migrationsassistent 10
Mission Control 15, 74
  Alle Fenster anzeigen 76
  App Exposé 76
  Aufrufen 74
  Fenster zwischen Spaces verschieben 78
  Spaces 75, 77
  Spaces anlegen 77
  Spaces löschen 78
  Zwischen Spaces wechseln 78
MobileMe 163, 170, 175, 176, 207
MOV 228
MP3 217
MP4 228
MPEG 217
Musik-CDs brennen 223

N

Netzwerk
  Ad-Hoc-Netzwerk 105
  Alle Netzwerke merken, mit denen dieser
    Computer verbunden war 100
  Briefkasten 103
  „Computer-zu-Computer"-Netzwerk 105
  Gerätename 102

Stichwortverzeichnis

Öffentlich 103
PPPoE 101
Regeln 104
Verwalten 100
Netzwerkdienstprogramm 288
Neuinstallation 257
Notizzettel 190
   Ausrichten 191
   Dienste 191
   Formatierungen 191
   Immer im Vordergrund 191
   Neue Notiz 190
   Transparentes Fenster 191

O

Öffnen mit 300
Ortung 271
Ortungsdienste 272

P

Paket 49
Papierkorb 17, 46
   Leeren 47
   Sicher entleeren 47
PDF 49
   Bearbeiten 195
   erzeugen 236
   Öffnen 195
Phishing 128
Photo Booth 16, 225
   Aufnahmen 227
   Blitz ausschalten 226
   Effekte 226
   Effekte zurücksetzen 226
   Foto 225
   Montage 227
   Neue Fotos automatisch spiegeln 226
   Video 225
   Videoeffekte 227
   Vierfachbild 225
   Zähler ausschalten 226
Ping 288
Podcasts 216
POP3 130
Programme 41, 54
   Anzeige für geöffnete Programme einblenden 60
   Autostart 65
   Beenden 25, 60
   Hart beenden 61
   Installer 65, 66
   Installieren 65
   Programm löschen 68
   Schließen 26, 60
   Sofort beenden 62
   Starten 25
   Uninstaller 67
   Zwischen Programmen wechseln 59
Programmumschalter 59

Q

Quick Look 82
QuickTime-Player 228
   Audio-Aufnahme 229
   Aufnehmen 229
   Bearbeiten 229
   Bildschirmaufnahme 229
   Exportieren 230
   Teilen 229
   Trimmen 229
   Veröffentlichen 230
   Video-Aufnahme 229
   Wiedergabe 228
   Zusammensetzen 229

R

Rechner 198
   Programmierer 198
   Umrechnen 198
   UPN 198
   Wissenschaftlich 198
Rechtschreibkorrektur 187
Rechtschreibprüfung 187
   Korrektur 187
   Prüfung 187
   Rechtschreibung automatisch korrigieren 188
   Rechtschreibung verlernen 188
   Schreibweise lernen 187
   Während der Texteingabe prüfen 188
Rechtschreibung und Grammatik einblenden 27, 188
Recovery HD 256
Resume 26, 61, 276
   Ausschalten 275
Root 41
RSS 130, 211
   Newsfeed 211
   Reader 211
   RSS 2.0 212

S

Safari 16
  Aktivitäten 305
  Alle Fenster zusammenführen 111
  Alle Lesezeichen 115
  Automatisches Ausfüllen 113
  Bei betrügerischen Inhalten warnen 127
  Cache 125
  Cookies 126
  Datenschutz 125
  Downloads 112
  Entwicklermenü 306
  Erweiterungen 123
  Erweiterungen aktivieren 123
  Erweiterungen holen 123
  Erweiterungen installieren 123
  Erweiterungen Updates 124
  Fenster 110
  Formulardaten 127
  Java-Applets 126
  JavaScript 126
  Leseliste 116
  Leseliste anzeigen 117
  Lesezeichen 114
  Lesezeichenleiste 110, 114
  Lesezeichenmenü 115
  Lesezeichenordner 116
  Neues Tab 110
  Objekte aus Verlauf entfernen 118
  Ortung 126
  PDF-Dateien 114
  Phishing 127
  Pop-Up 126
  Privates Surfen 119
  Quelltext 305
  Reader 111
  RSS 212
  RSS-Feed abonnieren 212
  RSS-Symbol 212
  Sammlungen 116
  Sichere Dateien 125
  „Sichere" Dateien nach dem Laden öffnen 125
  Sicherheit 125, 126
  Statusleiste 110
  Suche 116
  Symbolleiste 110
  Tabs 110
  Tab schließen 110
  Top Sites 119
  Top Sites einblenden 119
  Top Sites konfigurieren 120
  Verlauf 118
  Verlauf löschen 118
  Vor dem Senden unsicherer Formulare von sicheren Websites nachfragen 127
  Webseiten als Widget 121
  Zur Leseliste hinzufügen 117
Safari Extensions Gallery 123
Scanner 236
Schach 309
Schadsoftware 268
Schlüsselbunddatei 260
Schlüsselbundverwaltung 260
  Anmeldung 260
  Kennwort einblenden 261
  Löschen 261
  Sichere Notizen 264
  System 260
  System-Roots 260
Schreibhilfen 187
Schriften 199
  Deaktivieren 200
  Duplikate 201
  Installieren 200
  Löschen 200
  OpenType 200
  PostScript 200
  Sammlungen 201
  TrueType 200
  verwalten 199
Schriftsammlung 199
  Beispiel 199
  Eigene 199
  Repertoire 199
  Schriftinformationen 199
  Speicherort 199
Schützen 27
Screencast aufzeichnen 229
Screenshot 296
Scrollverhalten 21
Softwareaktualisierung 270
  Nach Updates suchen 271
  Planmäßige Überprüfung 271
Sonderzeichen 294
Speichern 25
Speichern unter 183
Spotlight 54, 58, 86
  Anpassen 94
  Index neu aufbauen 95
  Indizierung der Festplatte 87
  Privatsphäre 94
  Spotlightfenster 87, 89

Stichwortverzeichnis

Spotlightmenü 87, 88
Suchergebnisse 94
Taschenrechner 301
Vorschau in der Trefferliste 88
Sprachausgabe 303, 304
Spracheingabe 303
Spracheinstellungen 10
Sprache & Text 188
Startvolume 40
Stimmen 303
System 41
Systemeinstellungen 17, 274
  Allgemein 276
  Alphabetisch ordnen 275
  Aufbau 274
  Bedienungshilfen 276
  Benutzer & Gruppen 276
  Bluetooth 276
  CDs & DVDs 276
  Datum & Uhrzeit 276
  Dock 277
  Drucken & Scannen 277
  Energie sparen 277
  Fenster beim Beenden und erneuten Öffnen von Programmen wiederherstellen 276
  Freigaben 278
  Hardware 274
  Internet & Drahtlose Kommunikation 274
  Kindersicherung 278
  Mail, Kontakte & Kalender 278
  Maus 278
  Mission Control 279
  MobileMe 279
  Monitore 279
  Netzwerk 279
  Persönlich 274
  Schreibtisch & Bildschirmschoner 280
  Sicherheit 280
  Softwareaktualisierung 280
  Sonstige 275
  Spotlight 280
  Sprache 280
  Sprache & Text 281
  Startvolume 281
  System 275
  Tastatur 282
  Time Machine 282
  Ton 282
  Trackpad 283
Systeminformationen 287
Systemstimme 303

T

Taskbar (Windows) 11
Tastatur 17
  Akzente 19
  Alt 17, 18
  Apfeltaste 18
  Befehlstaste 18
  Cmd 17
  Commandtaste 18
  Control 18
  Ctrl 17
  Eingabetaste 19
  Enter 19
  Esc 18
  Fn 17, 18
  Klammeraffe 28
  Löschtaste 19
  Option 18
  Page Down 19
  Page Up 19
  Return 19
  Sondertasten 17
  Tastenkürzel 28
  Umlaute 19
  Wahltaste 18
Tastaturkurzbefehle 298
Tastaturübersicht 294
Tastenkombinationen 294
Tastenkürzel 298
Terminal 291
TextEdit 180
  Als Favorit sichern 181
  Anhänge hinzufügen 181
  Bilder 180
  Dokumentenstile 181
  Druckvorschau 182
  In formatierten Text umwandeln 181
  In reinen Text umwandeln 181
  Neues Dokument 180
  Reiner Text 181
  Schrift für formatierten Text 180
  Seitenränder einblenden 183
  Speichern 183
  Stilauswahl 181
  Stile 181
  Stile einblenden 181
  Symbolleiste 180
Textersetzung 189
Textverarbeitung 180

Time Machine 250
  Backup jetzt erstellen 252
  Backups löschen 255
  Backup-Volume verschlüsseln 252
  Daten sichern 251
  Daten zurückholen 253
  Optionen 252
  Systemwiederherstellung 256
  Volume auswählen 251
  Wiederherstellen 255
Trace 288
Trackpad 20
  Klick durch Tippen 283
  Mit drei Fingern bewegen 283
Transformationen 189
Trojaner 268
Twitter 160

U

Über diesen Mac 287
Übersicht 82
  Aufrufen 82
  Mehrere Dateien in der Übersicht 84
  Ordnerinhalte in der Übersicht 83
  Plugins 83
  Schließen 83
Uhrzeit ansagen 305
USB-Stick 238

V

VCF-Datei 162
Versionen 26, 183
  Alle Versionen durchsuchen 184
  Automatisches Sichern 184
  Duplizieren 186
  Eine Version sichern 183
  Schützen 185
  Sichern 183
  Speichern 183
  Version löschen 186
  Wiederherstellen 185
Videotelefonat 204
Vimeo 230
Viren 268
Vollbild 79
Vorschau 16, 192, 296
  Anmerkungen 194
  Anmerkungen (PDF-Datei) 195
  Ausschnitt 193
  Bildbearbeitung 193
  Bilder importieren 192
  Diashow 193
  Drehen und Spiegeln 193
  Farbkorrektur 193
  Fotos importieren 233
  Konvertieren 193
  Kopieren, Ausschneiden und Einfügen 193
  Lesezeichen (PDF-Datei) 195
  Lupe 193
  PDF-Datei aufteilen 196
  PDF-Dateien 195
  Seiten austauschen (PDF-Datei) 196
  Seiten verschieben/löschen (PDF-Datei) 196
  Signaturen (PDF-Datei) 195
  Skalieren 193
  Vollbild 193
  Werkzeuge 193

W

WAV 218
WEP 105
Widgets 68
Wi-Fi
  Aktivieren/Deaktivieren 100
  Andere verbinden 99
  Anzeigen 98
  Menü 99
  Trennen 99
  Verbindung 99
  Wi-Fi-Status in der Menüleiste anzeigen 98
WLAN 98
WPA2 105

X

XProtect 269

Y

Yahoo 163
YouTube 230

Z

Zeichenübersicht 294, 295
Zeitlupe 308
ZIP-Archive 48